U0281840

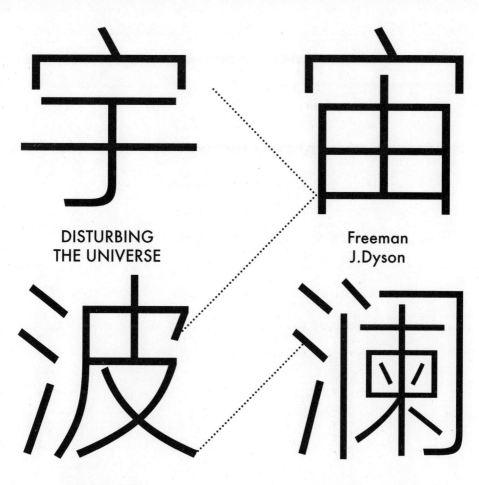

宇宙波澜

DISTURBING
THE UNIVERSE

Freeman
J.Dyson

科技与人类
前途的自省

[美] 弗里曼·J. 戴森 著
王一操 左立华 译

重庆大学出版社

献给爱达荷大学、加州大学里弗赛德分校、艾默理大学、福尔曼大学、圣地亚哥州立大学、佛罗里达州立大学、里德学院（Reed College）和史密斯学院（Smith College）的本科生，1975—1976 年，作为菲·贝塔·卡帕（Phi Beta Kappa）的访问学者，我和他们进行了交谈。他们问了本书尝试回答的问题。

译者序

▼▼▼
▼

　　蒙重庆大学出版社邀请，译者二人有幸共同翻译了弗里曼·J. 戴森的这本书。

　　在物理学界，戴森的名声，当然主要来自他在量子电动力学方面的工作，他成功地证明了施温格和费曼的量子电动力学理论的等价性——关于这一工作的产生过程，在本书的第二部分里有一些生动有趣的回顾。

　　但戴森显然不是那种将自己困顿在某一个狭窄领域的科学家，这从本书涵盖的议题之广泛、征引的文学作品之丰富可见一斑。科学研究给予了戴森一种职业的身份、一种特殊的经历，但是在本书中，我们毋宁说戴森关心的是人的基本存在、人类的基本存在以及人性的未来可能性。所以，我们认为戴森的这本书是属于更为广泛的读者群的——我们只是希望我们的翻译没有遮蔽掉一本好书，让本来可能是原著潜在读者的人们兴味索然。

本书共 24 章，王一操负责了奇数章的翻译，左立华负责了偶数章的翻译。初稿译出后，我们互相校对了对方的译稿，最后则反复修改并统一了全书的语言风格。为了便于读者更好地了解原著某些说法的含义——它们显然与特别的文化背景有关——我们在正文部分增加了不少脚注。虽然做过仔细的校对，但限于译者的水平和可能的疏忽，译稿的疏漏之处恐难完全避免，这些都由译者负责。

在本书某些细节的翻译过程中，我们从三联书店的中文译本（邱显正译，1998 年）中受到过一些启发，在此谨向前辈译者致谢。对于原著正文引用的个别作品，译者也参考过其中文译本，在正文脚注中我们均已指出，此处不再一一表达谢意。

在翻译本书期间，王一操为河海大学博士后人员，受到国家博士后面上项目资助（项目编号2012M520987），在此特别鸣谢；另也对陈瑶表示感谢，她读过本书部分译稿并提出过中肯的建议；作为得克萨斯州 A ＆ M 大学博士后人员，左立华感谢校方石油工程系 MCERI 项目的资助和妻子任轶及女儿欣阳的体谅与支持；同时，我们也要感谢无边界字幕组的朋友们，在翻译 MOOC 字幕过程中我们一起见证了彼此语言能力的成长。由于译者二人初次接触翻译工作，在许多细节问题上，承蒙重庆大学出版社的编辑敬京不吝赐教，我们谨向她表达谢忱。

译　者

2014 年 3 月

作者序

作者序

▼
▼
▼

物理学家利奥·齐拉特（Leo Szilard）曾经向他的朋友汉斯·贝特（Hans Bethe）宣称他在考虑记日记："我不打算发表它，我只想为上帝的信息记录些事实。""你难道认为上帝不知道事实吗？"贝特问道。"是的，"齐拉特回答道，"他知道事实，不过他不知道这个版本的事实。"

本书收集了我50多年的记忆。我很清楚记忆是不可靠的。它不仅选择与重构了我们人生的事实，还会添油加醋。我已经尽可能将我的事实版本与其他人的记忆或文字材料进行了比对。30年来，我有规律地给父母写信，他们保存了我的大部分信件。这些信件是许多细节的来源，它们是记忆本身所不能保存的。

我感谢阿尔弗雷德·斯隆基金会资助的科学图书项目（the Science Book Program），在它的襄助下，本书才得以出版。感谢斯隆基金会副主席斯蒂芬·怀特（Stephen White）和他的顾问团成员邀请我撰写本书，也感谢他们在编辑上的指导。我感谢来自许多朋友的帮助和意见，他们包括艾琳·伯纳尔（Eileen Bernal）、杰里米·伯恩斯坦（Jeremy Bernstein）、西蒙·迈克尔·贝西（Simon Michael Bessie）、哈尔·费维森（Hal Feiveson）、穆谷特·约瑟夫森（Muguette Josefsen）、马修·梅塞尔森（Matthew Meselson）、迈克·奥洛克林（Mike O'Loughlin）、皮特·帕特纳（Peter Partner）、伦纳德·罗德伯格（Leonard Rodberg）、芭芭拉·斯科特（Barbara Scott）、马丁·舍温（Martin Sherwin）、玛索德·西那德（Massoud Simnad）、玛克辛·辛格（Maxine Singer）、特德·泰勒（Ted Taylor）、珍妮特·怀特卡特（Janet Whitcut）和我的家人。最后，我要感谢我的秘书宝拉·博佐伊（Paula Bozzay），本书手稿曾劳她两度打印。

还有一点需要说明的是，本书第二部分和第三部分的个别章节内容在之前已经出版过。

目录

1 ┈┈┈┈英 国 ┈┈┈┈┈┈┈┈┈┈┈┈┈┈┈┈┈┈┈┈┈┈┈┈┈┈┈┈┈┈┈┈┈┈┈┈┈

2 ┈┈┈┈美 国 ┈┈┈┈┈┈┈┈┈┈┈┈┈┈┈┈┈┈┈┈┈┈┈┈┈┈┈┈┈┈┈┈┈┈┈┈

3 ┅┅其　他 ┅┅

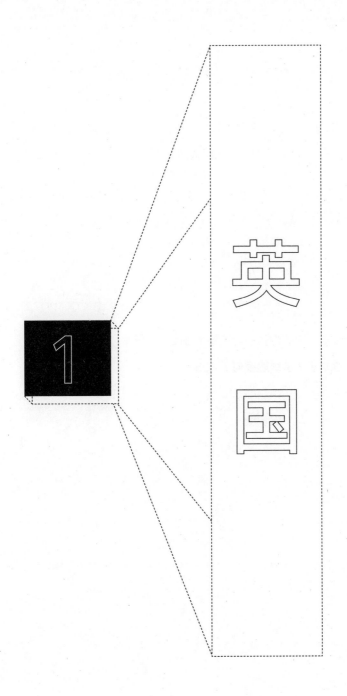

英国

1

啊，英格兰！我那可爱而悠闲的国家！
四月的牧场，宁静又晴朗——
漫不经心地点缀着贝母花、
酢浆草、金凤花、黄花九轮草，
还有野苹果啊！

————弗兰克·汤普森，1943

这里有一条可怕的法律——
它的制定像次失误，却依然被实施：
一旦任何人申请得到一部机器，
他就不得不一直保留并使用它。

————E.内斯比特，1910

1.1 魔幻城堡

在高处的树荫里，坐着一个捧着书的小男孩。

八岁的时候，有人给了我一本伊迪丝·内斯比特（Edith Nesbit）写的《魔幻城堡》。虽然内斯比特还写过许多其他的更好、更有名的儿童读物，但这本是我钟爱的，我也从未将它遗忘。八岁的时候，我没能读得多深入，但我知道此书有特别之处。书中的故事有着清晰连贯的建构蓝图，披覆着一种疯狂逻辑的外观。《绿野仙踪》（*The Wizard of Oz*）是另一本我曾一遍遍阅读过的书，它有着类似的风格。八岁的孩子确实对诸如此类的事物有所感觉，哪怕他醒着的大多数时间都在爬树。《魔幻城堡》讲述的并不仅仅是一些疯狂的孩子的故事，它还是一个关于疯狂的宇宙的故事。而我现在看——不复一个八岁孩子的视角了——内斯比特的疯狂宇宙与我们居身其间的这一个极为相像。

无论从哪个角度看，伊迪丝·内斯比特都是一个非凡的女性。她生于1858年，与卡尔·马克思（Karl Marx）的家庭过从甚密。在社会主义风行起来的很久之前，她就变成了一个具有革命性的社会主义者。她靠写作谋生，养活了一大家子不同出身的孩子。她很快发现，她能活下来，得仰仗自己为富裕阶层的孩子写出色的中产阶级故事的能力。她的书卖得很好，她得以安身立命。她向维多利亚式的体面作了一些妥协，却也并未失去她内心的火焰。她在1910年写下《魔幻城堡》，时年52岁。那个时候，她个人的拼搏已经结束了，她能够以一种哲学上的冷静去看待这个世界了。

在《魔幻城堡》中有三个主题。第一个主题是主要的。男主角是一个叫菲利普的孤儿，他独自留在了一个大房子里，他用周遭的维多利亚时代的小摆设建造了一座玩具城市。一天夜里，他突然发现他的城市变成了全尺寸的了，而一些全尺寸的神话般的人和动物则居住在这座城市里，他自己也被迫住在里面。从这个城市逃出来以后，他在周围的国家漫游，他曾经建造的每一个玩具房屋或者城堡在这些国家都被忠实地放大和保存着。这本书记录了他在这个由他想象的玩具放大了的世界中跌跌撞撞的历险故事。

第二个主题明确，是关于技术的。魔幻城市的生活中有一条规则，就是如果你想获得任何东西，你都会得到它。但是与这一规则相伴的是另一条与机器有关的特殊规则——任何人如果期望得到一台机器，他必须保有它并且在余下的生命里继续使用它。当菲利普有机会去期望获得一辆自行车或一匹马的时候，他幸运地逃脱了这个规则的摆布——他选择了马。

该书的第三个主题是关于某些古老的预言的。这些预言预知了一个拯救者和一个毁灭者的出现。许多邪恶的力量在大地上肆虐，而拯救者的目的就是要战胜他们。但命中注定的是一个毁灭者将会出来反对拯救者并帮助那些黑暗势力。起初，菲利普被人怀疑是毁灭者。只是凭借一系列日益高贵的行动，他才证明了自己的无辜，而这些行为也使他最终被宣称是那个拯救者。与此同时，毁灭者也撕掉了假面具，她就是孩子们的保姆，一个菲利普素来憎恨的来自下层阶级的妇女。只在一处，即该书的行文之末，内斯比特才走出她的人物并显示她的真正同情心何在。"如果我因我的思想而死，我会把它说出来，"在站着等待审判的时候，毁灭者说道，"你们不会懂。你们从来都不是仆人，不会眼看着别人拿走所有肥肉而你只能得到骨头。如果你出生在绅士的宅邸，而不是模型工人的住所；你从小被当作娇小姐抚养起来，可以穿镂空的长丝袜，你以为你会知道些什么？"此刻，一个八岁的孩子都能理解菲利普的英雄品格是虚构的，而保姆的英雄式的抗辩则是真实的。在一个非正义的世界里，拯救者和毁灭者的角色分野变得晦暗不明了。"你们不要以为我来，是要教地上得太平，"耶稣说，"我来不是为了地上得太平，而是为了地上动刀兵。"

我不知道内斯比特在多大程度上有意识地把《魔幻城堡》当成对人类处境的隐喻。而我只是在从树上爬下来体尝了成为一个科学家的喜悦和悲伤之后，才开始回味《魔幻城堡》并从中看到了我闯入其中的那个宏大世界的镜像。正如菲利普那样，我被突然抛入这个宏大世界。凡我目力所及，这个宏大世界充满了人类的悲剧。这情景袭上心来，我发现自己也在扮演着半认真半荒诞的角色。自那以后，这一感受就持续至今。

在这本书里，我试图向那些非科学家的人们描述，在身为科学家的某人眼中，人类的处境是何面貌。部分的，我要描述从内部看科学是怎样的；部分的，我要讨论技术的未来；部分的，我还要描述一些科学伦理问题，它们牵涉战争与和平、自由与责任、希望与绝望。这些都受到科学的影响，都是一种必须作为整体才能理解的图像的组成部分。于我而言，将科学与技术、技术与伦理，或者伦理与宗教分离开来，是毫无意义的。这里，我是在向那些对指导科学和技术在创造性而非毁灭性的方向上发展负有最终责任的非科学人士说话。如果你，非科学人士，要在这一任务中取得成功，你就必须理解你正试图控制的野兽的本性。本书旨在帮助你去理解。如果你只是发现这本书有趣或令人迷惑，就其目的而言，它已经失败了。但是如果你发现其中没有任何有趣或令你迷惑的东西，它更是彻头彻尾地失败了。不带着一点幽默和困惑就不能着手处理，是所有深刻的人类问题都具有的特征。科学也不例外。

关于方法论，我的社会科学方面的同事谈了很多。我更乐于称之为风格。这本书的方法论是文学性的，而非分析性的。为获得对人类事务的见解，我会转向故事和诗歌，而非社会学。这是我的成长背景和教育环境的结果。我不能利用社会学家的智慧，因为我不说他们的语言。当我看到科学家们开始卷入公共事务并试图以政治的方式运用其技术知识改善人类状况的时候，我记起了诗人弥尔顿的话，"一种消极避世、离群索居的美德，没有实践过，没有被呼吸过，也从未出征去面对它的敌人，我实难恭维。"这些话写在 300 年前，作为人类经验、希望和悲剧的纪念碑仍然屹立如初。在弥尔顿的诗中，在他为出版自由而进行的斗争中，在他长年致力的反君主制的事业中，在他的失明、他的政治上的一蹶不振和撰写《失乐园》并获得的最终救赎中，这些话都在回响。即使并不自惭浅薄，你还能说什么呢？我们首先是人类，其次才是科学家。我们卷入政治，因为知识意味着责任。为了我们信以为正确的东西，我们倾力奋斗。但一如弥尔顿，我们常常失败。还能再说什么呢？

本书的大部分是自传性的。我并不因之抱歉，这并非因为我觉得我自己的生活对我之外的任何人特别重要和有趣。我写自己的经历，因为我对任何旁人的生活都知道得没有这般多。几乎我这一代的任何科学家都能讲一个类似的故事。于我而言，重要的事情是，人类的大问题是个人的而非大众的。要理解科学的性质以及它与社会相互作用的本质，人们必须检查作为个体的科学家，检查他如何面对他周遭的世界。处理与科学有关的伦理问题的最佳途径是去研究真正的科学家所要面对的真正困境。因为第一手证据是最可靠的，我从写发生在我个人身边的那些事情开始。我听诗人之言要多过听经济学家之语，我从周遭的事写起，是这种个人偏见的又一个效应。

但是，我还得说完我在说的关于《魔幻城堡》及它的三个主题的内容。我们生活在一个玩具过度生长的世界里，这一点明显到无须任何解释。尼古拉斯·奥托（Nikolaus Otto）有好几年时间都在摆弄一个汽油发动机的玩具模型，然后——成了！——我们就发现我们开着小汽车了。华莱士·卡罗瑟斯（Wallace Carothers）对缩聚物发生了兴趣——哗！——每个工薪阶层的姑娘都穿上了和镂空丝绸一样花哨的尼龙长丝袜，而在 1910 年前者还被内斯比特视为象征着上流阶级的特权。奥托·哈恩（Otto Hahn）和弗里茨·斯特拉斯曼（Fritz Strassmann）对分析辐射化学兴味盎然，而——轰的一声——广岛的数十万人便一朝殒命。同样的例子也阐明了内斯比特的规则——那个有关得到机器的后果的规则。一旦你期望得到汽车、尼龙或者核武器，你就得以一种恒久的方式与之纠缠不休。

　　但是菲利普的世界和我们的世界有一个巨大的不同。在他的世界里，他建造过的每一个玩具城堡都被放大了。在我们的世界里，数以千计的科学家摆弄着数以百万计的玩具，但只有极少数玩具会变大。大多数技术冒险仍然只会是玩具，仅对专家或者历史学家而言才有兴味。少数玩具壮观地成功了，并且变成了我们生活结构的组成部分。纵然可以利用"后"见之明，我们仍然很难理解，何以一项技术能够取得势不可当的成功，而另一项甫一落地便已死去。性质上的细微差异会有决定性的效果。有些时候，无人能够预料到的事故，能够使某种特别的玩具变得恐怖骇人。当奥托·哈恩在1938年偶然发现核裂变的时候，他对核武器甚至没有一点模糊的概念，也没有丝毫征兆表明他正踏足在危险的地面上。当七年后听到来自广岛的消息，他被一种悲伤情绪攫住，以致朋友们担心他会自杀。

　　科学与技术，如同人类精神的所有原创性创造一样，是不可预见的。如果我们有一个牢靠的办法去标记玩具的好与坏，精确地校准技术或许会变得更容易些。但是我们很少能向前看得足够远，以了解哪一条道路会把我们引向地狱。无论是谁，只要他操心重大的技术，或者要推进它，或者要制止它，都在拿人类的生命豪赌。

　　科学家不是唯一的摆弄那些会突然爆炸并导致帝国倾覆的智力玩具的人。哲学家、先知、诗人也会做同样的事。长远地看，科学家置于我们手中的技术手段或许不会比操纵这些手段的意识形态目的更为重要。技术是强大的，但它并不统治世界。内斯比特活得足够长，她看到了人类的十分之一如何被一些思想影响，而这些思想就是那个在家里被称为"老尼克"的男人在大英博物馆的那些漫长而安静的日子里想出来的。老尼克，卡尔·马克思的别名，是她的朋友爱德华·艾威林（Edward Aveling）的岳父。

在他自己的生命历程里，马克思是一个具有英雄色彩的人物，在他死后，他成了一半世界的拯救者和另一半世界的毁灭者。人的灵魂中有一种构建拯救者和毁灭者的神话的根深蒂固的倾向。这种神话，一如其他的神话，有一种真理的基础。科学和技术的世界，或许拥有一个理性的外观，但它对这种神话并不免疫。伟大的科学人物，拥有一种品质，一种意志和性格的强度，这些使他们从普通科学家中脱颖而出，正如马克思与一般经济学家迥然不同。我们不会理解科学与技术的动力学，正如我们不会理解政治意识形态的动力学——如果我们忽视神话和符号的支配性影响的话。

在经济学家约翰·梅纳德·凯恩斯**❶**（John Maynard Keynes）去世前几年，我有幸聆听了他关于物理学家艾萨克·牛顿（Isaac Newton）的一个演讲。那时候，

❶ 英国经济学家，宏观经济学的创始人，强调国家对经济的宏观干预，著有《就业、利息和货币通论》。

凯恩斯自己也已经是一个传奇人物，他沉疴缠身，却仍然作为温斯顿·丘吉尔（Winston Churchill）的经济顾问而肩负重责。他从官方职责中偷空数小时去追逐自己的爱好——研读牛顿未出版的手稿。直到生命的结束，牛顿都把他早年所写的东西藏在一个大盒子里，这些东西只是到了最近才重见天日。凯恩斯发表演讲的建筑正是牛顿在270年前居住和工作过的地方。这是一个古老、昏暗、寒冷的房间，挂着战时用来管制灯火的窗帘，几个听众围着一星灯光，而灯光下，枯槁的凯恩斯瑟缩成了一团。他言辞热烈，苍白的面容和环境的黯淡反使他的讲话更让人印象深刻。下面是对他讲话内容的一些摘录。

　　当一个人对着这些古怪的收藏沉思的时候，他似乎更容易理解——在其他的方向上，我希望，它不致引起扭曲——这个奇怪的精神，他被魔鬼诱惑去相信，他既然在四面墙体间解决了那么多问题，他就可以单凭纯粹思想的力量触及上帝和自然的所有秘密——哥白尼（Copernicus）和浮士德（Faustus）合二为一。

　　有一大段，从字迹来看应属于最早的

❶ 英国著名政治家，第二次世界大战期间英国的首相，领导英国进行了对德战争并取得胜利。

手稿之一，与炼金术有关——嬗变❶、哲人石❷和不死之药。

他的所有关于玄学和神学事物的未刊作品，都是精细的研究，有着精确的方法和严肃的表述。如果它们的整个题材和目的不是有关魔法的，它们就和《原理》一样是神智正常的作品。

我为什么把他称为一个魔法师？因为他旁观着整个宇宙，而宇宙中所有的东西都被他视为一个谜，一个将纯粹思想应用于某些证据和线索就能读出的谜。而这些线索，是上帝摆在那里以供某种秘传的哲学寻宝活动之用的……他确实读到了诸天之谜，而他坚信凭借同样的内省的想象的力量，他能读懂上帝之谜，由上天宿命地确定的过去与未来之谜，元素及其由一种原始不可分的第一物质构成的成分之谜，健康与不朽之谜。

牛顿是一个被认可的极端例子。我引用凯恩斯的这些话，并非暗指每个伟大的科学家要把他一半的时间花在魔法的繁文缛节中。我是说，任何超然伟大的科学家似乎也会具有一些普通人在某种意义上会视为超人类的个人品质。如果没有被与生俱来地赋予一种超乎寻常的强大性格，他是不能够在科学领域建立起他做出过的功业的。所以，传统神话把科学家的形象和占星家（Magus）联系起来是毫不奇怪的。"Magi"是古波斯拜火教的神职人员，"magic"一词就来自他们的名称。科学家—占星家的神话的最完备形式出现在《浮士德》的故事里：这个学识渊博的人，为了换取深奥的知识和魔法的力量，将自己的灵魂出卖给了魔鬼。《浮士德》的故事引人注意的地方在于，每个人在某种程度上都还相信它。当你说某项技术是浮士德式交易的时候，每个人都知道你在指什么。在理性讨论水平之下的某处，这个神话依然鲜活。

后面我要谈论许多科学家，作为拯救者或者毁灭者，他们得到了公众间的名声。这样的名声常常短暂，甚至具有欺骗性，但它们也并非毫无意义。它们传达出了公众对某人做了什么要紧事情的认可。公众也从这些人身上辨认出了一种特殊的个人品质。在我的一生中，最伟大和最天才的拯救者是爱因斯坦（Einstein）。他特殊的品质是得到广泛承认的，虽然要付诸言辞不无困难。我不会谈论爱因斯坦，因为就个人层面而言，我并不认识他，而对于那些已经被他人谈论的事情，我也没有什么好增加的。

在《魔幻城堡》中，不仅有拯救者和毁灭者，还有一大群诚实的手艺人、工匠和作家。科学的许多乐趣是熟练工的扎实工作的乐趣。对于将生命投注到一种共同的努力中，我们中的许多人感到愉悦，而在这一努力中，牢靠比原创性更加重要。为其他人建造好的工具会带来极大的满

英国

足。我们并不是都有成为头号角色的天分或野心。科学事业得以常葆健康的本质原因在于人们共有一种对质量的尊重。每一个人都能从他们工作的质量中收获荣耀，而只要我们制造了任何粗制滥造的赝品，我们都不会在同事中受到待见。唯有质量才算数，这一点使得哪怕按部就班地工作都是值得的。

最近，一个新的占星家在我的视野里出现了：一个作家，罗伯特·皮尔西格（Robert Pirsig），他带来一本书，《禅与摩托车维护的艺术》（*Zen and the Art of Motorcycle Maintenance*）。他的书探讨了科学的对偶性质——一方面，科学是一种专用手艺；另一方面，科学是一种智力痴迷。在经验的这两个层次间，他穿梭自如。在实际的层面上，他向非科学的读者描述了重视质量的技术的好处。对这一应当驾驭科学的实际用途的原则，摩托车提供了一个具体的实例。在智识水平上，皮尔西格将他自己对技术的哲学追问叙事性地编入了他对技术的讨论，这一叙事以精神上的崩溃和重建结束。斐德罗[1]（Phaedrus），皮尔西格的另一个自我，被智力上的挣扎牢牢控制，他精神错乱了。为

[1] 《柏拉图对话集》之《斐德罗篇》中的人物。

了作为一个人能活下来，皮尔西格将斐德罗从他的意识中驱逐了出来，但是斐德罗又回过来对他纠缠不休。最后，飞驰的摩托车车背上的小男孩克里斯（Chris）成功地将斐德罗和皮尔西格拉在了一起。以一种奇怪的方式，这出个人的戏剧更加深了皮尔西格对技术的洞见。就专业而言，皮尔西格是一个作家而非科学家，但是他努力将整个人类经验理性地有序化，正如牛顿在 300 年前所做的。在蒙大拿（Montana）的研究中，他研读前苏格拉底时期的希腊哲学家，正如牛顿在剑桥的实验室里研读古代炼金术的文本，努力将他们都带到了疯狂的边缘。最后，他们每个人都放弃了规划中更为宏大的部分，满足于理解一个远为有限的领域。我们正努力与技术和解，而皮尔西格带给我们这代人的信息就更加深刻和强化了——就因为他之为他且见他所见：

> 占星家琐罗亚斯德❶，我死去的孩儿，
> 见到他自己的影像在花园中举步。
> 那个幽灵，唯一的人，是他之所见。

Zoroaster，古波斯拜火教创立者。

1.2 浮士德的救赎

第二次世界大战开始前一年，我得到一本比亚乔（Piaggio）的《微分方程》。它并非来自我的老师。那时候我还没有走进过大学或者科技图书馆。我的知识之门，是我寄给不少图书出版商的手写信："亲爱的先生，请向上面的地址寄一份你们的科技出版物目录。此致敬礼。"相当靠谱，目录几天之内就会寄到。最令人振奋的目录来自剑桥大学出版社。他们有一个很长的图书列表，其内容都和"挑战号"在 1872—1876 年的探险有关。"HMS 挑战号"的航行是第一次世界范围的海洋科技探险，小船带回了极为丰富的材料，以至于到 1931 年他们还在卖相关的书籍。我有时会模糊地怀疑是否不会再有类似的航行了，是否我不会有机会随它远航了。但我囊中羞涩，"挑战号"丛书对我来说过于昂贵了，我的海洋学家的事业因此未曾开始便已结束了。

数学就廉价多了。那时我已经读过一些关于爱因斯坦和相对论的通俗读物，但觉得很不过瘾。每当我认为自己正在接近问题的核心的时候，作者就会说"不过如果你真的想理解爱因斯坦，你就必须理解微分方程"，或者诸如此类的话。对于何为微分方程，我并没有很清楚的概念，但我知道它是爱因斯坦的语言，我必须学会它。所以，当收到乔治·贝尔及其子有限公司（G.Bell and Sons

Limited）那一份单薄的目录的时候，那一整天我都是喜气洋洋的。目录里面有比亚乔写的《微分方程》，价格为 12 先令 6 便士。我从未听说过比亚乔，但这价格我还负担得起，所以就立刻去书店订购。书如期到了，很小巧的一本，用浅蓝色布简单包了边。我学期中间太忙，顾不上它，就把它留到了圣诞节假期。

假期的大部分时间，我住在海边的小屋里，那是父亲买来作度假屋用的。他是一个音乐家，在温彻斯特一个学校里当音乐教师，我小时候在那读过书。他喜欢教师的生活：每年有三个月假，有充分的时间从事指挥和作曲——哪怕是在学期中间。他最著名的作品是《坎特伯雷朝圣者》（*The Canterbury Pilgrims*），取材自乔叟（Chaucer）的《坎特伯雷故事集》（*Canterbury Tales*）的序幕，是一组包含独唱、合唱和管弦乐合奏的乐章。我七岁那年，他第一次在温彻斯特演出，献给"M.L.D，词作者"。那是我母亲，跟父亲一样，她有着对乔叟及其塑造的不朽人物的热爱。我们常常遇到一个又一个乔叟的朝圣者的现代化身。那时我父母就会交换下眼神，我母亲会吟一行乔叟的句子，或者我父亲会轻轻哼起恰当的曲调。温彻斯特肥胖的牧师会让他们记起乔叟笔下的僧侣：

> 他是个胖官儿，穿得真体面；
> 他眼睛亮，额头上溜溜转，
> 忽闪闪像那壶底的火焰。

在街上开着劳斯莱斯的医生会让他们记起乔叟的医生：

> 大瘟疫中挣的钱他都存着。
>
> 医药中黄金是兴奋剂，
>
> 故此他爱黄金甚于其他。

英国乡郊的景色和声响会让人想起乔叟对它的描述：

> 小鸟哼唱美妙的旋律，
>
> 哪怕晚上睡觉也睁着眼，
>
> 所以它们内心里都是工作狂。

假期中我们住在小屋的时候，父亲生活极有规律：每天清晨用三个小时作曲；下午的时候，他喜欢四处走走，改善改善他那 40 英亩的湿漉漉的田地。对那块地要做的事情可不少，因为它位于英格兰南部海岸线的海平面以下，已经被海水淹过很多次了。我们该维护好我们的那部分堤防来防止海水倒灌。这块地是用流向班尼（Bunnies）的一个沟渠系统排干的。班尼是埋在大堤底下的一根管子，一端带着一块木板：退潮时木板打开让海水从地里排出，涨潮时则关上以阻止海水灌入。班尼真是父亲的赏心乐事——没有比站在齐腰深的又冷又黑的淤泥里疏通一个堵塞的班尼更让他开心的了。如果班尼工作良好，他就会去挖掘沟渠。美中不足的只缺一样：为了让欢乐更趋完满，他喜欢叫正在长大的儿子和他一起到泥地里去，给他搭把手做个伴。

对于一个愉快的圣诞节，我的概念全然不同。我带着珍贵的比亚乔的书来到海边小屋，不愿跟它分开。很快我就发现，对一个独处的学生来说，比亚乔的书再合适不过。它是一本严肃的书，并且迅速就进展到了更高等的领域。不过和大部分高等教材不同的是，它里面充满了"例题解答"。书里有超过 700 道这样的题目。没有例题的教材和有例题的教材的区别，就跟学习读一门语言和学习说一门语言的差别一样。我是想说爱因斯坦的语言的，所以我一道一道地做那些题目。早上六点开始，晚上十点结束，中间很短的时间用来吃饭。一天平均 14 个小时。我再没有如此享受过一个假期了。

过了一段时间，父母开始担心起来。母亲伤心地看着我，引用乔叟描述奥克森福特（Oxenford）的办事员的话说：

在学习上他花了最多心思和时间，

如非必要绝不多置一言。

她警告我，如果再这样下去，我会毁了身体，烧坏脑筋。父亲也央求我，让我匀出几个小时，停下计算，帮他干点沟渠里的活。但是他们的恳求只让我更加顽固。我恋上数学，心无旁骛了。我也敏锐地嗅到了战争迫近的气息。那时候我们虽不知道那是我们在和平年代的最后一个圣诞节，但我们都可以感觉到战争要来了。我知道那些第一次世界大战开始时才 15 岁而后在 1917 年和 1918 年进入战壕的男孩子身上发生了什么。无论有多少可能性，我都没有多少年头可活了，不做数学的每小时都是可悲的浪费。父亲何以如此麻木，竟想通过让我帮他疏通那愚蠢的沟渠来毁掉我在世上的最后几天？对于父亲的麻木，我悲哀甚于气愤。

在那些天里，我满脑子都是 E.T. 贝尔（E.T.Bell）的书《数学人》（*Men of Mathematics*）里的浪漫散文。那是一本大数学家的传记集，一本非常适合男孩子阅读的好书 [不幸的是，它没多少东西鼓舞女孩子，索尼娅·科瓦列夫斯卡娅（Sonya Kowalewska）的故事只占了半章]，它唤醒了我们这代的许多人去认识数学的美。最令人印象深刻的一章是 "天才和愚蠢"，它描述了法国数学家伽罗瓦（Galois）的生与死。他是在 20 岁的一场决斗中丧生的。抛开关于他的所有伤感文字不谈，他是一个真正的天才，而他的死则是一场真正的悲剧。伽罗瓦群和伽罗瓦域在 140 年后仍然是数学中鲜活的一部分。贝尔如此描述决斗的前夜："整个夜晚，时间飞逝，他奋笔疾书，赶写他最后的科学遗嘱。他在和时间赛跑，在可预见的死亡牢牢抓住他之前，他要记下他丰富的头脑里的几件大事。一次又一次，他停下来，在稿纸边缘字迹潦草地写下 ' 我没时间了，我没时间了 '，随后又匆匆去写下一行。他在那绝望的最后数小时写下的东西，将让一代代数学家忙活几百年。他已经一劳永逸地解决了一个困扰了数学家数个世纪的谜题：在什么条件下，一个方程可解呢？"❶ 这些话为我跟比亚乔一起度过的漫长时间增添了些许伤感。如果我注定要在 19 岁时死去，正如第一次世界大战中的许多年轻军官那样，那么我会比伽罗瓦还少活一年。

圣诞假期持续了整整一个月。在假期结束前，我已经接近比亚乔的 700 个例题的末尾了。我开始跳过一些例题。我甚至乐意抽出一两个小时和母亲散散步。对这种跟我聊天的机会，她期待已久，早就准备充分。所以，在假期结束前几天，我们一起出去了。

母亲的职业是律师，她对人有强烈的兴趣。她喜欢拉丁和希腊诗人。她用非洲奴隶泰伦提乌斯·阿非尔（Terentius Afer）的剧本《自虐者》（*The Self-Tormentor*）中的一句开了场："我是一个人，人间的一切无不与我息息相关。" 阿非尔后来成了最伟大的拉丁剧作家，而这是一个她长期信奉的人生信条，直到以 94 岁高龄辞世。我们走在泥泞和开阔水面之间的大堤

❶ 伽罗瓦证明了一般四次以上代数方程不存在公式解，并且给出了方程存在公式解的充分必要条件。

上，她告诉我，这个也应该作为我的信条。她理解我的缺乏耐心和我对于比亚乔的抽象美的激情。但是她央求我在急于想成为数学家的时候不要失去我的人性。她说，有朝一日你成为一个伟大的科学家，醒来后却发现自己从没有花时间去结交朋友时，你会深深后悔的。即使你证明了黎曼（Riemann）猜想❶，如果没有妻儿分享你的成功，那于你又有什么意义呢？你会发现就连数学本身也变得枯涩无趣，如果那是你唯一感兴趣的事情的话。

我听得漫不经心，我知道那些现在还用不上，可以以后再考虑。在结束了非洲人特伦斯（Terence）的故事之后，母亲又开始援引歌德的《浮士德》。她向我讲述《浮士德》的第一部分。浮士德如何夜以继日地读书，如何雄心勃勃想了解所有事情和驾驭自然之力。他如何变得越来越自我，变得越来越不能自我满足。他如何完全变坏，为了换取知识和力量，他如何将灵魂出卖给了魔鬼。他如何尝试想寻找与格雷琴（Gretchen）的快乐却只得到痛苦和悲剧——因为他不具备无私的爱的能力，只

❶ 解析数论中有关某函数的非平凡零点位置的论断，由黎曼在 19 世纪提出，迄今未能解决。

能强迫她按自己的意愿爱他。多年后，当电影《公民凯恩》❶（*Citizen Kane*）被从美国引进时，我去看了，我忽然发现自己泪流满面。我认识到，因为奥森·韦尔斯（Orson Welles）的艺术才能，母亲口中的《浮士德》的形象又一次栩栩如生。凯恩和浮士德，浮士德、凯恩和我，每个人都因为自私的雄心而被诅咒永远不会拥有友谊。

　　不过母亲并没有让我不舒服。她继续侃侃而谈《浮士德》的第二部分，歌德老年时期的作品，在其中浮士德最终被宽恕了。天堂的势力和地狱的势力达成了一个协议，如果浮士德能够找到一刻真正的幸福，而他的灵魂那时恰又是平和的，那么他将被宽恕。在许多页枯燥的散文行文之中，他徒劳地寻找着那个极乐时刻。他见到了特洛伊的海伦（Helen of Troy）和许多其他神话人物，还染指做过一个统领军队的将军，但是都没有发现满足感。最后，他年老目盲，来到一个荷兰人的村落，那里所有人都在为保护土地不受海水吞噬而进行着绝望的抗争。村子里的人都在大堤上挖淤排水，一起拼命干活，抵御这个共同的灾害。

❶ 奥森·韦尔斯自编、自导、自演的电影作品，是其成名作，以传记体的形式展现了报业大亨凯恩的一生。

浮士德顾不上考虑自己虚弱的身体，加入他们埋头干起活来。突然间，他意识到这就是那个他终生在寻找的极乐时刻，那是与同伴一起为共同的目标工作时的快乐，那是投身到一个远大于自己的事业中的快乐。所以他死后被宽恕了，天使唱诗班将他带入天堂。后来我偶然间读到《浮士德》第二部分的末尾时，我吃惊地发现，这个在大坝上的荷兰人村落的场景被我鲜活地记住，更多仰仗的是我母亲的想象力而非歌德的。在歌德的笔下，它只有一个苍白的影子。很可惜，关于这个故事，歌德没有听到过我母亲的版本。

所以，我的救赎之路是明确的。那就是到沟渠里跟父亲一起待着。勉勉强强，我在淤泥里跟他泡了一下午。倒没有天使过来引领我上天堂。

假期结束，我回到学校，很快看完了比亚乔，准备好要开始读爱因斯坦了。不幸的是，我的图书目录中没有提供任何爱因斯坦写的东西，那段时间我卡住了。我从剑桥大学出版社买了爱丁顿（Eddington）的《相对论数学原理》（*Mathematical Theory of Relativity*），开始读它。在读过比亚乔之后，这本书读起来就很容易了。与此同时，母亲的智慧之语正在慢慢进入我的潜意识，准备让我大吃一惊。理论上，我同意她说的，人的团结和友谊是一个圆满的人生的必要因素。但在实践上，起码在那个时候，我还看不到我能做点什么。

和那时的其他人一样，我非常担心即将来临的战争。

我并不担心赢或者输。从那个时候看，无论赢还是输，值得保存的东西能够熬过战争的可能性都微乎其微。在我看来，这是一场绝对邪恶的战争。我唯一在乎的只是尽我所能阻止它开始。而阻止它的唯一方法，是改变两边制造战争的人的心意。很明显，唯有根本改变他们的思考方式，才会有效果。

我曾竭力理解引领我们走向战争的那些仇恨的深层次原因。我的结论是，引发战争的最基本原因是不公正。如果所有人都平等地享有世上的财富，如果在人生这场游戏中，我们都被给予同等的机会，那么将不会有仇恨，也不会有战争。所以，我问自己那个古老的问题，为什么上帝允许战争？为什么上帝允许不公正？我找不到答案。在我看来，不公正的问题比战争问题更难解决。上天给了我好的头脑、好的身体、书籍、教育、一个充满爱的家庭，更不用说食物、衣服和庇护。我如何能想象一个世界，在那儿威尔士矿工的儿子和印度的农民不能与我一样幸运？

3月的一个下午，灵光不期而至。我正走向学校的公告栏，去看我的名字是否列在第二天的足球比赛名单上。我不在名单上。突然灵光一闪，我一下看到了我的两个问题的答案——战争问题和不公正问题。答案简单得让人吃惊。我称之为宇宙统一体（Cosmic Unity）。宇宙统一体说：我们仅只一人。我们都是同一人。我是你，我是温斯顿·丘印度著名政治领袖，在英国殖民政府统治印度时期倡导非暴力不合作运动，后遭印度教极端派别成员刺杀。

吉尔、希特勒、甘地[1]（Gandhi）和每一个人。不存在不公正的问题，因为你所遭受的也正是我所遭受的；不会有战争的问题，只要你明白杀我也就是杀你自己。

有那么几天，我默默在脑子里思考宇宙统一体的玄学。我思考得越多，我越相信它是活生生的真理。它在逻辑上无懈可击，它第一次给伦理学提供了坚实的基础。它向人类提供了内心和思想的最根本改变，那是我们面临令人绝望的危险时获得和平的唯一希望。只有一个小问题悬而未决——我得找一个办法让全世界都像我这么想。

传教工作开始得很慢。我不是个好的布道者。我向学校的朋友详细解释了两三次我的新信仰，我发现很难保持他们的注意力。他们并不急于听到更多。他们一见我过来就作势欲逃。他们都是脾气很好的男孩，通常会包容古怪的行为，但是他们反感我道貌岸然的论调。当我对他们布道时，听起来我太像校长了。所以最后我只成功地改变了两个人的信仰，一个是全心全意的，另一个则半信半疑。就算全心全意的那一个，也没有分担我的布道工作。他不喜欢将信仰说出来。我自己也开始怀疑，我可能缺乏一个宗教领袖应该具有的一些本质性的品质。相对论更适合我。几个月后，我放弃继续让别人改宗的企图了。当一些朋友迎上来，兴高采烈地问"宇宙统一教主，今天怎么样啊"时，我只是回答："很好，谢谢。"然后就不再言语了。

　　暑假的时候，我做了最后一次传教的尝试。我邀请母亲一道再沿大堤走走，我跟她说了我关于希望和荣耀的想法。看到我已经发现天地间除了微分方程还有更多的东西，她显然很高兴。她对我笑着，没说多少。我谈完之后，问她对此怎么看。她慢慢回答说："是的。我相信类似的事情已经很久了。"

1.3　少年"十字军"

空军中校麦高恩（MacGown）是皇家空军轰炸机司令部前导机队的首席医疗官。他现在在兰开斯特（Lancaster）83Q 飞机上。在 1944 年 1 月这个令人绝望的时刻，他要从怀顿（Wyton）空军基地飞往柏林。怀顿是 83 中队的家，而 83 中队是前导机队创建之初即已存在的中队，负责引导对德国城市的夜间空袭。我站在跑道旁，湿冷的风扑面吹打着，我目送 83 中队的 20 架兰开斯特飞机消失在夜空里。这些飞机都严重超载，花了很长时间才完成升空。兰开斯特有着惊人的载弹量，而自 1942 年投入使用开始，它许可的装载量就一再被刷新。轰炸机起飞后，我便转身进屋去喝一杯茶。

作为战时的军事基地，怀顿的脏和乱名副其实。举目所见，是没完没了的水坑、兵营、装满炸弹的库房，而损坏得已不值一修的设备残骸散布各处，锈迹斑斑。两个月的时间里，无论天气好坏，83 中队都一夜接着一夜地飞出去轰炸柏林。平均起来，他们每出去一次就会损失一架飞机，而每架兰开斯特上载有机组人员七人。

那个冬天，轰炸机司令部竭尽所能反复轰炸柏林，因为在西方军队开进欧洲之前，这是能对德国战时经济进行决定性打击的最后时机。驾驶飞机的年轻人被告知，柏林之战是整个战争中具有决定性意义的战役之一，而他们正在取得胜利。我不知道他们当中有多少人相信这种说法。我只知道此话绝非事实。到 1944 年 1 月的时候，这仗其实是打败了。我见过他们是怎么轰炸的——炸弹被四处投掷在一片广大的区域。轰炸机损失量急剧攀升。以这种方式连续进攻柏林，是不可能对战争进程有任何决定性影响的。柏林确实有许多重要的战时工业和行政中心，但是轰炸机司令部并没有尝试找到这些目标并进行单个打击。他们只是以尽可能密集的方式把燃烧弹撒在了城市的上空，并用很小比例的高爆炸弹吓唬地面的救火人员。对于这种攻击，选择性地防守就足以应对。重要的工厂被消防小组保护起来，只要燃烧弹一掉到要害地区，他们就可以迅速处理。所以常常发生的事情是，轰炸机司令部"摧毁"了一座城市，而几周后的航空侦察却发现，在民居的残垣断壁间，工厂居然在照常生产。

战争中，只有两次，轰炸机司令部的燃烧弹袭击异常成功。第一次是 1943 年 7 月，发生在汉堡。在一片建筑物高度密集的地区，我们集中了如此多的火力，一场火力风暴被点了起来，熊熊的烈焰烧死了四万人。火势所到之处，一切灰飞烟灭。我们其他的攻击，哪一次也没有达到这次火力风暴的摧毁性效果的十分之一。在柏林，要获得军事上有意义的胜利，唯一的办法就是点燃一场火力风暴。可以想见，一场席卷柏林的火力风暴会实现那些当初创建轰炸机司令部的人们的梦想——"空中制胜"曾经是他们的口号。但是在 1944 年 1 月，我知道这是不会发生的。火力风暴要有可能，投弹必须异常准确，而且不能受到地面防守火力的严重干扰。在我们的连续打击下，柏林的防守日益增强，轰炸分散得也就越发严重了。只是在我到访怀顿一年之后，又一次，德国被攻入了，而且几乎可以说是惨遭蹂躏——我们又成功地点起一场火力风暴。那是 1945 年 2 月，地点在德累斯顿（Dresden）。

我是个在轰炸机司令部总部工作的平民科学家。从天真的宇宙统一体开始，我已经走过了很长的一段路。我属于一个叫运筹部门的分支机构，其职责是向总司令提供科学建议。我参与了一项统计研究，旨在查明在飞行员的经验和他们被击落的可能性之间是否有任何关联。司令部的信条是，随着经验的增长，一个飞行员在一项任务中生还的可能性也会增加。机组人员在接受训练的时候被灌输的就是这样的信念，"宣传机器"也是这样对公众说的。机组人员被告知的说法是，当你挨过了头五次或十次任务，你就懂行了，你就会学会如何快速地确定德国夜间战斗机的位置，你也就会有更多的机会活着回来了。相信这些，无疑对于保证机组人员的士气是好的。中队的官员都是许多次任务的生还者，他们真诚地相信，他们能活着回来，要归因于他们个人的技术水平和个人的意志，而不是纯粹的侥幸。他们也许是对的。在战争的头几年，事情确实如此，有经验的机组人员能更好地活下来。在我来到轰炸机司令部之前，运筹部门已经做过一项研究，印证了官方所谓"经验能助人生还"的说法。那项研究的结果当然也受到所有人的热诚欢迎。

不幸的是，当我用更好的统计方法和更新的数据重复这项研究的时候，我发现事情变了。我的研究基于完整的记录，还小心地排除了任何诸如没有经验的飞行员会被安排相对容易的任务等所带来的虚假的关联性。我的结论是毫不含糊的：在1942年存在的那种损失率随经验降低的结论，到1944年已不复存在了。仍然有很多看似例外的个案——有经验的机组人员通过英雄主义的努力把严重损毁的飞机开了回来，而如果是新手的话几乎肯定会丢掉性命。但是这些个案并不改变如下事实：有经验的机组人员的技术和献身精神的总体效果，在统计上是不可察觉的。无论是有经验还是没经验的机组人员，都被无区别地击落了下来，就跟1916年在索姆河（Somme）战役 ❶ 中走向德军机枪的那些年轻人一样。

经验和损失率之间关联性的消失，应该被我们的总司令视为一种警告的信号，

第一次世界大战中英法联军在法国北部索姆河地区对德军的阵地进攻战，战役持续数月，双方伤亡130余万人，阵亡30余万人。在此役中，坦克第一次被投入实战。

它告诉他，他在面对某些新问题。在运筹部门里，我们有一个理论去解释为什么经验不再能救得了轰炸机了。我们现在知道我们的理论是对的。这理论叫作"倾斜式机炮"❶（Upward-Firing Guns）。在每一架轰炸机上，有四名成员负责在天空持续搜索战斗机的身影：在前排是驾驶员和投弹手，在尾部和中上部枪座位置是两个枪手。机身垂直正下方是轰炸机的盲区，不过传统上武装战斗机要从正下方接近轰炸机而不被察觉是不可能的。但是越来越多的德军战斗机配备的不再是传统装备了。他们有可以垂直向正上方瞄准的加农炮，它配备有一个简单的潜望镜式的瞄准器。这种配置可以让飞行员在轰炸机下悄悄飞行的时候仔细瞄准目标。飞行员的主要问题是避免被轰炸机解体时飞出的大块碎片撞击到。

83 中队，是一个老牌先导中队，有经验的机组人员数目要超出平均水平。在一个正常的中队，一个飞行员通常要出勤执行任务 30 次。战争中期几年的轰炸机损失率平均是四成。这意味着一个飞行员完成十次正常飞行就会遇到三次危险。前导机队成员签了约需要完成 60 次任务的往返飞行。在 1943 年到 1944 年冬，随着一次次攻击柏林，飞机损失率高出了平均水平，生还的机会也随之更小了。

我从司令部总部来到怀顿，为的是看看那许多针对战斗机的雷达反制措施运转如何。雷达运转良好，但是它们没什么用，因为它们区分不出轰炸机和战斗机。在怀顿，我还希望能够搜集到一些信息，希望它们对我研究经验对损失率的影响有用。我原以为我能够和一些有经验的机组人员交谈，获得第一手的资料，那样我也可以对在柏林上空的夜战中真正发生了些什么有一个感性的认识。但是我很快就清楚了，在机组人员和一个平民旁观者之间，严肃谈话是不可能的。首先，损失率的话题是一种禁忌。空军的传统和权威都不鼓励单个的机组成员去计算这种概率。对这种概率思虑过多的飞行员可能会崩溃。一个和同伴谈论这种话题的飞行员有触犯中队纪律的危险。司令部总部已采取了严格的预防措施，总部任何讨论生还率的文件都不会让中队接触到。中队里有效的仍然是老规矩——"勿问原因何在，唯有报国牺牲"。

机组人员并没有被禁止和我说话，他们想和我说多少都可以。但是隔着一道鸿沟，他们对我，抑或我对他们，又能说些什么呢？他们大多是些 20 岁的年轻人，和我年纪相当。他们已经直面烈火中的死亡 30 次了，如果走运，还有另外 30 次等着他们。我没有，将来也不会有这样的遭遇。他们知道——我也知道他们知道——我不过是那些受过大学教育的毛孩子中的一员，在战争中找了份容易的民事工作，可以生活得安然无恙。两个 20 岁的年轻人，要是中间隔着这样一道障碍，他们互相之间还能谈些什么重要的事情呢？

在怀顿，我可以自由与之交谈的人是空军中校麦高恩。他负责 8 个先导机队的成员的身体和精神健康。他高高的个子，银色的头发，看上去已经很老，虽然他实际年龄不会超过 40 岁太多。对于年轻人里谁什么时候出现了精神崩溃的征兆，以及他是否可以继续服役或者应该从中队里转出去，他拥有最终的权威。对于崩溃的年轻人，并没有什么好办法。司令部设计的规则使得机组人员必须要考虑转向一种比死亡还糟糕的命运。当一个年轻人因为精神原因而被调离时，调职原因的官方记录会是诸如"品格上有欠缺"之类的话。其结果是，他们被官方宣称为懦夫，此后只能被分配一些卑微丢脸的工作。尽管有公众面前的耻辱和不光彩需要忍受，精神崩溃者的数量可不在少数。在司令部总部，我们知道，在服役期完成前就调职的人员数目，和能够完成全部飞行任务的人员数目差不多是相当的。我们被禁止知道那些调动中究竟有多少是因为精神问题，但是麦高恩中校知道。

我们初次见面的时候，他告诉我那晚他要飞往柏林，我大感震惊。他说机组人员喜欢他和他们一道。中队里众所周知的是，有医生在的飞机常常能安全返回。在前面的两个月里，他已经往返柏林六次了。起初我以为他一定是疯了。为什么一个年长的全职医生要一再不顾性命去参与那些极端危险的任务呢？后来我明白了。对于他这个对这些年轻人的身体和灵魂负有职责的人来说，这是表示他在乎他们的唯一办法。要不失自尊地面对那些崩溃的年轻人并且说他们"品格上有欠缺"，这也是唯一的办法。

当麦高恩和140名（20×7）机组人员飞往柏林的时候，因为这样那样的原因不需要参加这次飞行任务的少数机组成员会参加一个啤酒酒会。年轻人们一边灌进去很多啤酒，一边还高唱他们中队的歌：

> 我们带炸弹去柏林，
>
> 我们不把它们带回来……

他们唱着，在每首颂歌的结尾，人们附和着：

> 83 中队——
>
> 83 个男子汉。

这是我参加过的最为悲伤的啤酒会。清晨，我听到兰开斯特返回的声音——只损失了一架，不是麦高恩乘坐的那一架。

去过怀顿之后，我认为唯一还有尊严的事情，就是放弃我在司令部总部的工作投身军旅。鉴于我在数学上的训练，我认为他们会接受我做一个领航员。但是在做这种激烈的事情之前，我和母亲讨论了整个情况。她立即就知道我处于何种利害攸关的当口。她知道直接诉诸我的怯弱是不会奏效的，她转而说我不能胜任。"成为一个领航员，你是绝对没有任何希望的，"她说，"你每一次都会把自己弄丢。当然，如果你认为跑过去把自己杀掉是正确的事情，我也就不争辩什么了。但如果这样，损失一架飞机可就太可惜了。"她的话收到了预期效果，我放弃了英雄式的自我牺牲的念头，不声不响地回到轰炸机司令部的工作中去了。

那个冬天，在我们攻击柏林的时候，德国人也会不时地往伦敦上空丢几颗炸弹。但是与我们的攻击相比较，他们在规模上就逊色很多了，而且除掉鼓舞柏林人的士气，也不会有什么其他目的了。1940年伦敦遭受严重空袭的时候，我们对柏林也做过类似的事情。所以当1944年2月德军飞机在城市上空轰鸣的时候，我并不担心，也没有从床上跳下来跑到地下室去。我想到了飞机上的那些德国年轻人，他们以身犯险，为的只是给宣传机构的写手们提供早晨的宣传材料。我正沉思着这种以牙还牙的轰炸游戏和我们在忙活的严酷战争之间的过于沉重的不相关性，就在那时，传来一阵惊人的爆炸声，我卧室窗户的玻璃应声震碎掉到了地板上。离我两座房子的距离，就在女王之门（Queen's Gate）和孔索尔特王子路（Prince Consort Road）的拐角处，法兰西研究所（Institut Francais）遭到了直接攻击。

在战前，研究所是伦敦的法裔社区文化中心。据说1940年戴高乐（de Gaulle）从法国过来并且未经任何合法授权就宣称自己是自由法国的领导人的时候，在英法侨极为不快。在整个战争期间，研究所的法国人和戴高乐之间一直都存在着零星的争议。我和母亲跑到街上去看燃烧中的研究所，在冬夜里，那里火焰冲天。也许，那些在天空盘旋的不是德国人，而是戴高乐派来报复他的宿敌的。但是无论你怎么看，这种轰炸都毫无意义。

在运筹部门里，我们这些研究轰炸机损失原因的人认为我们有一个想法很有希望，它可以降低损失率。我们想把两个枪座和与之关联的机械设备及弹药都从轰炸机里拆卸掉，并且把机组人员从七人减为五人。经验并不减少损失率的证据更增强了我们的信念——在夜间，枪手对于保护轰炸机基本无用。轰炸机的基本问题，是它太慢和装了太重的东西。枪座太重了，在空气动力学上它是一种糟糕的设计。我们估计，拆掉枪座，再用平滑的整流罩堵上洞口，轰炸机的时速可增快50英里，操作上也会变得容易得多。轰炸机损失率也将逐夜有显著的变化。我们知道这种变化主要取决于德国战斗机操控者能否在轰炸机群进入目标区域之前成功锁定它们。额外的50英里的时速可能会使结果大为不同。我们催促司令部，最起码可以做个实验，把少数几架兰开斯特上的枪座拆掉——很快就可以发现，没有枪的兰开斯特是否比其他的更容易被击落。私下里，我想要拆掉枪座还有一个原因：哪怕这种改变并不能挽救一架飞机，它至少不会让枪手白白丢掉性命。

我们给总司令提供的所有建议都是经由我们部门的主管传达上去的，后者是一个职业的文职人员。他的指导原则是，他只会传达总司令愿意听到的东西。对这一原则的恪守，在战争末期给他赢得了他所期望的提升，后来还让他获得了骑士身份。我还记得当我第一次看到我们的主管如何行事的时候我如何深受冲击。当一个空军妇女辅助队（WAAF）的中士拿着最近一次对法兰克福的攻击的轰炸区域图来找他的时候，我刚好在他的办公室里。像往常一样，从闪光照片上拍下来的命中点被画在了地图上，围绕瞄准点还画了一个半径三英里的圈。原指望这张图和我们对雷达的分析会一起被提交给总司令。但我们的主管闷闷不乐地看了图纸几秒钟，然后把它还给了中士。"真糟糕，掉在圈内的炸弹真少，"他说，"交上去之前，你最好把圈改成五英里的。"有了这次的经历之后，当了解到我们的主管对我们关于没有枪座的轰炸机可能更容易生还的建议持暧昧态度，我就丝毫也不觉得奇怪了。这就不是总司令乐意听到的那类建议，所以我们的主管也不乐意听到。要反对英勇的枪手可以保卫机组成员的神话并推进拆掉枪座的想法，甚至于去反对司令部里那种大规模的官僚主义积习，也许都会让我们的主管卷入一场严重的政治争斗。

这或许不是他指望能够赢得的战斗。无论如何，一个文职人员的直觉告诉他该避免这种争斗。枪座继续留在了轰炸机里，而枪手继续毫无价值地死去——直到战争结束。

在司令部总部，我和一个半爱尔兰血统的年轻人共用一个办公室，他与我年纪相仿，名叫麦克·奥洛林。他曾在军队当过兵，因为癫痫病退了役。对数学，他知道的没我多，但对真实世界，他知道的比我多。当环顾司令部里的残忍和愚蠢的时候，我内心沮丧，而麦克则出离愤怒。愤怒是创造性的，而沮丧则一无所用。

让麦克愤慨的事情之一是逃生舱口。每架轰炸机的地板上都有一道活门。按照设想，当机长下达跳伞命令的时候，机组成员就可以从这道门逃出去。官方的宣传给机组成员的印象是，如果他们的飞机不幸被击落了，他们会有绝好的机会跳伞逃生。一般而言，相比于困在燃烧的飞机里，他们更担心的是被愤怒的德国人抓住并被处以私刑。事实上，被德国人处以私刑这种事，从来没发生过，也只有极少数被俘的飞行员被盖世太保枪毙。在黑暗和慌乱中，在迅速失控的飞机里，由于笨重的飞行服和降落伞伞带的拖累，数目极多的人因为不能准备充分地从那个小洞挤出去而命丧黄泉。跳伞技术是另一个禁忌的话题，一个思想正确的飞行员是不被鼓励去讨论它的。对于中队而言，被击落飞机上的机组人员的真实幸存比例，其保密程度甚至超过了他们完成一次作战航程的概率。如果年轻人们查出了飞机被击中后跳伞生还的比例是何等之小，他们中的某些人可能会倾向于过快跳伞逃生。

麦克可不是个对官方禁忌感冒的人。他搜集到了相当完备的信息，获得了不同机型的失事飞机机组人员逃生后成为敌方战犯的人员数字。他得到的结果令人吃惊。美军轰炸机白天被击落时生还率是50%，老式英国夜间轰炸机哈利法克斯（Halifax）和斯特林（Stirling）的数据是25%，而兰开斯特的相应数据则是15%。兰开斯特是我们最新的轰炸机，除了这个方面，它比哈利法克斯和斯特林都要优越。于是老的轰炸机被淘汰掉了，而兰开斯特很快就被补充进中队。在整个司令部里，麦克是唯一担心这种替换会对被击落的年轻人产生什么后果的人。

你很容易争辩说，美军轰炸机和哈利法克斯及斯特林在逃生比例上的差异，要归因于白天和夜晚轰炸时的环境差别。美国人在被击落逃生之前或许得到了更多预警，他们也有更多时间去安排怎么做，而且显而易见，在白天逃生要比夜里更容易。但是类似借口解释不了哈利法克斯和兰开斯特之间的差别。麦克很快发现了兰开斯特低逃生率的真实原因。哈利法克斯的逃生舱口有24英寸宽，而兰开斯特逃生舱口的宽度是22英寸。少掉的两英寸可能让数千年轻人丧了命。

麦克有两年时间都在孤军奋战，就为了迫使司令部增宽兰开斯特逃生舱口的宽度。最后，他胜利了。这是意志力量对官僚主义的令人瞠目结舌的胜利，一个患有癫痫病的年轻人战胜了军事部门陈陈相因的惰性。但是麦克的成功慢得让人发狂。麦克搜集到逃生率后，司令部花了许多个月的时间才正式承认问题存在。问题得到正式确认后，又要花许多个月的时间去说服兰开斯特的制造商就此做点什么。这家公司着手去处理这个问题后，等到新的逃生舱口被设计出来并投入生产，许多个月又过去了。只是到了战争临近结束而可能获救的机员大部分都死掉了之后，增大了的逃生舱口才变成标准的。战争末期，轰炸机司令部总的意外死亡数字被累加起来，其结果如下：行动中死亡47 130人；跳伞幸存12 790人，其中包括作为囚徒死于战时敌方监狱的138人；逃生率21.3%。我常常相信，如果我们的司令官们确实严肃地考虑过这个问题，我们的逃生率是可以接近美军的数字的。

我们一共炸死了40万德国人，其中三分之一是在汉堡和德累斯顿的火力风暴中。德累斯顿的火力风暴是最严重的。但是在我们看来，那纯属侥幸。我们以攻击德累斯顿一次的同等火力空袭了柏林16次。每一次我们都希望再点起一场火力风暴。除了一切都按照我们预想的发生了之外，德累斯顿的那一次并没有什么特别之处。这有点像高尔夫运动里的一杆进洞。不幸的是，德累斯顿没有什么军事重要性，而且无论如何，杀戮来得太晚，对战争进程并没有什么重大的影响。

库尔特·冯内古特（Kurt Vonnegut）写过一本书，叫作《五号屠宰场》（*Slaughterhouse-Five*）或称《少年十字军》（*The Children's Crusade*）。有许多年，我都打算写一本关于大轰炸的书。现在我不需要去写了，因为冯内古特比我所能写的写得更好。那时候他就在德累斯顿，目睹了一切如何发生。他的书不仅是很好的文献，它也是真实的。在书中，我能找到的唯一的不精确之处是，它没有谈及造成那次大屠杀的夜间空袭是英国人做的。美国人只是第二天才过去，像犁地一样把废墟又轰炸了一遍。冯内古特，一个美国人，不打算把整个解说写得像是只有英国人才该受到责备。除此之外，他写的每件事都是对的。他书中最真实的事情之一就是书的副标题——"少年十字军"。冯内古特在导言里解释说，他的一个朋友的妻子感到极其愤慨，建议他用了那个副标题。她是对的。整个血腥的战场就是一场少年"十字军"❶的征伐。

轰炸机司令部或许是一些疯了的社会学家发明出来的，只为了尽可能清楚地说

十字军（1096—1291）的东征是一系列经罗马天主教教皇准许，由西欧封建领主和骑士对地中海东岸国家发动的持续近两百年的宗教性侵略性战争，战争期间大量无辜穆斯林被屠杀。

明科学和技术的邪恶方面：兰开斯特，就其自身而言是漂亮的飞行机器，但却成了驾驭它的机组人员的死亡陷阱。一种庞大的组织，为了焚毁城市和杀戮人命而建立起来，但是活却做得很糙。一个官僚化的评估体制，在区分目的和手段方面简直一塌糊涂。他们用飞行架次来衡量中队的成功，而不问为什么；他们用丢下的炸弹的吨位来衡量中队的成功，却不管到底丢在了什么地方。上上下下之间都充斥着军事机密，不是铁了心要防备德国人，更多却是为了防止司令部的失败或错误被伦敦的政治权威或中队的年轻人知道。一个接受不到来自上面或下面的批评的总司令，不会承认他的错误，他对杀死自己空军士兵的原因也漠不关心，正如他对屠杀德国平民漠不关心一样。运筹部门本来是要给他提供独立的科学建议的，但是这部门如此胆怯，它不能挑战他政策中的任何本质性因素。偶尔，我会被司令部总部的一群参谋邀请到军官餐饮室去喝一杯，他们让我想起历史学家爱德华·吉本（Edward Gibbon）200 年前在他的自传里描写的牛津研究员："他们沉湎宴饮，正给了年轻人轻佻放纵的借口。"

在战争变得技术化之前很久，许多此类罪恶便已在军事部门存在了。我们的总司令就是一个典型的前科学时代的军人。他粗野而没有想象力，但至少他还是人，还愿意为自己的罪恶担负责任。就个人而言，他并不比谢尔曼谢尔曼是美国内战期间的北军将领，此处"在一项正义的事业中犯下罪恶"可能指谢尔曼在战争中受到批评的焦土政策。

（Sherman）将军 **❶** 更糟糕——后者也在一项正义的事业中犯下罪恶。他只是以超出形势所需的热情去执行了政府的既定政策。他的个性不是轰炸机司令部里存在的罪恶的根源。

战略性轰炸的教条才是这种罪恶的根子，自1936年轰炸机司令部成立开始，它就左右着司令部的发展。这种教条宣称，从空中如大雨倾盆一样向敌国投下死亡和毁灭，才是赢得或预防战争的唯一方法。在20世纪30年代，这个教条对于政治和军事领导人是有诱惑力的，其原因有二：第一，这有望让他们从重演第一次世界大战中最恶劣的堑壕战的梦魇中逃脱出来——他们都身受过那种煎熬；第二，这提供给他们一种希望，就是通过运用后来被称为"威慑"的原则，战争可以避免掉。就对德战争而言，历史证明这两种考虑都是错的。战略性轰炸既没有阻止战争也没能赢得它。从来就没有一场战略性轰炸本身获得成功的战争。尽管历史证据显而易见，在整个第二次世界大战期间的轰炸机司令部里，战略性轰炸的教条仍然大行其道。它至今依然甚嚣尘上——只是在更大的国家，用更大的炸弹罢了。

科技会向传统军事武装的邪恶中添加新的邪恶，轰炸机司令部就是一个早期的例子。技术使得邪恶变成匿名的了。科技使得邪恶以一种官僚化的方式组织起来，没有哪个人需要对行将发生的事情负责。无论兰开斯特飞机上将炸弹瞄准雷达屏幕上模糊的目标的年轻人，还是中队总部里整理纸张的文员，抑或我这样在运筹部门的小办公室里计算概率的人，都没有觉得有一种个人责任要负。我们都没有见过被我们杀死的人们。我们谁也不特别在乎。

战争中的最后一个春天最为凄凉。在攻击德累斯顿之后，1945年3月到4月，对城市的轰炸在继续。德国人的夜间战机仍然在负隅顽抗，在最后几周里仍然击落了数百架兰开斯特。我开始往回看，我问自己是怎么卷入这场疯狂的谋杀游戏里来的。从战争之初开始，我就在一步步从一个道德立场撤向另一个，一直到我完全没了道德上的立锥之地。战争开始，我极力地相信人们该互亲互爱，我称自己是甘地的追随者，在道德上反对一切暴力。战争一年之后，我撤退了。我说，很不幸，非暴力抵抗希特勒是不切实际的，但我仍然在道德上反对轰炸。数年之后，我又说，很不幸，为了赢得战争，看来轰炸是必要的，而我也愿意为轰炸机司令部工作，但是道德上我仍然反对对城市不加区分地进行轰炸。等到我到了轰炸机司令部，我说，很不幸，我们终究对城市不分青红皂白地轰炸了，但为了帮助赢得战争，这在道德上是正当的。一年之后，我说，很不幸，看来轰炸并没有真的在帮助赢得战争，但为了拯救轰炸机的机组人员而工作，起码在道德上还是正当的。在战争的最后一个春天，我再也找不到任何借口了。麦克单枪匹马地投入扩大救生舱口的战斗，他确实救了很多人的命。而我谁也救不了。我放弃了一个又一个道德原则，到最后终于一无所成。最后的这个春天，在司令部总部我的办公室里，我注视着窗外开始返青的丛林。桌上有一本诗人霍普金斯（Gerard Hopkins）的诗集。他的最后一首悲凉的十四行诗道出了我的绝望。

> 看啊，河岸和丛林，
>
> 新披了浓浓绿衣！又一次点缀着
>
> 烦躁的细叶芹，看，还有清风摇动它们；
>
> 鸟筑新巢——却非我所造；我只有愁绪纷扰，
>
> 时间的阉人，未抚育过任何能复苏之物。
>
> 哦，你我的生命之主，赐我的根以雨露。

30 年后，我和妻儿站在了东德的一个防空洞里，它在我妻子叔父家的花园里。妻子的叔父用砖和钢铁把防空洞建得非常坚固。在附近的地面上还可以看到弹坑的痕迹。30 年后，防空洞的屋顶仍然状况良好，地面还是干的。这个房子矗立在柏林西南方向的一个小村庄里。我混迹在轰炸机司令部的时候，妻子就住在那房子里，当时她还是个孩子。轰炸机袭来的那些夜晚，她就在防空洞里。毫无疑问，当空军中校麦高恩飞来的时候，她就坐在那里，而我则在怀顿和一群年轻人喝着啤酒。向孩子们解释这些事情是白费唇舌的。"你的意思是说，妈妈坐在这下面就是因为爸爸的朋友在往花园里扔炸弹？"诸如此类的事情确实是没办法向一个七岁的孩子解释的。

1.4　诗人之死

　　我在轰炸机司令部期间，伦敦某剧院上演了约翰·德林克沃特（John Drinkwater）的戏剧《亚伯拉罕·林肯》（*Abraham Lincoln*）。德林克沃特创作该剧的 1918 年，英国正身受另一场战争剧痛的煎熬。这是一个有思想深度的剧本，它以林肯一角来阐明在 1918 年折磨着伦敦人的一些问题。在 1944 年，这些问题又重现了：到底有没有所谓正义的战争呢？任何理由，不管如何正义，都足以为战争带来的悲剧和野蛮辩护吗？在那个暗淡的年代，伦敦人迫切想得到这些问题的答案，所以这个戏的票房成绩很好。剧中主角是一个美国人可能对此有所帮助。我们都不愿意把我们自己的任何一个政客当成英雄。林肯和甘地相似，离得够远，故而可信。

　　在学校读书的时候，我们并没有接触太多美国史，所以对那些让土生土长的美国人打哈欠的戏剧片段，我们给予了天真热烈的反应。戏剧高潮出现在倒数第二幕，在阿托克马斯法院，穿戴整齐的李（Lee）走进来向衣冠不整的格兰特（Grant）投降❶。

李和格兰特分别是美国南北战争中的南军和北军的统帅。

李离开后，格兰特和米德（Meade）放松下来，他们讨论最终赢得这场战争的原因。"我们有勇气和决心，"格兰特说，"我们也有才智来战胜一个伟大的士兵。跟谁我都会这么说。不过，米德，是亚伯拉罕·林肯，一直给了我们一个为之战斗的伟大理由。知道把胜利托付给这样一个人来掌控，让人感到踏实。来一杯吗，米德？"（倒威士忌）我无从得知在真实生活中格兰特是否真对米德说了这些话。不过这不重要。重要的是，1865 年，在那场漫长而艰苦的战争结束的时候，有人可能真诚地说过这些话。一个正大光明的为之战斗的伟大理由。林肯明白，重要的不仅是赢得战争，还要尽可能使用正当的手段去赢。在 1944 年，我们的领袖们却没有这种觉悟。1944 年我们已经准备好了要赢得战争——这场我们在 1939 年以正当理由开始的战争。但是我们也准备好了走向德累斯顿，走向广岛，走向全世界如今正生活其中的核恐怖的道路。我们已经玷污了一个正当的理由，污垢黏住了我们。一如伊迪丝·内斯比特写下的《魔幻城堡》的规则，我们期盼战略轰炸机的力量帮我们打仗，而我们也因此受到诅咒，我们的余生都要和战略轰炸机的阴影纠缠下去。

对德累斯顿的破坏之后几天，我们的日报——《新闻纪事报》，报道了弗兰克·汤普森（Frank Thompson）的死。这不是一种寻常意义上的死亡。不过为了解释这种死亡的意义，我必须回溯到 1936 年，那时我 12 岁，而弗兰克 15 岁。

我和弗兰克在温彻斯特寄宿的学校的优点之一是，所有年龄的男孩都被扔到一个大房间里，一个房间 10 ～ 20人。任何人都没有丝毫隐私。那些建筑有 550 年的历史，我们欢快喧闹地住在里面，正如我们 14 世纪的祖先一样。那时我 12 岁，小个子，高嗓门，我蹑手蹑脚地走到角落里，好奇地看着、听着。我的主要顾虑，是要避开屋子里到处都有的不知何时会出现的言语或肢体冲突。这情形就像马克·顿斯科伊（Mark Donskoy）在 1938 年导演的非凡的苏联电影《高尔基的童年》（*The Childhood of Maxim Gorky*）里的。阿廖沙·里雅尔斯基（Alyosha Lyarsky）扮演的童年高尔基，想尽力在一个挤满了爱吵架的俄国农民的小屋子里生存下来。每次有机会看这部电影的时候，我就想起我和弗兰克早年在温彻斯特的日子。我们房间的男孩中，弗兰克身形最大，嗓门最高，最无拘无束，也最聪明。所以最后我对弗兰克非常了解，我向他学的东西，比向学校里其他任何人学的都多，尽管他可能几乎都没有意识到我的存在。我最生动的记忆之一是，弗兰克从牛津过完周末回来，他大摇大摆地走进房间，扯开嗓门唱："她拥有……所必需的。"在我们这个与世隔绝的男性群体里，这就让他脱颖而出了。

　　15 岁的时候，弗兰克已经赢得了"学院诗人"的美誉。他是个拉丁和希腊文化的行家，可以成小时地谈论贺拉斯

（Horace）或品达（Pindar）的颂诗的细微之处❶。和我们中间其他的传统学者不同，他也阅读中世纪的拉丁文和现代希腊文的作品。对他来说，这些并没有消亡，而是活生生的语言。他比我们其他人更深地忧虑着外面的战争：西班牙内战激战正酣，世界大战迫在眉睫。从他那里，对于有关战争与和平的重大道德问题，我第一次获得了模糊的认识，这些问题自那以后将主宰我们一生。听他讲话，我认识到，要得以正确理解这些重要的问题，除了通过诗歌，别无他法。对他来说，诗歌并不纯粹是精神娱乐。自古而今，诗歌是人类提炼自己灵魂深处难以言传的智慧的最好尝试。弗兰克没有诗歌不能活，如同我没有数学不能活一样。

弗兰克生前写得很少，发表得就更少了。此处我只引用他的一首诗歌，它直接处理战争主题。该诗写于 1940 年，即英军被赶出法国后不久。弗兰克通过埃斯库罗斯❷（Aeschylus）《阿伽门农》（*Agamemnon*）一剧中的唱诗班的眼睛来看待这个事件。在特洛伊（Troy）陷落后，阿尔戈斯（Argos）

❶ 贺拉斯是古罗马诗人，品达是古希腊抒情诗人，下文"现代希腊文"（Modern Greek）中的"现代"一词是语言学上的说法，可追溯至拜占庭帝国覆灭时的 15 世纪。

❷ 古希腊悲剧作家，《阿伽门农》是其作品。

的市民唱诗班一边等待着阿伽门农凯旋，一边回顾着十年战争。对弗兰克来说，很明显也很自然地，这些 3 000 年前的希腊人的悲痛和仇恨——由 600 年后的伟大诗人写成不朽的诗篇——应该可以映照和阐明我们自己的极度痛苦。战争、激情以及悲剧的本质是一样的，无论是在特洛伊战争中抑或在敦刻尔克（Dunkirk）撤退❶中。所以在诗的末尾，借用埃斯库罗斯的唱诗班的诗行，弗兰克在他的诗作中将这两场战争编织在了一起。这首诗叫作"为了另一个人的妻子，阿伽门农（437—451）"。

> 在圆靶和空荡荡的壁炉之间，
> 他们谈论着村子里死去的青年；
> 汤姆，我们上个赛季最好的投手，
> 在他的飞机旋转的时候死得干净
> 利落；
> 比尔，性喜饮酒欢笑，现在也安息在
> 敦刻尔克之后——为了帮助别人
> 逃走；
> 而戴夫在航空母舰上倒下，
> 戴夫，没人记得，
> 但我记得，他长笛吹得极好。

1940 年，德军绕过马其诺防线包抄法国境内的英法军队，为保存实力，英法军队在敦刻尔克进行战略撤退，约 40 万人撤至英国境内。

"这些男孩英勇牺牲了。我们会永远为他们骄傲，
他们留给老阿道夫一些东西，这些东西使他陷入
思考。"
那是最强之音和观点的洪涛。
但是在角落里，有旋涡在歌唱——
"为了另一个男人的妻子。"
他们死于别人制造的战祸。

"仙子海伦跨海而来，
与之一起的，是你的朋友帕里斯，你的同道，
我们从未信他，但是却得你款待。
多少年来你奉承谄媚，却任自己的土地被遗忘。
我们警告你。你本可阻止……
但是现在我们从玉米地派出了我们的儿子。
战争，像一个杂货商，称量完之后送回
男人的骨灰，我们的光阴一片黯然。"

"是的。他们死得其所，但不是为了符合你的目的；
不是为了你可以带着两匹马出去打猎，
而他们的儿子只能扶扶帽子，为了小费去开门。
或许我们也该加入，写下自己的结局。"
一声喘息后，谁说出了上面的话。

古希腊神话的一组神，为天神乌拉诺斯和地神盖娅的子女，在宙斯家族之前统治世界，后被宙斯推翻。

轻柔，但提坦神[1]听到了它在觉醒。

弗兰克足够细腻地感受到了温彻斯特的蛊惑，不过他足够强大，可以抵制它。"人们在温彻斯特接受的文化熏陶，"他后来写道，"太怀旧了。置身在那些古老的建筑中间，坐在那些美丽的柠檬树下，你很容易爱上中世纪，你会相信世界已经失去了男子气概和亚伯拉德[2]（Abelard）。人们会爱上过去的美丽，却没有辩论家去解释：过去的主要光辉在于它对之前时代的胜利，而亚伯拉德之伟大乃因为他是一个革命家。"弗兰克无论如何都没有满足于学习过去。他说服一个老师定期教他俄语，而他也很快就熟练掌握了俄语，他还发现了现代革命诗人，伽斯耶夫（Gusyev）和马雅可夫斯基（Mayakovsky），比古典诗人更符合他的口味。我后来也加入了这个班，所以至少能分享弗兰克的这个爱好。但是他对语言的胃口是无法餍足的。在我们房间的男孩中间，他发起了一个"晦涩语言俱乐部"，他们后来就进行比赛，用尽可能多的语言互相冒犯和猥亵。曾经有一段时间，有一个用格拉哥里文（Glagolitic Script）

法国 11 至 12 世纪的哲学家、诗人和神学家。

写俄语散文的项目，那是一种极端华丽和花哨的字体，主要在欧洲黑暗时代❶（Dark Ages）盛行，后来圣西里尔（Saint Cyril）用更实用的西里尔字母取代了它❷。"所有的斯拉夫语言都是好的，"弗兰克写道，"不过除了俄语之外，波兰语和捷克语似乎紧张而焦躁，保加利亚语贫瘠又没有教养，而塞尔维亚-克罗地亚语，可能是第二令人满意的，只是有点野蛮——对游击队员和山上喝梅子白兰地的人来说还好，不过不适合我们时代复杂的哲学。但是俄语是一种悲伤而有力的语言，像熔化的金子一样从舌尖流淌出来。"后来他改变了对保加利亚语的看法。

　　1938 年弗兰克离开温彻斯特，后来我就再也没有见过他。他去了牛津，加入了共产党，在 1939 年战争开始后参了军，在中东度过了大部分战争时期。他去过利比亚、埃及、巴勒斯坦和伊朗，不时打仗，一直在交新朋友，学习新语言。1944 年 1月，他被空降到德军占领下的南斯拉夫。他的任务是作为英国联络官员，与在保加利亚的地下抵抗力量联系，组织空投支援，

在西方历史上，黑暗时代是指从罗马帝国灭亡到文艺复兴之间的时间，人们认为这是一段文化层次下降和社会崩溃的时期。

圣西里尔是公元 9 世纪东罗马帝国的传教士，其传教活动大大影响了斯拉夫人的文明进程，西里尔字母为斯拉夫人广泛使用的字母书写体系。

协调与开罗的盟军指挥部的无线电通信。在 4 月的最后一封家书里，他写道："关于我自己，实际上真没什么好说的。我一直在努力工作，我怀着一些期望，有勇敢的人相伴，他们是世界上最好的。除了这种同志间的友谊，我最大的乐趣，是在失去了三个春天后，重新发现了像紫罗兰、黄花九轮草和梅花那样的东西。"

在差不多一年之后的《新闻纪事报》上，我们看到了故事的结局。一个保加利亚驻伦敦的世界贸易组织代表是目击者。

弗兰克·汤普森少校在利塔克沃（Litakovo）的一场模拟审判中被执行死刑。那时他已经被停十天左右。和他一起牺牲的是其他四个官员——一个美国人、一个塞尔维亚人和两个保加利亚人，还有另外八个囚犯。

一场公开"审判"被匆忙安排在村子的办公大厅里。大厅里挤满了旁观者。目击者看到弗兰克·汤普森靠柱子坐着，抽着烟。当他被传唤受审的时候，令所有人吃惊的是，他不需要翻译就能说正确、连贯的保加利亚语。"你，一个英国人，有何权利进入我们的国家，进行反对我们的战斗？"他被问道。汤普森少校回答道："我到这里来是因为，这场战争是比一个国家对另外一个国家的抗争深刻得多的事情。现在世界上最伟大的事情，是反法西斯主义对法西斯主义的抗争。""你知道我们会枪毙持有你这种看法的人吗？""我已经做好为自由献身的准备。而且能和保加利亚的爱国者一起赴死，我荣耀无比。"……

　　然后汤普森少校"接管"了那些被判有罪的人，带领他们走向城堡。当他们在聚集着的人群面前行进的时候，他握紧拳头敬了一个祖国阵线党（Fatherland Front）——盟军正在援助的一方——的礼。一个宪兵把他的手打落下来。但是汤普森向人群高喊："向你们敬自由之礼。"所有人赴死的时候都敬了这个礼。旁观者们在啜泣。许多在场者都说那是保加利亚历史上最令人动容的场面之一，而那些人令人吃惊的勇气是那个英国军官激发出来的——他有他自己的精神，也激起了他们的。

　　这一段里的一切听起来都是对的，除了一个词。我怀疑"反法西斯主义"是保加利亚贸易代表提供的委婉说法。弗兰克一直有一说一。我几乎非常确定他说的是，"现在世界上最伟大的事情，是共产主义对法西斯主义的抗争"。毕竟，他是一个共产主义者。他的保加利亚同志也是共产主义者。对于弗兰克来说，共产主义并不是知识分子的共产主义，而是一个苏联卡车司机的共产主义。在被卡车护送通过伊朗的一个山谷时，弗兰克偶然和后者碰到过一次。以下是弗兰克对他们那次碰面的描述。

　　"你好吗？"我用俄语对他喊道。听到是自己的母语，他咧嘴笑了。他慢慢走向我们："我好不好？好。很好。"他过来倚在我的卡车门上，会心地咧嘴笑着，一点也没有我们西方人觉得要使聊天继续下去的责任。"高加索（Kavkaz）有大好的消息。"我说道，"我们刚刚听说了奥尔忠尼启则（Ordzhonokidze）首个胜利的消息。"他又咧嘴笑了："你觉得那是好消息？""是的。非常好。你不觉得吗？"他想了想，咧嘴笑着，直直地看了我差不多半分钟："是的，很好。"又是半分钟的考虑和咧嘴笑，"是的，就像斯大林同志说的。他说：'我们的街道上也会有节日的。'所以就会有的！所以就会有的！我们的街道上也会有节日的！"我们都笑了。"是的！"我说道，"所以就会有的！我们的街道上也会有节日的！"交通通畅了，我们继续前行。但是好几个小时后，我心里笑着，嘴里唱着歌，就像几个月没唱过歌似的。

在弗兰克向利塔克沃的人群握紧拳头敬礼的时候，同样的欢笑和歌唱肯定也在他心头萦绕。1944 年 9 月，苏联部队进入保加利亚，祖国阵线党掌控了政府，而弗兰克被宣布为国家英雄。普罗科尼克（Prokopnik）火车站，是游击队员们进行一场最激烈的战役的地方，它被重新命名为汤普森少校车站。现在，他和他的同志们一起安息在利塔克沃村的一个山顶上，在一块石头下面。石头上刻着保加利亚诗人克里斯多·博特夫（Christo Botev）的诗：

> 我或许英年早逝
>
> 但我会知足
>
> 若我的人民以后说
>
> "他为正义而死，

为了正义和自由。"

　　弗兰克的死讯来得太晚，没有给我在轰炸机司令部的日常生活带来任何变化。在欧洲战争的最后几个月，我继续做着身为技术人员可以做的事情，试图将轰炸机从任务中安全带回来。但随着时间一周周过去，越来越清楚的是，我们对于城市的轰炸是无谓地浪费生命。在攻击德累斯顿后四星期，我们攻击了古主教城市维尔茨堡（Wurzburg），毁坏了主教宫殿中欧洲最好的提埃坡罗（Tiepolo）穹顶画。轰炸机机组人员对于摧毁维尔茨堡特别兴奋，因为他们知道，致命的德国追踪及射击控制雷达被称为"维尔茨堡雷达"。没人告诉这些人，维尔茨堡这个城市和雷达之间，就像我们的主教城市温彻斯特和温彻斯特步枪之间一样，没有任何关联。我开始越来越羡慕对方的技术人员，他们正在帮助德国的夜间战斗机保卫他们的房子和家园。他们的夜间战斗机及其支持团队展示了令人惊讶的表现：他们持续战斗，给我们造成严重损失，直至他们最后的阵地被占领，希特勒德国不复存在。他们精神不败地结束了战争。他们拥有知道他们为何而战的优势。在那最后的几周里，他们不是为希特勒而战，而是为保存他们剩下的城市和人民而战。战争行将结束的时候，我们给了他们在战争开始时所缺少的一样东西，那就是为之战斗的正当理由。

　　我也羡慕弗兰克。不是因为我信奉他为之献身的理由。1945 年的时候我就已经看出来，他在保加利亚帮助建立

英国

的政府，不太可能满足他怀有的那个愿望。当然毋庸置疑，它在许多方面都比被推翻的那个要好。但是，它不是，也不可能是一个正义和自由的政府。1943年弗兰克写道："有一种精神在欧洲广泛传播，它比那个疲倦的大陆数世纪以来所知道的任何东西都更美好、更勇敢。那就是在了解了最大的羞辱和苦难，并且胜利挺过来之后，全体人民一劳永逸地创建他们自己生活的自信的意志。"30年后，要在索非亚（Sofia）[1]运作这个政府的官僚们身上找到这种精神的证据可能是很困难的。但无论如何，我从不怀疑，在与弗兰克一起生活和战斗的保加利亚盟友身上，这种精神仍然存在。而他们为这种精神战斗和献身的纯粹事实，赋予了他们所建立的政府一种可以持久存在的历史合法性。不管那个政府作为他们思想的化身有多么不完美，他们仍向后世的人们证明了自己没有庸碌而死，利塔克沃山上的纪念碑仍然是一种挑战。

历史常有这样的讽刺，伟大的预言家常常误判了他们获得最终胜利的地方。释迦牟尼没能掌控印度，却在日本受到尊崇。

马克思没能在德国制造革命，却在俄国战胜所有，实现夙愿。类似地，弗兰克的梦，"在了解了最大的羞辱和苦难，并且胜利挺过来之后，全体人民一劳永逸地创建他们自己生活的自信的意志"，没能如他所愿在欧洲开花结果，但是作为政治更迭的驱动力，它在其余地方——中国、越南、非洲和美洲的黑人国家中间——却都波澜壮阔地成功了。1945 年春天，我还没足够聪明到能预见所有这些事情，但是那时我已经知道，弗兰克为之献身的，是一个比保加利亚政治更为宏大的梦想。我知道，如果从第二次世界大战的残骸中能出现任何人类得救的希望的话，那个希望只能来自弗兰克为之奋斗的诗人的战争，而不是我所参与的技术人员的战争。在历史的那个时刻，羡慕死去的人是简单的。

从这些经历中我们能学到什么恒久的教训呢？对我来说，至少最主要的教训是清楚的。如果我们用滥杀无辜的手段战斗的话，一个好的理由可以变成坏的。如果足够多的人以同志情谊和自我牺牲的精神战斗的话，一个坏的理由也可以变成好的。最终，决定你的理由是好是坏的，是你如何战斗，以及为什么战斗。战争变得越技术化，一个坏的选择越能灾难性地将一个好的理由变成邪恶的。在轰炸机司令部的那些年中，我学习到了这个教训，也从弗兰克的经历和死亡中学到了。不幸的是，作为第二次世界大战的胜利一方，我们这代人中的很多人并没有学到这个教训。如果他们学到了的话，他们就不会在 20 年后的越南带领我们重蹈覆辙。当美军轰炸机在越南开始轰炸的时候，我知道我们的理由是无望的，因为我知道弗兰克的精神正在丛林里为胡志明（Ho Chi Minh）而战。

1945 年美国人遭受的经历和我的截然相反。我参与了轰炸战役，它给我们带来了巨大的损失，却没有得到任何决定性的结果。在结束的时候我意识到，在总体上，德国的防守打败了我们。美国人开始了他们对日本城市的不加区分的轰炸，正如我们在德国正要结束的轰炸一样。他们的第 21 号轰炸机司令部驻扎在马里亚纳（Mariana）群岛，由柯蒂斯·李梅（Curtis Lemay）将军指挥。在我们攻击德累斯顿之后三个星期，他们用燃烧弹进攻了东京，达到了同样引人注目的效果。在这第一次奇袭中，他们在东京点燃了我们在柏林从未点燃的大火。在一晚上他们杀死了 13 万人，毁掉了半座城市，却只损失了 14 架飞机。他们以同样的方式持续轰炸了三个月。6 月 15 日，轰炸暂停了，因为已经没有城市可供焚毁了。日本的防御没有效果，而美军轰炸机的损失从军事上讲则无足轻重。日本的城市经济四分五裂。如果假以时日，日本的工业机器还能否复兴，就像德国工业从重复的轰炸中恢复过来一样，我们永远也不会知道了。日本人没有被给予时间。美军的轰炸是成功的，正如我们是失败的一样明显。不幸的是，人们从失败中学到的要比从成功中学到的多。

当对日本的火力轰炸在进行中的时候，洛斯阿拉莫斯（Los Alamos）的科学家们正在完成他们的第一颗原子弹的最后细节，而战争部长史汀生（Stimson）正跟他的顾问团队会晤以决定如何使用这些炸弹。那时，我对他们的活动一无所知。关于此类事情，我所知道的全在一本书里。那是战前在温彻斯特我所订购的剑桥大学出版社图书目录里的一本书，书名是《科学新道路》（*New Pathways in Science*），天文学家亚瑟·爱丁顿的作品。书中的一章题目为"亚原子能量"。在这章里，有两句话给我留下了很深的印象。战争的那么多年里，我都把它们记在心上。

我已将亚原子能量的实际应用称为一个虚假的希望，它是不应该被鼓励的；但是在世界的目前状态下，它确实是一种威胁，我们应该把共同批评它当成一个严肃的责任。不可否认，对一个必须通过制造匮乏来使它的成员免受饥馑的社会来说，对那些充裕会招致灾难的人们来说，对那些无限的能源意味着无限地进行战争和破坏的权力的人来说，在远处有一朵不祥的云彩，尽管现在它并不比人的巴掌更大。

亨利·史汀生和他的顾问团队并非对他们所面临的道德问题麻木不仁。商议记录毫无疑问地显示，就使用原子弹的决定，他们的痛苦持续了很长时间，也很剧烈，他们认识到了他们的决定所具有的历史重要性。他们必须权衡，一方面是让战争势不可当地迅速又决定性地结束的短期价值；另一方面，实际使用原子武器的第一个范例一旦确立，它可能对人类造成长期和不确定的危险。我们仍有可能为他们作了正确的决定而辩护。已经有很多书出版了，它们以后知之明分析他们的决定，它们考虑到那时在日本政府内部存在着彼此斗争的政治力量——但是史汀生们当时并不知道这些。没有人怀疑，做这个决定的人真诚地相信它可以拯救数以万计的生命——无论这些生命是日本人还是美国人，他们都会在战争的延续中丧命。

两个因素导致杜鲁门（Truman）总统听从了史汀生的建议，决定使用原子弹。首先，运送及投放炸弹的整个设施——B-29 轰炸机、驻扎在马里亚纳群岛的战略轰炸机、训练有素的工作人员、第 21 号轰炸机司令部的官僚体制，早就存在了。B-29 是专门为了从远处的岛屿基地轰炸日本而设计和建造的。在它已经准备好，时刻等待着"出发"这一声令下时，很难作出不使用所有这些设备的决定，而且更难的是，如果战争继续的话，该如何向美国公众交代？第二个不利于史汀生的决定的因素是如下事实：对于日本城市的不加区别的轰炸早就发生了，而且获得了普遍的认可。史汀生很清楚核弹和常规炸弹在破坏力上的巨大的量的差别，但是对他来说，很难体会到用老式的火焰弹杀死 13 万人和用核弹在广岛杀死相同数量的人之间在邪恶程度上有什么质的差别。那些反对使用核武器的人，只能讨论长远的后果和危险。除非他们也准备好了叫停对常规炸弹的不加区别的使用，否则他们不能简单地说："我们不能做这个，因为它是错的。"当3月份的火力轰炸开始的时候，或许史汀生原可以找到的道义立足点就已经被放弃了。早在那之前，无论在英国还是在美国，在已决定了要发展战略性轰炸力量并使用它对付平民人口的时候，这个道德问题早就已经被很有成效地预判过了。广岛只是水到渠成的后果。

1944年，在弗兰克被空降南斯拉夫之前两星期，他在开罗写信说："昨天我读了林肯的第二次就职演说，考虑到撰写它时的背景，我认为那是人类历史上最卓越的演讲之一。它让我考虑一个问题，如果有人想找到神灵涅墨西斯[1]（Divine Nemesis）的一个经典的例子，有什么会比我们现在对日本的战争更好的呢？我们在远东的所有肮脏的记录，从鸦片战争(Opium Wars）开始，现在都在血流成河中偿还了。""我们天真地盼望着，我们热忱地祈祷着，"林肯说道，"战争这种巨大的灾难可以很快过去。但是，如果上帝希望它持续下去，直到奴隶们250年无偿劳动所堆积的财富沉没，直到鞭子抽打出的每

[1] 古希腊神话中的复仇女神。

滴血可以用剑划出的血偿还——就像我们 3 000 年前所说的那样,所以仍然必须说,'上帝的判决是正确又正当的'。"

1945 年 8 月,我还在轰炸机司令部工作。在欧洲的战争结束后,当局决定,英国的一部分轰炸机应被派往冲绳(Okinawa)基地,这样他们就可以为美国对日本的战略性轰炸添加上他们的象征性贡献。我本应和他们一起飞到冲绳去,但是随后,8 月 7 日,《新闻纪事报》被送到了我在伦敦的早餐桌上,巨大的头版头条写着"新自然力启用"。我喜欢那个标题。它重大,不带个人色彩。那是孩童时代的终结。或许现在我们都可以像个成年人那样做事了。不论是谁写下了这个标题,他明白,比起在部落的争吵中一方获胜,这是更大的事情。它表明,运气不错,我们可以一劳永逸地结束战略性轰炸了。我强烈支持亨利·史汀生。一旦我们加入了轰炸城市的事务,我们也要尽职做好然后完成它。

那天早晨,我的心情比许多年来的感觉都好。我不用操心去办公室了。那些制造原子弹的人明显了解他们的东西。他们肯定是一群杰出并可以胜任其工作的家伙。一个想法闪现在我的脑海里——或许有一天我会见到他们。我会喜欢那样的。我已经花了很多时间跟老式炸弹搅在一起了。在 8 月的那个上午的快乐中,很容易忘记格兰特在阿托克马斯跟米德说的话,忘记《阿伽门农》的唱诗班,忘记保加利亚游击队员,忘记弗兰克紧握拳头的敬礼和在利塔克沃的纪念碑，忘记爱丁顿的警告，忘记林肯的第二次就职演说，忘记广岛仍在缓慢死于烧伤和辐射疾病的人们的极大痛苦。后来，后来很久，我会重新记起这些事情。

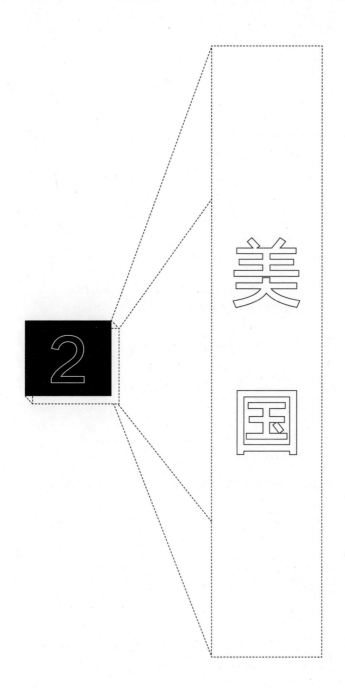

2

美国

从一个疯狂的世界出走，人能够去哪儿？
绝望的另一边的某处。

——T.S.艾略特，《合家团圆》，1939

2.1　科学学徒

1947 年 9 月，我注册成为伊萨卡（Ithaca）的康奈尔大学物理系的研究生。在汉斯·贝特的指导下，我学习如何从事物理学研究。贝特不仅是一个伟大的物理学家，在训练学生方面也极为卓越。当我到达康奈尔并向这个伟大人物介绍自己的时候，他的两件事情立即给我留下了深刻印象。第一，他的鞋子上有许多泥泞。第二，其他的学生称呼他为汉斯。在英国，我从未遇到过任何此类事情——教授们通常受人尊敬，也会穿着干净的鞋子。

没多少天，汉斯就为我找到了一个好问题。他有一种神奇的为技艺和兴趣各异的学生找到好问题的能力——既不会太难，也不会太容易。他有八到十个学生在从事研究工作，但是对于让我们忙忙碌碌又不失快乐，他看上去似乎都毫无压力。他差不多每天都和我们在食堂吃午饭。几个小时的聊天之后，他就能精确地判断每个学生能做点什么了。按照预先安排，我只能在康奈尔待九个月，所以他就给了我一个他知道我能在那段时间内完成的问题。正如他所说，这问题精准地在那段时间被解决了。

在那个特殊时刻来到康奈尔是幸运的。1947 年是战后物理学繁花盛开的一年。在战争期间处于休眠状态的种子苏醒过来，新思想和新实验的春芽在到处萌动。战争期间在诸如轰炸机司令部和洛斯阿拉莫斯工作的科学家们回到了大学校园，立即就忙不迭地投入到了纯粹科学的研究中。他们急匆匆地要把在战争期间丢失的时间弥补回来，他们精力充沛、热情洋溢地投入工作中去。1947 年的纯粹科学开始热闹起来。而汉斯·贝特彼时刚好就置身在这种纯粹物理学复兴的中期。

那时有一个未解决的核心问题，它吸引了相当数量的物理学家的注意力。我们称之为量子电动力学（quantum electrodynamics）问题。问题说起来很简单，那就是还不存在一个描述辐射和吸收光的原子或电子的通常行为的精确理论。量子电动力学就是这个还缺失的理论的名字。以量子命名是因为理论必须考虑光的量子本性，前缀" electro "指理论要处理到电子（electron），动力学（dynamics）一词则是说它要描述力和运动。从战前一代的科学家——

比如爱因斯坦、玻尔（Bohr）、海森堡（Heisenberg）和狄拉克（Dirac）——那里，我们继承了关于这样一个理论的一些基本想法。但只有基本想法是远远不够的。这些基本的想法会粗略地告诉你原子会如何行为，但是我们希望能够精确地计算这种行为。当然，科学之中常有这样的事，就是问题太复杂了，没法精确计算，人们只能满足于一种粗糙而定性的理解。1947年的奇异之处在于，即便诸如氢原子和光量子那样最简单和最基本的对象，我们都没有办法精确理解了。汉斯·贝特相信，如果我们能够知道如何用那些战前的思想做和谐一致的计算，一个正确并精确的理论就会浮出水面。他就像摩西❶（Moses）站在山顶一样向我们指出了大有前途的领域。我们这些学生要做的就是朝那里进发并且安顿下来。

在我到康奈尔之前数月，发生了两件大事。第一，在纽约的哥伦比亚大学，人们做了一些实验，它们以比之前精确 1 000 倍的方式测量了电子的行为。这使得创造一个精确理论的问题变得极为迫切，实验所提供的一些精确数字也需要理论家去给予解释。第二，汉斯·贝特自己就针对这问题做了首次的理论计算，这个计算实质性地超出了战前所做的工作。他计算了一个氢原子中的电子的能量，其答案与哥伦比亚实验得到的结果吻合得相当好。这说明他走在正确的道路上。但是他的计算仍然是旧思想在物理直觉引导下的拼凑物。它没有坚实的数学基础。它甚至和爱因斯坦的相对论原理都不相容。这就是我在9月份加入汉斯的学生群体时整个事情的样子。

汉斯给我的问题就是重复他对电子能量的计算，但是要以最小的改变使之与相对论相容。对像我这样的人来说，这是个理想的问题——我有很好的数学背景，但是对物理学知之甚少。我一头扎了进去，写下了满满几百页的计算过程。在这个过程中，我也在学习其中的物理。几个月之后，我得到了一个答案，它和哥伦比亚的实验仍然足够接近。但是我的计算还是一种拼凑。在任何基本的意义上，我都没有改善贝特的计算。我并没有比贝特更接近对电子的基本理解，但是那些投入计算之中的冬季月份给了我技巧和信心。我掌握了我自己的工具，现在我已经为开始思考做好准备了。

作为量子电动力学之外的一种放松，我被鼓励每周在学生实验室待几小时做做实验。这些并非研究性的实验。我们只是走走过场，重复那些著名的旧实验——在实验之前我们就知道结果该是什么样子了。其他的学生在嘟囔，觉得他们在浪费时间闹着玩。但是我觉得那些实验真迷人。

还在英国的所有时间里，我从来都没能够轻松自如地待在一个实验室里。我之前读到过的那些奇异的事物——晶体、磁体、棱镜和分光镜，都真实可触，就在眼前，我还可以操作它们。当测量到各色的光照射到一个金属表面上所产生的电动势并借以印证了爱因斯坦关于光电效应❶的定律时，那种感觉近乎神奇。不幸的是，我在密立根（Millikan）油滴实验上栽了跟头。密立根是芝加哥大学的大物理学家，他第一次测量了单个电子的电量。他制作了细小油滴组成的雾状物，他用强电场推拉这些油滴并在显微镜下观察它们四处游荡。油滴如此细微，它们中的一些只带有一两个电子的净电荷。我的油滴也飘荡得很好，然后我拉错了调节电场的把手。人们发现我四脚朝天地倒在了地板上，这也就终结了我作为一个实验家的生涯。

　　我从来没有后悔过我和实验的简单甚至致命的接触。这种经历，比任何别的东西都使我更深刻地理解了爱因斯坦的评论的真理性："可以说，世界的永恒奥秘就在于它的可理解性。"就在这里，我一周一周连

❶ 光打到金属表面产生电子流的现象，爱因斯坦用光量子假说解释了这个现象，也因为这个工作，爱因斯坦获得了诺贝尔奖。

美国

续坐在桌前，做着最复杂和最细致的计算，想要算清楚一个电子该如何行为；而电子就在我的小油滴上，并不必等待我的计算结果就知道该怎么行为。谁会认真相信，电子真的会在意我的这样或那样的计算？然而哥伦比亚的实验指出，电子确实在意。也不知怎么地，我在涂写的这种复杂计算就确立了油滴上的电子必定要遵循的规则。我们知道事情就是这样的。为什么会这样，为什么电子会注意到我们的数学，这是一个哪怕爱因斯坦也不能洞悉的奥秘。

在日常和汉斯一起度过的午餐时间里，我们没完没了地聊物理，聊技术细节，聊深刻的哲学奥秘。总体来说，汉斯对细节比对哲学更感兴趣。当我提哲学问题的时候，他常常会说："你该去和奥皮（Oppy）聊那些东西。"奥皮指的是罗伯特·奥本海默（Robert Oppenheimer），他那时刚刚被任命为普林斯顿高等研究院的院长。冬天的某个时候，汉斯和奥皮聊到我，他们同意在康奈尔之后，我应该去普林斯顿待一年。我渴望和奥皮一起工作，但我也有些害怕。奥皮已经是一个传奇人物了。他曾经是洛斯阿拉莫斯的炸弹项目的发起者和领导者。在那里的时候，汉斯曾在他的麾下领导理论小组。汉斯对奥皮极为尊敬。但是他警告我不要指望在普林斯顿会过得舒坦。他说奥皮可不乐意忍受蠢蛋，而且他有时会过于草率地认定谁是蠢蛋。

我们在康奈尔的学生小组的成员之一是罗西·洛马尼茨（Rossi Lomanitz），一个来自俄克拉何马州（Oklahoma）

的性格粗犷的人物，他住在伊萨卡外面一个废弃的农舍里，据传言他是一个共产党员。洛马尼茨从未到过洛斯阿拉莫斯，但是在洛斯阿拉莫斯的项目开始前，他就已经在加利福尼亚和奥皮共同从事炸弹项目的工作了。在 1947 年，身份上是一个共产党员还不像后来那样是一种严重的罪行。七年后，当奥皮被宣布是一个安全风险的时候，对他的指控之一是，他没有试着阻止军方征募洛马尼茨。庭审上，检察官罗伯（Robb）认为，奥皮对洛马尼茨的关照出于一种邪恶的动机。奥皮回应罗伯："我与我的学生的关系，不是我站在班级前向他们讲课的那种关系。"这个评论精准地概括了究竟是什么使得汉斯和奥皮成为伟大的教师。1947 年，安全听证和政治迫害还遥远到没有被我们想到。罗西·洛马尼茨不过像我们其他人一样是个学生。而奥皮是伟大的民族英雄，你可以见到他的脸装点着《时代》和《生活》那样的杂志的封面。

在来到康奈尔之前我就知道汉斯在洛斯阿拉莫斯待过。我没有预先知道的是，我将会发现整个洛斯阿拉莫斯群星的相当一部分，除了奥皮，会再度齐集康奈尔。战前汉斯就在康奈尔，所以当他回来的时候，他就尽可能多地为在洛斯阿拉莫斯和他一道工作过的聪明的年轻人找到了工作。所以在康奈尔，我们有罗伯特·威尔逊（Robert Wilson），他曾经是洛斯阿拉莫斯实验物理部门的头头；我们有菲利普·莫里森（Philip Morrison），他曾经前往马里亚纳群岛照看后来用于广岛和长崎的原子弹；我们还有迪克·费曼（Dick Feynman），他曾经负责计算中心。我们还有许多其他人。看到自己如何迅速而容易地与这帮战争经历和我迥然不同的武器先驱们打成一片，我都觉得吃惊。

人们会没完没了地谈论在洛斯阿拉莫斯的日子。这种谈话里总是闪烁着一种自豪感和怀旧情绪。对这些人中的每一个人而言，洛斯阿拉莫斯的日子曾是一种伟大的经历，一段包含了刻苦的工作、同志式的友谊和深刻的幸福的时光。我有一种印象，他们之所以乐于来到康奈尔，主要就是因为康奈尔物理系仍然保有洛斯阿拉莫斯氛围当中的某种东西。而我也确实能感受到这种鲜活的氛围的存在。那是青春，那是健康，那是不拘礼节，那是在科学上一起做些伟大事情的共同的野心——却没有任何对声望的嫉妒和争吵。多年以后，汉斯·贝特和迪克·费曼确实获得了实至名归的诺贝尔奖，但是在康奈尔，没有人争夺奖赏或者个人荣耀。

洛斯阿拉莫斯人不会公开谈论原子弹的技术细节。真是令人惊奇，人们是那么容易谈论起那个项目，却又能够游刃有余而不触及危险话题。只有一次，我让午餐桌前的每一个人都局促不安了。我天真地评论说："幸好爱丁顿证明了用氢去造炸弹是不可能的。"一阵尴尬的沉默之后，正进行着的聊天话题突然换掉了。在那些日子里，任何有关氢弹的想法都是高度机密。午饭后，一个学生把我拉到一边，他悄悄告诉我，很不幸，爱丁顿是错的，洛斯阿拉莫斯曾经做过大量有关氢弹的工作。他还告诉我以后千万别再提这个项目了。我很满意他们信任我，让我知道了这个秘密。在那之后，我觉得自己也真成了他们中的一分子。

为了让公众了解他们生活中的核事实，许多洛斯阿拉莫斯的老兵参与到了相关的政治活动中。他们要传达的信息的要点是，美国独霸核武的状况是不能持久的，长远看来，幸存的唯一希望在于将核活动完全移交给一个强有力的国际权威。在传播这个信息方面，菲利普·莫里森尤其雄辩。奥皮则一直在向政府部门里的朋友讲述相同的事情，只是相对而言更静悄悄的。但是到了1948年，很清楚的是，基于战时的美苏联盟建立一种有效的国际权威的机会已经失去了。核军备竞赛开始了，国际控制的想法至多也只能是一个长远的梦。

我们和汉斯在午餐时间的谈话，常常以洛斯阿拉莫斯以及围绕发展和使用核弹而产生的道德问题为中心。汉斯为这些问题所困扰。但是其他的洛斯阿拉莫斯人则极少被困扰到。似乎直到广岛之前，根本就没有几个人被困扰过。当这工作还在进行中的时候，他们一心一意扑在技术细节上，全身心地投入到了工程的技术成功中。他们忙得顾不上后果。1945年6月，亨利·史汀生任命了一个就核弹使用向他提供建议的小组，奥皮是小组成员之一。奥皮支持史汀生使用核弹的决定。但是那时候，奥皮没有和任何他在洛斯阿拉莫斯的同事讨论过此事，甚至和汉斯都没有。他独自承担了责任。

1948年2月，《时代》杂志刊发了对奥皮的访谈，奥皮的著名忏悔就出现在了那里："在某种大致的意义上——这一意义不是任何俗语、任何幽默以及任何夸大所能阐明的——物理学家知道他们的罪孽，这是一种他们不能丢失的知识。"在康奈尔的大多数洛斯阿拉莫斯人都拒绝奥皮的评论，他们为此而愤愤不平。他们没有什么罪孽感。为了帮助赢得战争，他们做了一项困难而必要的工作。奥皮在公众面前为他们的罪孽落泪，他们认为这是不公正的，因为制造出任何致命武器以供战争之用的任何人，都同样有罪。我能理解洛斯阿拉莫斯人的气愤，但我和奥皮一致。洛斯阿拉莫斯的物理学家们的罪孽不在于他们制造了致命的武器。制造原子弹，在他们的国家卷入反对希特勒德国令人绝望的战争的时候，在道德上是有理由的。但是他们不仅制造了炸弹，他们甚至享受了制造炸弹的过程。就是在制造它的时候，他们度过了他们人生中的最好时光。我想，那才是奥皮在说他们身负罪孽的时候脑子里所想的东西。他是对的。

在过了几个月之后，我能够辨认出美国学生身上的那种特质了，它是奇怪而吸引人的。他们缺乏生命的悲剧感，而对于我这一代的欧洲人，这一悲剧感是根深蒂固的。他们从未与悲剧相处，也对它毫无感觉。没有悲剧感，他们也没有负罪感。他们似乎都太年轻和太天真了，虽然他们大多数都比我大。他们经历了战争，却没有留下伤疤。对于他们，洛斯阿拉莫斯是一场伟大的欢愉。他们的清白未受触动。那就是他们不能接受奥皮的说法是在表达一种关于他们自己的真理的原因。

对于欧洲人来说，历史的重大转折点是第一次世界大战，而非第二次世界大战。第一次世界大战创造了那种远在第二次世界大战之前就已经成为我们呼吸的空气的一部分的悲剧心态。奥皮成长的时候濡染于欧洲的文化之中，他熟悉那种悲剧感。汉斯，作为一个欧洲人，也有这种悲剧感。年轻的土生土长的美国人，除开迪克·费曼，仍然生活在一种没有阴影的世界中。现在，30年后，事情已经大为不同了。越南战争在美国人的生活中造成了一种基本的心态上的改变，那和第一次世界大战在欧洲产生的氛围一样。现在的美国年轻人，在精神上要比30年前更接近欧洲人。对我们所有人来说，天真无邪的时代都结束了。

迪克·费曼在这方面——正如在其他的每一个方面，是个例外。他是一个年轻的本土美国人，他和悲剧共度过。他爱过一个灿烂而有艺术气质的姑娘，和她结了婚，但她却正因肺结核而死去。他们结婚的时候，他们都知道她在慢慢死去。迪克去洛斯阿拉莫斯工作的时候，奥皮把他的妻子安排在了阿尔伯克基（Albuquerque）的一家疗养院，那样他们就能尽可能地待在一起了。她死在了那里，就在战争结束前几周。

一到康奈尔，我就开始意识到，迪克是我们系里最生气勃勃的人物。在许多方面，他让我想起弗兰克·汤普森。迪克不是个诗人，当然也不是共产党员。但是他响亮的声音，他敏捷的思想，他对各种各样的事物和人的强烈兴趣，他的疯狂的笑话，以及他对权威的不逊，这些都像极了弗兰克。我在学生宿舍有一个房间，有时清晨两点钟的时候，我醒来时会听到一种有着奇怪节奏的声音在静谧的校园里跳动。那是迪克在敲他的邦戈鼓。

迪克也是一个深刻的原创性的科学家。他拒绝接受任何人对任何事的说法。这意味着他要被迫为自己重新发现或发明几乎整个物理学。为了重新发现量子力学，他集中精力工作了五年。他说他不能理解教科书里的那种正式版本的量子力学，所以从一开始他就得从头做起。这是一种英雄主义的进取心。在那些年里，他比我曾知晓的任何人都要勤奋。最后他有了一个他自己可以理解的量子力学。然后他用自己版本的量子力学去继续计算电子该如何行为。他可以重现早先一些时候汉斯用更正统的方法计算出来的结果。但是迪克可以走得更远。他用自己的理论计算了电子行为的精细的细节，而这是汉斯的方法力所不逮的。迪克能比任何其他人更为精确地计算这些东西，甚至还更为简单。我为汉斯做的计算，运用了正统的方法，让我工作了好几个月，用掉了几百页的纸。迪克能得到同样的答案，而且用半个小时就能在黑板上算出来。

所以这就是我在康奈尔发现的情形。汉斯在用迪克所不能理解的老量子力学烹调书。迪克在用他自己私人的量子力学，其他任何人都不能理解。若是他们计算相同的问题，他们就会得到相同的答案。而迪克还能计算一大堆汉斯不能算的东西。对我来说，很明显迪克的理论必定更基础性的正确。在完成了汉斯的计算后，我拿定主意，我主要的工作，必须是理解迪克，并且用一种这世上其他人能够理解的语言解释他的思想。

1948 年春天，汉斯和迪克去参加了一个专家会议，会议由奥皮安排在波科诺山（Pocono Mountains）的一家旅馆里举行，旨在讨论量子电动力学的问题。我不在邀请之列，因为我还不是一个专家。哥伦比亚的实验家们去了那里，尼尔斯·玻尔和其他许多重要物理学家也在。会议的主要事件是一场八小时报告，报告人是朱利安·施温格（Julian Schwinger），哈佛的一个年轻教授，奥皮曾经的学生。朱利安似乎解决了主要问题。他有一个量子电动力学的新理论，可以解释全部哥伦比亚实验。他的工作是建立在正统原理之上的，其数学技术堪称杰作。他的计算极端复杂，听众里没有几个人在整个八小时报告里都全程在场。但是奥皮理解了，他对每一件事都报以赞许。朱利安结束后，该轮到迪克了。迪克试图告诉筋疲力尽的听众，他如何能用自己的非正统的方法更为简单地解释同样的实验。没人能理解迪克哪怕一个字。最后奥皮做了些伤人的评论。事情就是这个样子，迪克满怀沮丧地从会议现场回到家。

在康奈尔的最后几个月里，我努力尽可能多地见到迪克。关于迪克，非常好的事情是，你无须担心你是在浪费他的时间。大多数科学家，当你走近他们和他们说话的时候，他们都是很礼貌的，他们会让你坐下，但是只消一会儿工夫你就能从他们无聊的表情或者烦躁的手指注意到他们正希望你能走开去。迪克不是那样的。当我走进他的房间而他又不想说话的时候，他就会嚷道："走开，我忙着呢。"他甚至连头都没有转，而我就会乖乖走开。下一次我来的时候，他会让我坐下，我知道他并非仅仅出于礼貌。多数时间里，他谈论自己版本的物理学，而我也最终抓住了窍门。

迪克的物理学难以被普通人掌握的原因是他不使用方程。自牛顿以来，从事理论物理学的惯常方法都是从写下某些方程开始，然后就是努力计算方程的解。这就是汉斯、奥皮和朱利安·施温格做物理的方式。迪克只是从他的头脑里写下解来，但却不曾写下方程。对于事情如何发生，他有一种物理的图像，这种图像能够以最少的计算直接给出问题的解。那些一生都在解方程的人被他弄得一头雾水是不奇怪的。他们的头脑是分析的，而他的是形象化的。我自己所受的训练，自与比亚乔的《微分方程》奋斗的遥远日子开始，就是分析的。但是当我倾听迪克，盯着他画在黑板上的奇怪图形的时候，我渐渐吸收了一些他的形象化的想象力，我开始对他那个版本的宇宙感到自在了。

迪克的洞见，实质是一种对所有约束的放松。在正统的物理学里，你说，假定电子在某个时刻处于这个状态，然后你去解某个方程去计算它下面会怎么做，从方程的解你可以计算出来在之后的某个时刻它将如何如何。作为替代，迪克说得很简单，电子可以做任何它喜欢做的。电子以所有可能的方式走遍所有的空间和时间。只要它选择，它甚至能在时间方向上倒着走。如果你从某个时刻处于这个状态的电子开始，你想知道在另一个时间，它会不会在其他什么地方，你只消把将电子从一个状态带到另一个状态的所有可能的历史的贡献累加起来就可以了。电子的一种历史是空间和时间中的任何一条路径，包括在时间上前前后后跑动的锯齿状的路径。电子的行为就是按照迪克找出来的某种简单规则将所有的历史加到一起的结果。只需要细微的改动，这种花招就能不仅对电子奏效，对其他每一样东西也都能奏效——原子、棒球、大象，如此等等。只是对棒球和大象来说，规则更加复杂罢了。

只要你习惯它，这种对历史求和的看待事物的方法就不是真的那么神秘了。正如其他的深刻的原创性思想，它渐渐被吸收进了物理学的构造之中。30 年后，我们甚至难以记起最初的时候我们何以觉得它如此难掌握。我真是太幸运了，1948年这一新思想呱呱坠地的时候我恰在康奈尔，在一个短时间里我还成了迪克的共鸣板。我见证了这个长达五年的智力奋斗过程的最后一步，迪克为他自己的大统一美景闯开了一条道路。我所见到的迪克，让我想起了六年前我所听到的凯恩斯说牛顿的话："他的特殊天分在于那种在思想中持续抓住纯粹精神性问题的力量，直到他可以直接看穿它。我想象他的超绝之处要归因于他的直觉力量，这是人之前从未被赋予过的最强烈而持久的直觉。"

　　1948年的那个春天有另一件值得记住的大事。汉斯收到了一个来自日本的小包裹，里面有一本新物理杂志的头两期。这杂志是《理论物理进展》，出版于京都。这两期杂志是用英语刊印在质量不好的褐色纸张上的。它们包含总共六篇短文章。第2期上的第一篇题目是"关于波场量子理论的一种相对性不变的形式表述"（A Relatively Invariant Formulation of the Quantum Theory of Wave Fields），作者是东京大学的朝永振一郎（S. Tomonaga）。在文章的下面有一个脚注："本文译自……（1943年）原以日文发表。"汉斯让我读这篇文章。简单清晰而没有任何数学上的精致，这篇论文包含了朱利安·施温格理论的核心思想。这种意外令人吃惊。也不知道是怎么做到的，在战争的废墟和骚乱中，在完全孤立于世界其他部分的处境中，朝永振一郎在日本维持了一个理论物理学的研究学派，这个学派在那个时候在某些方面比世界上任何其他地方都要领先。在施温格之前五年，没有来自哥伦比亚的实验的帮助，朝永振一郎独自推动和奠定了新的量子电动力学的基础。在 1943 年的时候，他还没有完成这个理论，也没有把它发展成一种实用工具。把这个理论变成一种和谐融洽的数学结构的荣誉，应当公正地归于施温格。但是朝永振一郎迈出了实质性的第一步。1948 年的春天，他就在那里，坐在东京的灰烬和废墟中，给我们寄来了那个可怜的小包裹。对于我们，它的到来仿佛来自深处的声音。

几周之后，奥皮收到来自朝永振一郎的私人信件，其中描述了日本物理学家近期的更多工作。在和施温格相同的方向上，他们一直进展迅速。正常的通信很快建立起来。奥皮邀请朝永振一郎访问普林斯顿，朝永振一郎的学生后来也接连来到普林斯顿和康奈尔同我们一起工作。当我第一次见到朝永振一郎的时候，寄给我父母的一封信记录了我迅即产生的对他的印象："他比无论施温格还是费曼都更擅长谈论思想而不是他自己。关于他自己，他也有足够多的东西可谈。他是个格外无私的人。"在他的桌子上，在一堆物理杂志中间，放着一本《圣经·新约》。

2.2　阿尔伯克基之旅

6月，在康奈尔的学期结束了，汉斯·贝特帮我安排了五周时间前往位于安娜堡（Ann Arbor）的密歇根大学参加暑期学校。朱利安·施温格将在那里作讲座，就他在波科诺会议上所作的八小时加长版马拉松报告，他会给我们作一个轻松些的解说。那是一个可以从施温格本人那里倾听其想法的绝佳机会。不过，在学期结束和暑期学校开始之间有两周的间隔。迪克·费曼说："我要开车去阿尔伯克基。你为什么不和我一道？"我看了下地图，发现阿尔伯克基并不直接在去安娜堡的路上。我说好的，我会跟着去。

我在美国的居留，由哈克尼斯基金会（Harkness Foundation）提供的联邦基金奖学金（Commonwealth Fund Fellowship）资助。基金会很慷慨地在资助中包括了一次暑期旅行的费用。我本就该在美洲大陆游走，以便获得对美国比只待在校园里更广泛的认识。前往阿尔伯克基的一次自由之旅会是一个好的开始。

四天的大部分时间里，迪克都是只属于我的。不过并不是所有时间，因为迪克喜欢搭载搭便车的旅行者。我也喜欢这些旅行者。他们是美国的游牧民，他们行走不息，从一个地方迁移到另外一个地方，毫无挂念，从容不迫。在英国，我们也有自己的吉卜赛游牧民族，但是他们住在自己的封闭世界里。我从没有跟一个吉卜赛人说过话。迪克和这些游牧民说着话，好像跟他们是老朋友似的。他们告诉我们他们的冒险故事，迪克则把他的故事告诉他们。随着我们开得越往南往西，迪克的说话方式也改变着。他在学习我们搭载的人的口音和用语，比如"I don't know noth'n"等词组出现得越来越频繁。我们离阿尔伯克基越近，迪克似乎越适应他周围的环境。

我们从圣路易斯（St. Louis）跨过密西西比河（Mississippi），越过奥沙克（Ozark）高原，然后到达俄克拉何马州。奥沙克高原是整个旅程中最美的一部分：青山被野花和丛林覆盖，点缀着零星的农场小屋。俄克拉何马是一个不同的世界，它富饶但又丑陋：新的城镇和工厂从四处冒出来，推土机在撕开土地——俄克拉何马的石油业正处于一个蓬勃发展的时期。

在遇到暴风雨的时候，我们离俄克拉何马市还有一半距离。看起来，那个地方不仅人是野蛮粗鲁的，自然界也是。那是我第一次体验热带暴雨。它让我在英国见过的最大降水相形见绌得有如毛毛雨。我们在瓢泼大雨中爬行了一阵子，后来就被堵住了。一些男孩告诉我们，前面的高速路上有 6 英尺深的积水，过不去了。他们说，这样的雨已经下了一星期。我们调转车头退回到一个叫作维尼塔（Vinita）的地方。除了找一个房间等待暴雨过去，也没有其他事情可做了。旅馆都客满了，住的都是进退两难的旅客。我们很幸运地找到了一个房间，迪克和我可以各承担50美分。门上贴着一张告示："宾馆现在管理上改头换面了，所以如果你喝醉了，那么你来错地儿了。"在那个狭小的房间里，我们彻夜聊着天，而屋外的雨水敲打在脏的玻璃窗上。迪克说起他过世的妻子，说起自己照顾她、让她最后那些日子还能过得下去的快乐，说起他们一起捉弄洛斯阿拉莫斯的安保人员，说起她的笑话和她的勇气。他带着平静的熟悉感谈论死亡，这只有在经历了死亡能带来的最坏后果而精神依旧屹立的人们身上才能找到。在电影《第七封印》（*The Seventh Seal*）中，英格玛·伯格曼（Ingmar Bergman）塑造了一个会变戏法的人物乔夫（Jof）。他一直开玩笑，扮丑角，他看到了其他人都不相信的景象和梦境，当死神最终带走其他所有人时，他却幸存了下来。迪克和乔夫有很多相同点。康奈尔的许多人都曾告诉我迪克疯了。事实上呢，他是那群人中最理智的。

在维尼塔的那个晚上，关于他在洛斯阿拉莫斯工作的事，迪克说了很多。鲍勃·威尔逊（Bob Wilson），我们在康奈尔的朋友和首席实验物理学家，邀请迪克参加关于核弹的工作。迪克马上本能地回答："不，我不会去做这个的。"然后他思索了一下，理智地说服自己应当参与到这个工作中去，这样才能确保希特勒不会首先得到核弹。

所以他加入了这个计划，先是在普林斯顿，然后在洛斯阿拉莫斯。他热烈地投入工作里，很快就成了一个领导者。他们安排他做计算部门的领导时，他只有 26 岁。那个时候的计算机可不是电子器械，而是人。迪克知道如何指导其计算团队，让他们全身心地投入工作。在他接手这个部门后，计算问题的产出增长了九倍。这个部门全速前进，和时间赛着跑，他们想争取在 1945 年 7 月第一颗炸弹进行试验之前完成所有计算。迪克在组织和鼓励着他们。那就像一场宏大的划艇比赛。他们划得如此努力，根本没注意到德国人在什么时候已经退出战争，只剩下他们自己在比赛了。他们划过终点线的时刻，也就是三位一体（Trinity）核试验的那天，迪克坐在一辆吉普车的发动机罩上，快活地敲着他的邦戈鼓。只是到后来，他才有时间考虑，想知道他出自本能的对鲍勃·威尔逊的第一次回答是否可能是正确的。从那些天开始，他拒绝再参加任何与军事相关的工作。他清楚自己非常擅长这方面的工作，也非常喜欢。

对于核武器的未来，迪克有自己的看法。那个时候有两种错觉。保守派的错觉是，美国在武器研究和生产方面的领先优势可以无限保持下去，它会给美国带来持久的军事和政治上的霸权。变革派的错觉是，当所有政府都意识到核灭绝的危险时，他们会放弃将战争作为实现国家政策的手段。无论如何，在某种程度上讲，核武器都会变成永久和平的保障。这两种错觉，迪克都不相信。他认为战争会时不时地继续发生，核武器也会被使用。他觉得我们是傻瓜，傻到竟认为在世上放出这些武器后，我们还可以毫发无伤地退出。他预料，或早或晚，有人会回过头来让我们尝尝自己开出的药方。他看不出有任何理由去相信，别的国家会比我们更聪明或和善。他发现人们能够在类似纽约这样的地方继续平静地生活，就像广岛事件从没有发生过一样，这真是件很神奇的事情。在我们开过克利夫兰（Cleveland）和圣路易斯的时候，他在脑子里从地面零点❶开始测算，估计着足以致命的辐射范围的大小以及冲击波和火灾的影响范围。他对未来的看法确实有些黯淡。我觉得自己像是在跟罗得（Lot）一起经过索多玛与蛾摩拉❷（Sodom and Gomorrah）。

但是迪克从没有沮丧过。对于普通人在经历罪行及其统治者的罪恶后生存下来的能力，他有着绝对的信心。就像变戏法者乔夫一样，他会在末日审判前夜安静地

❶ 指核爆炸的炸弹着地点。

❷ 罗得是《圣经》中的人物，耶和华因索多玛和蛾摩拉两城人民的邪恶而降下硫黄和天火，将两城毁灭，耶和华怜悯罗得，命天使将罗得及其家人从这场毁灭中带出。

坐下来，和宾客们分享他的鲜奶和野草莓。他知道普通人有多坚强，也知道死亡和破坏是如何经常将我们最好的状态激发出来。

恰好在一年前，即 1947 年夏天，我在一个满是瓦砾、被轰炸过的德国城市明斯特（Münster）待了三个星期。明斯特大学邀请了一群外国学生到那里去，以便给德国学生第一次接触外部世界的机会。我们有一张城市的街道地图，它帮助我们在瓦砾堆中找到方向。"即使是一个废墟中的城市，"街道地图上写着，"在一个贫困悲惨的时期，也能从它的街道、人行道、公园和花园的模样表现出它的人民的自豪、达观和公共精神。"那是对的。每个晚上，如果天气不是很坏的话，在明斯特，饥饿的人们会从地下室里走出来，带着大提琴、小提琴和巴松管，他们会露天演出一场一流水平的交响音乐会。有天晚上，他们甚至上演了一出歌剧，《乡村骑士》（*Cavalleria Rusticana*）。歌剧本身并不是最好的，但是那个剧院——一片草地上的圆形剧场，被高大的山毛榉和栗树遮蔽着，还有那个夜晚的美丽及被毁坏的城堡的轮廓，充分弥补了演出本身的不完美。到那个时候，我已经习惯了饿着肚子和在瓦砾堆里走路，所以也就不再注意到它们了。哪怕只是三周，你已经完全习惯了生活在一个饥饿和废墟的世界里了。我和迪克说了在德国的这些经历，他说，那正是他预想的。他不能想象任何炸弹，哪怕是核弹，可以摧毁人类的精神很长时间。"你只要想想我们已经经历过的所有那些疯狂的事情，"他说，"原子弹就并没有什么大不了的了。"如果你是那个变戏法者乔夫，你开着车穿过暴风雨，如果你能够看到死亡天使黑色的翅膀从你头顶飞过的话，死亡就没有什么大不了的了。

在核弹之后，我们还谈到了科学。迪克和我在科学上总是意见相左。我们反对彼此的想法，那会帮助我们坦率地思考。迪克不信任我的数学，而我不信任他的直觉。在他奇妙的世界图像中，世界是由空时（space and time）中的世界线（world line）交织而成，任何事物都自由移动，而大量的可能的历史❶（possible histories）累加起来描述了最终发生的事情。对于他看待事物的观点来说，有一点很重要，那就是它必须具有普适性。它必须描述自然中发生的每一件事。你不能想象，这种历史叠加的图景对自然的一部分成立，而对另一部分却不成立。你也不能想象，它对电

"可能的历史"是指按照逻辑可能会发生的历史，与之相对的概念是已经实现出来的历史。费曼的理论是说可能的历史在量子理论里面是有某种真实性的，对物理现实有贡献，而不单纯是一种虚构出来的东西。

子成立，对引力却不成立。它是一种实现统一的原理，要么解释所有事情，要么什么也解释不了。这一点让我深深怀疑。我知道有多少伟大的科学家曾追逐过大统一理论的鬼火。科学的场地上横七竖八躺倒着死去的大统一理论的尸骨。甚至爱因斯坦也花了 20 年去寻找一个大统一理论，但是他没有找到任何令自己满意的东西。我非常敬仰迪克，但是我不相信他可以在与爱因斯坦的比赛中战胜爱因斯坦。迪克还击我的怀疑，他辩论说，爱因斯坦之所以失败，是因为他停止了在具体的物理图像中思考，变成了一个玩弄方程的人。我不得不承认这是对的。爱因斯坦早年的那些伟大发现都基于直接的物理直觉。爱因斯坦后来的统一场理论失败了，因为它们只是一组没有物理意义的方程。迪克的历史叠加的理论，在精神上是类似青年爱因斯坦的，而不是老年爱因斯坦。它牢固扎根于物理真实之中。但是我仍然和迪克争辩，告诉他他的理论只是一个华丽的梦，而不是一个科学理论。除了迪克，没人可以使用他的理论，因为他总是随着事情的进展使用其直觉编造游戏规则。直到规则被编成法典而且数学上变得精确，我才会称之为理论。

关于物理理论的本质，我认同正统看法。根据正统看法，大统一原理不是理论。也许有朝一日，我们可望能发现一个适用整个物理学的大统一原理，不过那是后代们的事情了。目前来讲，自然将自己很方便地划分成了界限分明的领域，而我们也满足于一次只了解一个领域。一个理论是一种对于自然的细致而又精确的描述，它只对一个特定的领域成立。属于不同领域的理论使用不同的概念，从不同角度照亮我们的世界。

目前来看，我们看到物理世界被分成了三个主要领域。第一个是大体量、大质量物体的领域，其对象是行星、恒星、星系，还有作为整体考虑的宇宙。在这个领域中，引力是决定性的作用力，而爱因斯坦的广义相对论是凯歌高奏的成功理论。第二个是非常小、存在周期很短的物体的领域，它们可以在高能碰撞和原子核里被观测到。在这个领域里，强核力是主导作用力，但是关于它还没有成熟的理论。理论的碎片出现之后又消失了，它们多多少少可以成功描述实验家观测到的一些事情，但是目前，极小物体的领域依然和 1948 年时一样，它仍是一个本身亟待被探索的世界。在极大和极小之间的是第三个领域：物理学的中间地带。中间地带是一个巨大的领域，它包括大小介于一个原子核和一个行星之间的任何物体。它是人类日常经验的领域。它包括原子和电，光和声，气体、液体和固体，椅子、桌子和人。我们称为量子电动力学的理论就是中间地带的理论。它的目的，是要给所有处于第三个领域中的物理过程一个完全又精确的解释——这个领域仅仅不包括极大和极小的物体。

就这样，我和迪克彻夜争论。迪克在尝试理解整个物理学，而我只希望能找到属于第三个领域的理论。他在寻找一般原理，它们要足够灵活，使他可以将它们运用到宇宙中的任何物体上。我在寻找一组简洁的方程，它们要准确地描述中间地带发生的事情。我们继续来回争论。现在，30年后回头看那些争论，很容易看出来，我们都是对的。科学的一个特别的美丽之处就在于，看起来大相径庭的观点，在后来如果用一种更广的视角来看，都是对的。我是对的，因为结果是自然喜欢划分区域。量子电动力学的理论原来可以完成我所期望的一切。它以很高的精确性成功预测了在中间地带所完成的所有实验的结果。迪克是对的，因为他的时空轨迹和历史叠加的一般原理，原来有着比量子电动力学更广的适用性。在极小物体的领域，即现在被称为粒子物理的领域，结果表明，量子电动力学的严格形式是无用的，然而迪克灵活的规则，即现在被称为费曼图的东西，是每个理论家手头第一个可用的工具。

　　在维尼塔的小屋里度过的那个暴风雨之夜，迪克和我并没有向前看30年。我知道的只是，在迪克思想的某处，隐匿着一个量子电动力学理论的关键之处，这个理论比朱利安·施温格的复杂构造更简洁，也更物理。迪克只知道他有比打扫施温格的方程更高的目标。所以争论没有结果，我们继续各自走自己的路。

　　天亮以前，我们都成功地小睡了一会儿。上午，我们继续向俄克拉何马市方向进发。雨继续下着，不过比昨天小多了。我们驶过萨帕尔帕（Sapulpa），那是一个因为石油业繁荣而在矿层中崛起的小镇。路又被堵住了。我们尝试绕路，在快要走出小镇时，却发现路消失在了一个大湖里。在往回走驶过萨帕尔帕的途中，我们见到一个切罗基印第安人（Cherokee Indian）和他的妻子，他们正在雨中东倒西歪地沿路走着。他们全身都淋透了，于是很高兴地跳进了我们的车子。他们将我们带到没有铺砌的泥路上去，那里地势高，没有积水。他们的衣服很快就干了，他们和我们在车子里很快活地待了差不多一整天。他们正要赶往肖尼（Shawnee）去，他们在那里一个油田的建筑工棚里工作。不知怎么的，他们得到了五夸脱的烈性威士忌，于是他们停掉在肖尼的工作，带着威士忌回萨帕尔帕和家人及朋友一起庆祝。在我们接上这一对的前一天，五夸脱酒喝完了，庆祝也结束了。积水迫使我们沿着地势高的地段绕道北行，离肖尼却越来越远。当印第安人最后友好地和我们说再见的时候，他们比我们刚发现他们的时候离肖尼远得多了。

我们最后的障碍是越过锡马龙（Cimarron）河。那条河大概半英里宽，砖红色的河流浪高水急。在慢慢爬过桥的每分钟里，我都担心它会被突然冲走。在桥的另一边，天空慢慢变晴了，我们顺利地到达得克萨斯州，作最后一次夜间停留。

我们驶进阿尔伯克基的时候，沙漠里的仙人掌正开着红色的花，迪克也满心喜悦。太阳在为我们灿烂，警车在呼啸着欢迎我们。迪克花了些时候才反应过来，原来警车是在让我们停下来。他们客气地告诉我们，我们已经违反了所有的交通法规，我们应该立即接受治安官的处罚。幸运的是，治安官正在执勤，所以可以马上处理这起案件。治安官告诉我们，我们应该交 50 美元罚款，因为我们在限速 20 英里每小时的路段开到了 70 英里每小时，时速超过限速每英里需罚款一美元。他说这是他开过的最多的超速罚单了。我们已经破了阿尔伯克基的纪录。迪克随后进行了他最精彩的表演之一，他解释他如何从伊萨卡开车到阿尔伯克基跟他想要娶的女孩见面，他诉说阿尔伯克基是一个多么伟大的城市，还有他在离开阿尔伯克基三年之后再回来是如何开心。很快，迪克和治安官就开始交换阿尔伯克基的战时故事。最后我们收到了一张 14.5 美元的罚单，10 美元是超速罚款，4.5 美元是上庭费用。迪克和我分摊了罚款，我们三个依次握手，彼此告别，继续走各自的路。

我乘坐灰狗（Greyhound）巴士去了圣塔菲（Santa Fe），也一站接一站乘坐它回到安娜堡。很快我就发现了享受漫长的巴士旅行的方法，那就是晚上旅行，而白天休息或者寻访郊外风景。人们在夜晚的巴士上聊得更多，也更友善。在从丹佛（Denver）到堪萨斯城（Kansas City）的夜间巴士上，我遇到了一对青年男女，一个是来自旧金山的水手，一个是来自堪萨斯州的女孩。我们聊了一整晚，从感情开始谈起，然后是家庭、历史和上帝，最后则谈到政治。以我之见，如果我是在听英国的陌生人之间聊天的话，相同的话题会以相反的顺序出现。他们两个都是很好的聊天者，将聊天一直维持在很好的风格上，直到太阳从我们前方的地平线上冲出来。他们有时候让我觉得自己很老，有时候又让我觉得自己很年轻。

在安娜堡的五周时间里，我认识了许多新朋友。在那些日子里，安娜堡暑期学校，正如它在 20 世纪 30 年代一样，在暑期是旅行中的物理学家们的集聚之地。朱利安·施温格的讲座是经过润饰的优雅的奇迹，就像由一个艺术大师演奏的高难度的小提琴奏鸣曲，更像是技术而不是音乐。幸运的是，施温格友善近人。我可以和他详细地讨论——我更多的是从跟他的讨论中而不是从他的讲座中了解他的理论是如何形成的。在讲座中，他的理论是已经切割好的钻石，炫目耀眼。而在我和他讨论时，我看到了它未经加工的样子，那是在他开始切割和打磨之前看待它的方式。通过这种方法，我能够更好地掌握他的思考方式。安娜堡的物理学家很慷慨地给了我一个位于他们大楼顶层的房间。每天下午，躲在那个屋顶下的房间里，我花许多时间去回顾和消化施温格的讲座中的每一步，还有我们谈话中的每个词。我想像十年前掌握皮亚乔的微分方程那样掌握施温格的技术。五周时间很快就过去了。我写满了数百张的计算纸，用施温格的方法解决了各种简单的问题。暑期学校结束的时候，我觉得自己能够像其他任何人一样了解施温格的理论了——当然可能比不上施温格自己。那正是我来安娜堡要做的事情。

在安娜堡的日子里，另一件美好的事情发生了。我收到一封来自明斯特的长信，它来自我在一年之前的饥饿时期认识的一个女孩。在冬天的时候，我们陆陆续续交换了很多信件。她用德语写信，不过信是以叶芝❶（Yeats）的一段诗结尾的：

爱尔兰著名诗人。

> 我本会在你脚下铺开我的衣裳，
> 但我一贫如洗，我只有我的梦。
> 我已在你的脚下铺开我的梦，
> 轻轻地踩吧，因为你踩着我的梦。

我好奇一个以英语为外语的女孩是否能理解那节诗作为诗歌有多好。

我认定她可能明白。我发誓我会轻轻踩着。

从安娜堡出发，我乘坐了另一趟灰狗

巴士前往旧金山。这趟行程中最清楚的记忆是从怀俄明（Wyoming）到盐湖（Salt Lake）盆地蜿蜒而下的艾克小溪（Echo Creek）。我经过摩门教拓荒者们在一百年前栖息过的山谷。这些山谷被护理得像瑞士的山谷似的。在美国其他地方，我从未见过保护得这么好的山谷。我可以马上看出来，这些人相信他们已经到达了希望之乡❶，而且他们特意将它的美丽保存下来留给他们的后世子孙。

我在旧金山和伯克利（Berkley）待了十天，离开物理稍事休息。我读了乔伊斯❷（Joyce）的《一个青年艺术家的肖像》（*Portrait of the Artist as a Young Man*）和尼赫鲁（Nehru）的自传。我稍微逛了下加利福尼亚州，但觉得自己还是更喜欢犹他州。比较一下犹他州和加州移民们的成就，作为同时创建自己文明的定居者，我觉得犹他达到了伟大，而加州将伟大加诸己身。加州没有什么地方可以媲美摩门教的山谷，在那里，每个村落都围绕着巨大的神殿，每边的山都直指云霄。

9月开始了，是时候该回到东边去了。

The promised land，上帝许给亚伯拉罕的地方，乐土、福地。

詹姆斯·乔伊斯，爱尔兰著名作家，以意识流的写作手法著称，代表作为《尤利西斯》。

我登上灰狗巴士，连着坐了三天三夜，最远到达芝加哥。这一次我没有聊天对象。对我来说，路途太颠簸了，没法看书，所以我就坐着，看着窗外，渐渐地就恍惚起来，但是很舒服。第三天穿过内布拉斯加（Nebraska）时，突然发生了一件事情。两周多了，我都没有考虑物理学，现在它像爆炸一样突然闯进我的意识里来。费曼的描述和施温格的方程，开始以前所未有的清晰在我的脑海里自我梳理。我第一次可以将它们放在一起。有一两个小时的时间，我反复尝试如何安排各个部分。后来我认识到它们都是彼此咬合的。我没有笔和纸，不过所有事情都很清楚，我并不需要将它写下来。费曼和施温格只是从完全不同的两边看待了同一组想法。将他们的方法放在一起，你就会得到一个量子电动力学的理论，其中包括了施温格的数学精确性和费曼的实用灵活性。最终，我是万分幸运的，因为我是唯一一个有机会同时和施温格及费曼两个人进行了深入交谈并真正明白他们所做工作的人。在豁然开朗的时刻，我要感谢我的老师汉斯·贝特，他使得这些成为可能。在那天余下的时间里，我们看着太阳在草原上落下，我在构思回到普林斯顿后我要写的文章。文章的标题会是"朝永振一郎、施温格和费曼的辐射理论"。以这种方式，我能保证朝永振一郎得到他应得的那份荣耀。在我们进入艾奥瓦州（Iowa）的时候，天色变黑了，我睡得很香、很久。

　　几天后，我收拾了一下我在伊萨卡的东西，起程前往普林斯顿。我已经变得非常依赖灰狗巴士了，以至于在旅程结束的时候我几乎感到歉意。不过我在普林斯顿是有活要干的。在9月一个天气晴朗的上午，我第一次走了一英里半，从在普林斯顿的住处来到高等研究院。从离开英国来到美国学习物理，现在正好过了一年。现在，一年以后，9月一个天气晴朗的上午，我正走在去研究院的路上，去教奥本海默如何做物理。整个情形看似太荒诞了，不像是真的。我扎了自己一下，确认我没在做梦。不过太阳仍然在照耀，鸟儿依旧在树上歌唱。我对自己说，我最好要小心点。轻轻地踩吧，因为你踩着我的梦。

2.3　攀登 F6 峰

七年和这个夏天都结束了，

大主教离开我们已有七年，

他对他的教民总是那么和善。

但是他若可能回来，那可不好……

对于我们，我们这些穷苦人，没什

么可做，

唯有等待和见证……

哦，托马斯大主教，

哦，托马斯，我们的主，离开我们，

把我们留在，

留在我们简陋而黯淡的存在之框；

离开我们，勿要我们

面对屋宇上的厄运，大主教的厄运，

世界的厄运。

1948 年秋，我坐在奥本海默的办公室
里，这些来自 T. S. 艾略特（T. S. Eliot）《大
教堂凶杀案》❶（*Murder in the Cathedral*）中
的诗句在我的头脑里响起。六男两女八个
物理学家共用这间办公室——新大楼还在
匆忙的建设中，建成后我们每人都会有一

❶ 艾略特的诗剧，讲的是 12
世纪的大主教托马斯·贝
克特在坎特伯雷大教堂遇
害的事件。

间。我倒希望工人们永远都不会完工。在一个大办公室里，气氛要更为舒适和友好：我们八个人围着一张木桌，聊着天，慢慢地了解彼此。受到奥本海默的邀请，我们从多个不同国家来到高等研究院，在他的指导下从事工作。我们都还年轻，没有什么财产的拖累，我们的那点书和论文放在桌子上也是刚刚好。对我们来说幸运的是，奥本海默离开去了欧洲，他暂时不需要用到他的办公室。六到七周的时间里，我们心神不宁地等待他的归来。随着时间流逝，我们越来越感觉不到他的存在，就像艾略特的诗剧的第一场中，大主教仿佛就要去而不返了——然后他戏剧性地登场，接着进入并展开其悲剧。我们不知道1948年会上演什么悲剧，但一种有什么东西迫在眉睫的感觉却在隐隐流荡。

许多人怀有一丝希望，觉得一种持久的和平会从第二次世界大战的混乱中浮现出来。但是1948年对他们来说是幻灭的一年。在那个秋天，当我们无助地坐在奥本海默的桌边的时候，犹太人和阿拉伯人正在巴勒斯坦打仗[1]，柏林遭到苏联军队的封

指第一次中东战争。

锁，柏林人的生活必需品只能通过危险的空投来解决，而联合国在一项对核武器进行有效的国际控制的谈判上未能达成共识。欧洲和半个亚洲依然是一片废墟，人类似乎已经在冲入更为广大和更具毁灭性的罪恶之中。对于如果柏林的事情进一步恶化，事态可能会如何发展，我们做了一些冷酷的计算。苏联人会迅速占领劫后余生中的西欧，而原子弹会在苏联城市上空爆炸。相当一部分美国公众认为他们的原子弹库存足以击溃苏联人。我了解得更多一点。我知道，那是将1812年的拿破仑和1941年的希特勒拖入灾难的同一种幻觉。1948年秋天，危险看上去变得越发真实起来，美国人似乎要重蹈拿破仑和希特勒的覆辙，他们梦想迅速取得对苏联的胜利，但醒来却只会发现自己被卷入了一场无休无止的战争。我在认真考虑在还没有太晚之前要不要回到我在英国的父母身边，或者把他们接到美国来。

我们坐在奥本海默的办公室里，顾虑重重地等待着。我们都知道他肩负重责，他助产了人类所面临的这种新的邪恶，他也试图缓和其后果。我们很高兴并不用分担他的责任。我们只是想耽溺在和平之中，我们想忘掉我们从中幸存下来的那场战争，我们想躲避开还会继续到来的战争。我们是艾略特所使用的合唱队中的坎特伯雷妇女，站在大教堂的台阶上唱：

我们看到了那个年轻人支离破碎，

磨坊的水流流过被撕扯过的女孩，引起一阵颤动。

与此同时，我们居然还继续活着，

活着，半生半死……

建造一个偏安一隅的避难所，

为了睡和吃喝玩笑。

上帝常给我们一些理由，一些希望；但是现在

一种新的恐怖在玷污我们，我们都不能避免，不能阻止，

它在我们的脚下，在天空里，流淌。

　　奇怪得很，艾略特那时候也在高等研究院，正如我们，他也是受奥本海默之邀。每天的喝茶时间，艾略特都会在休息室里出现，拿着报纸和茶杯，看上去拘谨又腼腆。从写下《大教堂凶杀案》算起，已经过了 13 年了。我很好奇他是不是也会有一些像我那样的模模糊糊的想法。这个人，这个从他的信念和绝望的深度中创作了劫数难逃的大主教形象的人，对回响在我们这个悲剧世纪中的他自己的语言，他是否会充耳不闻？他是不是也在恐惧和苦恼中等待某种邪恶的征兆埋伏在奥本海默的归程中？我从没有勇气去询问他。我们这帮青年科学家，都不能穿透围绕在艾略特周围、由名声和保守垒就的障碍，于我们，他就像放在玻璃盒子里的木乃伊。

　　最后，奥本海默回来了。我们被赶出了他的办公室——我们的伊甸园——并被流放到了新大楼里。他没有像大主

教那样说：

> 和平。由他们去吧，在欣喜癫狂之中。

> 他们说的比他们知道的要好，超乎你的理解。

　　他没有说什么值得纪念的话来欢迎我们。实际上，他几乎没有时间顾及我们，而是差不多立即就忙着跑到华盛顿去参与一些政治事务了。他的迅速离开令我们失望，但是也令我们释然。我们还是可以像没有他的存在那样继续做我们的事情。事情很快就清楚了，我试图给他安上艾略特的大主教的角色，这是欠妥当的。无论他的最终命运如何，它都不会是传统意义上的殉难。事情的性质被路过我们大楼的两个小男孩很好地概括了。大楼有一个尖顶，看上去略带一种教会的氛围。"那是个教堂吗？"一个小男孩问。"不，那是研究院，"另一个小男孩回答，"研究院不是教堂，它是用来吃饭的地方。"奥本海默后来听了这段对话，笑逐颜开。他的没有批判能力的仰慕者企图将他变成一个圣人，但是他极力拒绝。1964 年，一个德国作家写了一部很谄媚的电视剧，剧中纳入了奥本海默受审和被定罪的情节。基于认为此剧将他置于一种虚假的光芒之中——"他们想把那事变成一个悲剧，"奥本海默说，"但那实际是一出闹剧。"奥本海默控告制片方，试图阻止电视剧的出品，但是他的努力徒劳无功。

　　当艾略特被授予诺贝尔文学奖的消息传来的时候，他还在研究院里。新闻记者像乱哄哄的蜜蜂一样围着他转，他退缩了，甚至更深地缩回到了他的硬壳里。我最后一次见他，是在奥本海默以他的名义举行的盛大欢送会上，他就要起程前往斯德哥尔摩。与会者大概有百人之多，大家都站着吃晚饭。奥本海默扎着黑色领结，穿着黑色无尾晚礼服，完美地扮演了一个慷慨的主人的角色。和我说话的时候，他要把晚餐提供的很不错的墨西哥开胃菜的菜谱递给我。艾略特并不在主要的人群里面，他被一些年长的著名人物围在一个小画室里。最后我确实握了艾略特的手，但是我发现要问他对奥本海默的看法，这场合并不合适。多年以后，我问奥本海默对艾略特看法如何。奥本海默钟爱艾略特的诗歌，对后者的天分也极其尊重，但是他也得承认艾略特在高等研究院期间并不成功："我邀请艾略特，是希望他能够出产另一部杰作，但是他在这里做的所有事情居然是《鸡尾酒会》（*The Cocktail Party*），这是他写过的最糟糕的作品。"

　　和年轻伙伴们焦虑地待在奥本海默的办公室里的那几周，我有了时间去把之前在内布拉斯加的灰狗巴士上得到的想法的细节写成文章。文章完成了，在奥本海默回来之前我把它投给了《物理评论》（*Physical Review*），这样他就没有机会和我争论了。他回来之后，我给了他一份论文的复印件，然后就等着看有什么事情要发生。什么也没有发生。那倒不奇怪。毕竟我的论文只是对整个宏伟的科学设计的些微贡献。我所做的一切不过是将施温格和费曼的量子电动力学的细节整合在一起并且将它收拾干净。在我开始之前，施温格和费曼已经迈出了巨大的一步。他们明确表达了他们的思想，而只把写出方程的工作留给了我。我知道奥本海默总是对思想比方程更感兴趣。自然，相比于阅读我的论文，他会有许多更为有趣和紧迫的事情要做。

当几周之后我有机会和奥本海默说话的时候，我惊讶地发现他对我的工作不感兴趣的原因和我想象的截然不同。我原以为他会蔑视我的工作只因认为它并非原创，而仅是施温格和费曼理论的一个小草图。相反，他认为我的工作基本上就在错误的道路上。他认为给施温格和费曼的工作画什么草图完全是瞎耽误工夫，因为他不相信施温格和费曼的想法会和真实世界有什么关系。我知道他从来就不欣赏费曼，但是听到他狂暴地反对施温格——那个他在六个月前还热烈赞扬的自己的学生，还是让我吃惊不小。在欧洲待着的那段时间让他莫名其妙地相信，物理学需要一些根本的新思想，而施温格和费曼的量子电动力学不过是另一次用奇怪的数学将旧思想拼凑起来的尝试，它将人们引入歧途。听到他以这种方式说话，我感到振奋。那意味着我为自己被人认可而进行的战斗会有趣得多。我没有为了我的工作的令人怀疑的优点而与奥本海默争辩，我会为整个量子电动力学的事业而奋斗，为了施温格、费曼和朝永振一郎的思想而奋斗。我们不会纠缠在细节上了，我们会在基本问题上产生冲突。我已经能够感觉到，上帝正把他交到我的手中。

奥本海默主持了一个每周一次的研讨班，有几次轮到我做报告。头两次我打算解释我的想法，但那真是灾难。第二次挫败以后，我给在英国的父母报告我的磕磕绊绊的进展：

在研讨班上，我非常仔细地观察了他的行为。如果谁为了其他听众的方便而讲了一些他已经知道的事情，奥本海默会忍不住催促他赶紧转到其他什么事情上面去。如果谁讲了些他不知道或者不能立即就赞同的东西，在要点被解释清楚之前，他又会插进来，语带尖刻甚至是摧毁性的批评。哪怕他就是错的，这些批评也不可能得到充分回应。如果你去观察他，你会发现他一直在紧张地四处走动，不停地抽烟——我相信，他的不耐烦相当程度上已经超出了他的控制了。星期二，我批评了他对施温格理论的毫无根据的悲观评论，我们之间因而就有了迄今为止最为猛烈的公开交火。他申斥我，好像一吨砖头拍过来。最后，就公开的情况看来，他取得了胜利。不过，那之后他还是很友好的，甚至还向我道了歉。

在第三轮，我们之间斗争的转折点来了。我的旧友和良师汉斯·贝特从康奈尔来了，他要在我们的研讨班上做个报告。他想讲一讲他正在用费曼理论做的一些计算。我每周一次的家信如此描述了当时的场景：

贝特的遭遇正是我所习惯的那种——不停地被打断，

还有令人迷惑的喋喋不休的声音，他甚至不能把他的要点说清楚。当这一切在进行中的时候，他冷静地站着，什么也没说，而只是咧着嘴朝我笑，仿佛在说："现在我算是知道你面对的是什么了。"那之后，他开始替我打开局面，他针对一个问题回答道："哦，关于这个事情的所有内容，我毫不怀疑戴森都会告诉你的。"我也不失时机地尽可能以从容的语调插话进来说："我恐怕还没有进展到那儿呢。"贝特做了结语，他明确地说，费曼的理论才是更为优良的理论，如果人们不想聊些毫无意义的天，他们就得学习这个理论。这话就是很长时间里我一直在说的，可惜都是白费唇舌。

自那以后，我的道路就畅通了。下一次我再被安排在研讨班上做报告的时候，奥本海默真的听下去了。我又讲了两次。第五次之后的那个早晨，在我的邮箱里，我发现了奥本海默的正式降书，那是一张小纸片，上面写着："不抗辩 [1]。R. O."——正是他潦草的字体。

几天之后，奥本海默交给我一封打印

原文为 Nolo condentere，拉丁文，指在刑事诉讼中被告不抗辩但也不承认有罪。

体的信，我被任命为研究院的长期成员。信上还明确告知了一个慷慨的安排：即使我继续生活在英国，我仍然可以周期性地重访普林斯顿。给我这封信的时候，他以他那著名的德尔菲神谕式的口吻告诉我："当你坐小船出发的时候，你可以把它交给洛斯托夫特（Lowestoft）的港务监督长。"也许他想到了伟大的物理学家尼尔斯·玻尔，后者在 1943年坐船逃离德国占领下的丹麦前往瑞士，从瑞士出发他又加入了身在洛斯阿拉莫斯的奥本海默的行列。但是为什么是洛斯托夫特呢？我从来也没把那问题弄明白。

1949 年那个新的一年，是从美国物理学会在纽约的一次大型会议开始。在最大的大厅里，奥本海默向大会做了主席致辞。这是继成为《时代》封面人物之后，他的又一次煊赫荣光——在他按预定时间开讲前半小时，大厅里已经挤满了两千人。他讲话的题目是"场与量子"，对我们理解原子和辐射的行为的努力及其兴衰，他做了很好的历史总结。最后，他以极大的热情提及我的工作，他说那指明了通往最近的将来的方向，尽管它可能没有深入到能够带领我们走得更远。我心里怡然自得：去年是朱利安·施温格，今年是我，下一年会是谁呢？

挨过一个漫长的冬季，普林斯顿的春天突然到来。奥本海默越来越多地留在了华盛顿。除了正常的政府事务，他还要为他的朋友戴维·立林塔尔（David Lilienthal）做辩护。后者是美国原子能委员会的第一任主席，在国会正遭受来自共和党人的恶意政治攻击。奥本海默的辩护是有技巧的，也是成功的。但是，这次攻击只是一种歇斯底里的第一次发作的一部分，这种社会癔症最终导致了他自己五年之后的垮台。当他身在华盛顿的时候，春季热❶感染了我们这些研究院里的青年物理学家。我们不再吹嘘要做严肃重要的工作，而开始自我享受，举行了很多派对，还有前往海滩的远足。那个春天一个早晨的场景尤其在我的记忆中挥之不去。研究院里的一个姑娘有一辆破旧的老道奇（Dodge）车，车顶可以打开折叠起来；另一个姑娘驾驶着这辆车，八到十个研究院年轻成员堆在车座里或者吊在车背上。车子以危险的速度歪歪斜斜地冲过研究院的小树林来到河边，这中间轧毁了许多树木，而野生动物和早晨过来散步的著名教授们则被吓了个半死。那个场面在我的家信里没有记录。我自豪的父母无须知道我在普林斯顿和一群年轻的流氓们到处疯跑。在战争和剥夺的年代里，我们度过了我们生命的青春期，但是因而我们也从未有过青春期，现在我们在弥补那个失去了的时间。

Spring fever，指春天到来，人的心思活跃起来。

几年以后，我和道奇车的主人结了婚，而这车子被我在伊萨卡的一条结了冰的路面上玩毁了——不过那是另一个故事了。

这故事的结局是，我最终成了研究院的教授，我安顿了下来并且自此幸福地生活下去。从奥本海默受审前一年直到他去世，我和他做了 14 年的朋友和同事。我有大量时间去研究和反思这个人的品质——这个人无论在我的个人命运还是在人类的命运里，都扮演了一个自相矛盾的角色。我很少对他的思想有私人的了解。在华盛顿受审的那几周里，为了免受媒体的干扰，他被安排住在一个地址被严格保密的地方，而我和他的唯一接触，就是通过一个律师中间人从普林斯顿给他邮寄了一包他急需的衣物。在审判结束和他被政府正式宣判不值得信任以后，他回到研究所，继续谈论物理学。生活在一如既往地继续，只是那个大保险柜和那两个日夜守护了它七年的安保人员不见了。报纸上出现了一些流言蜚语，说研究院的托管人准备撤掉奥本海默，因为一个被公开说成不值得信任的人是不足以胜任研究院院长的职责来对外代表研究院的。托管人宣布会举行一次会议，会议将审查奥本海默的院长资格以便确认是否让他继续留任。我谨慎地咨询了我在英国的朋友，以确保如果奥本海默被辞我可以迅速而戏剧性地辞掉我自己的教授席位。托管人举行了他们的会议，还安排了一项声明确认奥本海默的任命，他们宣布他们对他领导研究院继续保有信心。我很高兴我免去了做一个高贵动作[1]的不便。我也高兴我可以在普林斯顿继续和奥本海默共事。就我看来，在他公开受辱之后，他比之前更是一个好的院长。他更少待在华盛顿而更多留在研究院里。他仍然是一个伟大的公众人物，在科学兄弟会和国际知识分子圈，他还是一个英雄，但是他变得更放松了，对我们的日常问题也更敏感了。他可以回去做他最喜欢的事情了——阅读、思考和谈论物理。

对物理学，奥本海默有一种天赋和持续一生的热情。他总是想要为理解自然的基本奥秘而持续奋斗。我让他失望了，因为我没有成为一个深刻的思想家。当他推动给我一个研究院长期成员资格的时候，他本来希望，他是在保护一个年轻的玻尔或者年轻的爱因斯坦。如果他那时候问我的建议，我会说，迪克·费曼才是你要找的人，而我不是。我过去是，而且一直都是一个问题解决者，而不是一个思想的创造者。我不能像玻尔和费曼那样，为了一个深刻的问题连续几年心无旁骛地坐在那里。我对太多彼此不同的事物感兴趣。当

指若奥本海默被辞，作者将迅速辞职以表达对他的支持。

我向奥本海默寻求指导的时候，他说："追随你自己的命运。"我照做了，但是结果总的来说并不让他满意。我追随了自己的命运，我扎到纯数学里，扎到核工程里，扎到空间技术和天文学里，我去解决那些他有充分理由认为远离了物理学主流的问题。在我们对研究院物理学院的行政工作的讨论中，同样的差异也出现了。他喜欢更多地任命基本粒子物理学方向的职位，而我喜欢邀请来自大量不同专业领域的人。所以我们常常会意见相左。但是随着年龄的增长，我们对彼此就更为尊重和理解。我们在实质性的东西上是观点一致的。当华裔物理学家杨振宁和李政道还很年轻的时候，我们都同意给他们研究院教授的席位。当我们看着他们越过我们的头顶成为伟大的科学领导者的时候，我们都感到欢欣鼓舞。

奥本海默有什么特殊的地方呢？在长年的日常接触中，我经常问自己这样一个问题。夸大其词的新闻报道和电视节目，都会不时地将他呈现为一个悲剧英雄。他把所有这些都斥为全然的垃圾，但是它们包含某种真理的成分。起初我以为他会像艾略特剧中的大主教那样为人处世的时候，我并不全然就是错的。他有一种自我戏剧化的天分，一种将自己以高于生活的方式呈现在观众面前的能力，他驾驭世界宛如世界就是一个舞台。也许我的错误只在于选错了他在其中担当主演的戏剧。

对于全球的作家而言，1935 年都是一段令人绝望的时间。艾略特不是唯一一个转向诗剧并以此作为合适媒介去表达那时候的悲剧气氛的人。在《大教堂凶杀案》出现在英国的同一年，麦克斯维尔·安德森（Maxwell Anderson）的《冬季套装》（*Winterset*）出现在了美国。一年之后，奥登（Auden）和伊舍伍德（Isherwood）写了《攀登 F6 峰》。《攀登 F6 峰》于 1937 年在伦敦上演，由本杰明·布里顿（Benjamin Britten）配乐，该剧令人惊奇地捕捉到了行将到来的事件的暗影。《攀登 F6 峰》之于《大教堂凶杀案》，正如《哈姆雷特》之于《李尔王》。艾略特的大主教是一个有权势又骄傲的人，正如李尔王一样，在临死前他也向命运平静地低下了头颅。《攀登 F6 峰》里的主人公是一个更久经世故更现代的人物。他是一个登山者——朋友们称他为 M.F.，一个混合了傲慢、暧昧和人性的温柔的哈姆雷特式的人物。在那些年头里，当我对奥本海默了解得更多些了，我发现他个性的很多方面都已经被 M.F. 的个性所预示。我最终认为，在某种意义上，《攀登 F6 峰》才是他的生活的真正寓言。

《攀登 F6 峰》的剧情很简单。M.F. 是个博学之士，专长欧洲文学和东方哲学。报纸是这么解说他年轻时的伟业的：

受过一个匈牙利家庭教师的私人教导。

Clogwyn Du'r Arddu，英国威尔士境内斯诺顿峰的一处峭壁，是著名的攀岩去处，其名字来自威尔士语，可能是"北斗的黑色悬崖"的意思。下文大乔拉斯峰是阿尔卑斯山系里的一座山峰。

还是十几岁的时候就攀上了杜拉多悬崖❶的西壁……

刷新了横贯大乔拉斯峰（Grandes Jorasses）的纪录……

在维也纳在尼德迈尔（Niedermayer）的指导下学过生理学……

某个暑假翻译了孔夫子的著作。

未婚。讨厌狗。擅长古大提琴。

18世纪西班牙大画家。

据说是戈雅❷（Goya）研究方面的权威——

这些经历和奥本海默早熟而过分讲究的青年时期惊人地相似。M.F. 前往 F6 峰寻找精神慰藉，而奥本海默走向了物理学。F6 峰是一座还没有被人攀上过的高峰，有着极致的美景：

自从孩提时代，在睡梦之中，我就见过 F6 峰宏伟的北面。当长夜之中辗转不能成眠时，我就研究那些沿东部山脊蜿蜒而行的峡谷，我盘算着每一次移动，预想着每一次抓握。

对于大英帝国的安全，登上 F6 峰也是

一种重要的政治奖赏。F6峰耸立在帝国的国界线上，它连接着帝国和另一个心怀敌意的国家。当地人相信，无论是谁，只要第一个爬上了F6峰，就该统治整个地区。代表了政府体制的斯塔格曼陀公爵（Lord Stagmantle），为一个由M.F.带领去攀登这座山峰的探险队提供了必要的财政支持，正如格罗夫斯（Groves）将军把美国军方的资源提供给在洛斯阿拉莫斯由奥本海默领导的工程。M.F.起初拒绝成为政治游戏的一部分，但是后来他接受了。正如奥本海默在法庭上说的："当你看到某种在技术上是甜蜜（sweet）的东西的时候，你赶上前去做这件事情，只有到你取得了技术上的成功的时候，你才会去争论该拿它怎么办。对于原子弹，事情就是这样的。"F6峰在技术上也是甜蜜的。

戏剧《攀登F6峰》阐明了奥本海默本性之中的很多方面：哲学上的超然和磅礴野心的混合，对纯粹科学的献身精神和在政治世界中的技巧及自信，对玄学派诗歌的钟爱，引用意义含糊的诗歌意象的癖好，洛斯托夫特的港务监督长，对身边人的感觉在热情与冷漠之间快速切换。有一次我问他，对他的孩子们来说，有这样一个成问题的父亲形象不会很麻烦吗？他回答："哦，对他们来说完全没问题。他们没有想象力。"这提醒我记起，当M.F.起初拒绝领导前往F6峰的探险的时候，一位小姐指责他畏惧，他回答道：

我畏惧很多东西，伊萨贝尔小姐，但哪怕是你最糟糕的噩梦里才能想到的东西都不会让我感到畏惧，而且我最不畏惧的就是畏惧这个词。

在山脚下矗立着一座修道院，在出发攀爬之前，探险队在那里稍事休息。修道院里的修士们的活动，就围绕着如何安抚住在山顶上的恶魔（Demon）展开。修道院院长有一个水晶球，访客们可以轮流通过它看到在他们各自的视野中恶魔是何形象。每一个人都看到了自己的梦想和渴望。当 M.F. 向水晶球里看去的时候，从黑暗的后台传来声音：

> 给我面包
>
> 还我死亡
>
> 给我汽车
>
> 使我闪光
>
> 使我强壮
>
> 教我何往
>
> 使人美我
>
> 为人所望
>
> 使我们和善
>
> 使我们齐一思想
>
> 使我们勇敢
>
> 得救。

其他人问他看到了什么。他说他什么也没看见。后来，和修道院院长单独在一起的时候，他披露了他所看到的：

把水晶球再拿过来。让我再看一遍，我要证明我刚刚见到的是一种可怜的假象……我想我看到的是，因为我的靠近，世界衰弱病态的面颊变得神采焕发，就好像我是归来的独子。

修道院院长，在故事中的角色有点像洛斯阿拉莫斯时期的尼尔斯·玻尔，他解释了 M.F. 所看到的景象：

恶魔是真实的。只是对每一种本性来说，它的手段和造访的方式都是独特的。对像你这样复杂而敏锐的人来说，它的伪装就更加巧妙……我想我理解诱惑着你的东西。你希望控制恶魔拯救人类。

攀登计划是在仓促之间进行的，因为据报道，敌国的一支探险队已经在山的另一面开始他们的征程了。M.F. 的队伍里一个年轻的攀登者被杀死了。M.F. 评论道：

他是我的自负的第一个牺牲品……修道院院长是完全正确的。我在历史中的微末位置是在恺撒大帝那个离经叛道的行列里的：他们都是愚蠢的谋杀者，他们将温良之人从爱的床榻上拉起，在锣鼓喧哗之中把他们送往没顶的沟渠、死亡的荒漠。

事情就这样继续着，直到 M.F. 躺倒在了山顶上。他死了，修士们俯身围绕着他的遗体，最后的合唱声响起：

现在免于愤怒，

不再沮丧，

他孤身卧于死亡之中；

现在，以一种隐秘的恐怖

和每一个细微的错误，

他也使人类的弱点得以昭彰。

被历史遗弃者，

在一阵抽搐的阵痛中，

他们耗尽了他们的强力；

一股下沉的涡流，

一吸之下他即毁灭。

但是他们复归于尘土。

1937 年我去看这场戏的时候，"被历史遗弃者"指的是大英帝国政治领导地位的破产，它将被第二次世界大战的滔天洪水冲刷得无影无踪。在 1954 年，这同一个句子指的是路易斯·斯特劳斯（Lewis Strauss）——美国原子能委员会的主席，还有作为他的工具的安全官员和告密者、他在媒体界的盟友、政府，以及帮着把奥本海默拖入耻辱中的整个军事体制。

奥登和伊舍伍德非常惹人注意地描绘或预言了我在 1948 年到 1965 年间所认识的奥本海默的极具个人特质的肖像。但是不论在我认识的还是戏剧肖像中的奥本海默身上，一个本质性的特征都没有出现过。这个缺失的因素是一种精神的伟大——那些在洛斯阿拉莫斯和他一起工作过的人几乎都见证过。一次又一次，在洛斯阿拉莫斯老兵的回忆里，我们读到奥本海默是如何将一种个人的风格传递给了实验室，这种风格使得整个事业就像一个伟大的指挥掌控下的乐队一样和谐运转。这类回忆中的某些内容可能夸大其词并且敷上了一层浓浓的怀旧情绪。但是肯定毫无疑问，奥本海默的领导才能给他在洛斯阿拉莫斯的同事们一种难以磨灭的关于伟大的印象。在1948年到1965年期间，我常常问自己：这种伟大之处是什么？为什么在我认识的奥本海默身上看不到它了呢？最后在1966年，我亲眼看见了它。1966年2月，他了解到自己将死于喉癌。在留给他的12个月里，他身体的力量在衰退的时候，他的精神却越发强大。M.F.式的矫揉造作被抛弃了。他变得简单、直接和不屈不挠。那时，我就看到了他在洛斯阿拉莫斯的朋友们所看到的，那是一个人，他承担着要压垮他的重担，但是他仍然以那样的风格和良好的心情在从事他的工作。他的榜样作用使我们这些围绕在他身边的人大受鼓舞。

我最后一次见他是在1967年2月，在研究院物理学院的教职员会议上。我们碰头决定下一年将受邀来访的人选。我们每个人在会议之前都做了充分多的功课，通读了满满一个大棕色盒子的申请书，然后判断其相对优劣。奥本海默像往常一样来参加会议，尽管他清楚地知道当新成员到来的时候，他可能已经不在了。他要克服极大的困难才能说出话来，但他做了功课，而且精确地知道许多候选人的优劣。我听到他最后说出的话是："我们得对爱因斯坦（Einstein）说可以。他是好的。"完成了这种意志的最大努力，罗伯特·奥本海默回家躺到了床上，他沉沉睡去，再也没有醒来。三天之后，他离开了人世。

他的妻子基蒂打电话和我讨论纪念典礼的安排事宜。除掉音乐以及罗伯特的朋友们描述他的生活和工作的讲话，她也在想是不是有谁能读一首诗，因为诗歌一直是罗伯特生活里的一个重要部分。她知道他想让人读的是哪首诗——乔治·赫伯特（George Herbert）的《衣领》（*The Collar*）。这是罗伯特最喜欢的一首诗，她发现也特别适合用来描述罗伯特是怎么看自己的。但是后来她改变了主意。"不，"她说，"对于那样一个公开场合，那首诗显得太个人了。"她有很好的理由害怕让罗伯特的灵魂裸露在公开场合。她已经可以想象罗伯特的真实感受会如何糟糕地受到扭曲——报章上会出现这样的大标题："著名科学家、原子弹之父在最后的病痛中皈依宗教。"最后在纪念仪式上并没有诵读任何诗歌。

现在基蒂也死了，而罗伯特也不必再被新闻报道进一步扭曲了。我想，在这里完整引用赫伯特的诗来纪念他们，是不会有什么伤害的。也许它给了我们一种关于罗伯特的内在本性的线索，它告诉我们，在他的灵魂深处，终究是李尔王要多过哈姆雷特。

我敲击船舷，呼喊："够了，我将远航。"

什么，我会否叹息和憔悴？
我的航线和生命本皆自由，如大道通畅，
如轻风不羁，如仓廪敞豁。
我要否恳求？
我没有庄稼可供收割，只有荆棘遍布，
使我流血，却又无以恢复
随真诚之果一起遗失的，究竟为何？
确然曾有美酒
在我的叹息风干它之前；也曾有谷物
在我的泪水淹没它之先；
岁月于我仅是逝去？
我无月桂可冠，
也无鲜花与欢乐的花环？都已枯索，
都已荒废？
绝非如此，我的心；然则必有鲜果，
你也还有双手。
收复你被叹息吹走的年华
在双倍的欢愉之上；
搁置你适与不适的争议；丢弃你的牢笼，
你狭隘的思想造就的沙质绳索；
重造好索，施力和牵扯，
使之成为你的律条，
而你却可目光闪烁，视若无睹。

去了！留心了；

我将远航。

在那里召唤你的枯骨，绑缚了你的恐惧；

能承受

适应和服务于自己的需要者，

方配享有重责。

但当我的言辞

愈益猛烈和狂野之时，

我想我听见一个声音在呼喊："孩子。"

我回应道："我主。"

2.4　降 E 小调前奏曲

作为一个出身音乐世家却喜欢数学的孩子，在发展出任何对音乐的真正理解之前，我就对音符的错综复杂之处感到好奇了。很小的时候，我就发现了父亲为精心调校的钢琴准备的巴赫（Bach）的 48 首前奏曲和赋格曲的乐谱，我仔细研究了升号和降号在音调符号中的排列。父亲向我解释巴赫如何以他的方式利用全部 24 个大调和小调写下了两卷曲谱。但是在第二卷乐谱里为什么没有降 E 小调前奏曲呢？父亲不知道。只是到了第二卷乐谱的第 8 号曲子，巴赫才最终决定使用升 D 小调。其他所有的音乐符号都出现了两次，降 E 小调却只出现了一次，那是在第一卷乐谱的第 8 首曲子里。我也对重升号和重降号感到着迷。为什么重升号有一个特殊的记号，而重降号却没有呢？父亲还是不知道。那个时候我总用问题为难父亲。我注意到升 C 大调的第 3 号前奏曲是第一首有重升号的，降 E 小调的第 8 号前奏曲是第一首有重降号的。第 8 号又一次是很特别的了。我请求父亲弹奏第 3 号和第 8 号曲子，好听听重升和重降到底是怎么回事。对第 8 号前奏曲里的重降 B 调的美妙声音，我从来百听不厌。

父亲最著名的身份是作曲家，不过他也是抢手的指挥家。他指挥过所有档次的唱诗班和管弦乐队，从当地的音乐俱乐部到伦敦交响乐团。他也坦然接受了他的孩子们都没有遗传到他的音乐天赋这个事实，不过他仍然喜欢带我们去听他的音乐会。在一场音乐会上，一个出色的独唱者朝向我，他告诉我说，我能在这么小的年纪就听到如此之多的好音乐，这是多幸运的事情啊。我回答说："音乐是很好，但是太长了。"这句评论，被父亲在之后的许多场合欢乐地一再提及。很快他就发现了能让我在演出中不再坐立不安的方法。他给我提供了歌谱和管弦乐谱，那样我就可以跟上演出的节奏了。我安静而快乐地坐着，盯着总谱看各种声音和乐器如何参与进来，当偶尔出现奇异的五个或七个拍子一节的拍子记号时，我就特别兴奋，我用眼睛代替了我那五音不全的耳朵。

进入青春期以后，我开始发展有限的但却是真正的对音乐的理解。当父亲在家弹奏钢琴放松自己时，我喜欢在旁边倾听。他常弹奏 48 首前奏曲和赋格曲中的曲子。我甚至学会了用自己的方式来弹奏其中的一些。降 E 小调前奏曲依旧是我的最爱。除了它独特的音节符号和重降音，它在音乐上也是突出的。它是纯巴赫式的，不过它特有的情感浓度预示了贝多芬的出现。

父亲最好的时光也是在英国最好的时光，那时第二次世界大战刚刚开始。他不再是学校教师了。他搬到伦敦担任皇家音乐学院的校长，该学院是英国两个主要的音乐学院之一。在战争和对伦敦的轰炸开始的时候，政府和他自己的董事们都催促他撤离学校，搬到一个安全的地方去。

他拒绝搬走。他向董事会指出，学校为伦敦至少一半的重要管弦乐演奏者和音乐会艺术家提供了生计。这些人中的大部分每周都来学校教两三天课，而仅靠音乐会，他们是无法生存的。如果学校被疏散，两种后果中至少一个就会发生：或是学校会失去最好的教师，或是在战争进行期间伦敦的音乐生活会被有效停止。无论哪种情况，一代音乐人的前程就毁掉了。所以父亲让人把学校的一间办公室改成了卧室，宣布他会继续留在那里主持事务——只要头上的屋顶还在。听闻此事，伦敦另外那所大的音乐学院，在已经准备要疏散之后，也改变了主意，决定继续运作。伦敦的音乐生命在继续，在战争的六年间，她养育了年轻的有才之士，给他们提供演出机会。父亲坚守在大学岗位上，他晚上会帮着扑灭房顶的火，白天则指挥学生管弦乐团。学校遭受的唯一损失是一个小歌剧院，里面收藏有绝版的古代歌剧道具。破坏发生在晚上，那时教授和学生们都在房子外面。从战争开始到结束，没有一个人在建筑里受过伤。

　　战时，我经常去大学餐厅里跟父亲和教授们一起吃午饭。这些人都是久经世故的专业音乐家，讨厌将情绪表现出来。他们的聊天内容基本是专业上的小道故事和笑话。但是我能感觉到他们对学校的忠诚和把他们及父亲联系在一起的同事情谊。每天共同经历的困难和危险，在学校里造就了一种团结的精神，这是只了解和平时代的学术机构的人们所不能想象的。当我在 1947 年听到明斯特的人们表演露天歌剧的时候，当我听我的美国朋友讲述战时洛斯阿拉莫斯的故事的时候，我又想起了这种精神。

　　1944年夏天，在V-1轰炸的高峰期，我在学校里吃了一顿难忘的午饭。父亲和他的教授们正愉快地讨论着学校的扩张计划，该计划为的是满足随着战争结束而涌入学校的学生潮。时不时地，当V-1的啪嗒啪嗒啪嗒的声音从远处靠近的时候，聊天就会短暂停顿。在啪嗒啪嗒啪嗒的声音变得越来越高以至于这头怪兽似乎正在头顶的时候，聊天和笑话继续着。在啪嗒啪嗒的声音停止的时候，聊天又有一个短暂的停顿，整个房间会安静五秒钟，那个机器会降到地平线下。然后会有一声震耳欲聋的巨响，聊天就不间断地继续下去，直到下一个啪嗒啪嗒的声音从远处传来。我在考虑一个悲伤的想法，对我们餐厅的直接攻击会对英国的音乐生命造成什么样的后果呢？不过这样的想法似乎并没有让父亲和他的同事们感到忧虑。在整个放松的午餐期间，V-1轰炸这个话题，甚至从来没有被提及过。

　　我曾经和父亲就战斗和杀戮的道义问题做过很多讨论，特别是在战争的最初几年。最初我是一个笃信不疑的和平主义者，并意图成为一个有良心的反战者。因为要在战争的正当参与和非正当参与之间画出一条道德界线，我总是痛苦不已。在我详细讲述我的那些摇摆的规则，合理化我在和平主义者立场上的最新转变时，父亲耐心地听着。他说得很少。一方面我在理论上否认对国家的忠诚；另一方面我又实际卷入了一个以极大的勇气和良好的心态为其自身的生存而战斗的国家的生活之中，我被这种矛盾逐渐撕裂，我的道德信条也随之而变得越来越复杂。对父亲来说，这些事情都很简单。他不需要跟我辩论，他知道行动胜于语言。当他把自己的床搬到学校的时候，他已经向大家阐明了他的立场。1940年在事态恶化的时候，他说："我们需要做的只是举止大致正派，而整个世界很快就会站在我们这边。"当他说到整个世界的时候，很可能他想到的尤其是美国和他自己的儿子。

许多年后，我记起了阅读奥本海默的安全听证会记录时和父亲之间的讨论。听证会长达三周，它的戏剧性高潮在接近尾声时才出现。物理学家爱德华·特勒（Edward Teller）以控方目击证人的身份出现了，他与奥本海默当面对质。特勒被直接问及是否认为奥本海默是一个安全隐患。他字斟句酌地回答说："在很多事情上，我完全和他意见相左，坦率地说，他的行为在我看来困惑而复杂。从这个程度上讲，我希望这个国家的关键利益能掌握在我更理解的人手里，因此也会更加信任。"这些话非常准确地描述了父亲对我在战争初期的思想转变的态度。奥本海默和我一样，困惑又复杂。他既想与华盛顿的将军们搞好关系，同时又想做一个人性的救世主。特勒跟我父亲一样，是简单的。他觉得，在军事上处于劣势，却想通过宣称极高的道德准则来拯救人性，是一种危险的幻想。为了保持美国的强大，他做了作为科学家和炸弹设计者的工作，他将对武器使用的道德判断留给了美国人民和他们选出的代表。像我父亲一样，他相信如果我们保持强大，作风正派，那么整个世界不久之后就会站在我们这边。他最大的错误在于，他没能预见到一大部分公众并不会认为他出现在奥本海默的听证会上是正派的行为。当然，如果特勒没有出现，听证会的结果也几乎不会受到影响，但特勒立场的道德力量也就不会被玷污了。

我第一次见到特勒是在 1949 年 3 月，那时我在给芝加哥大学的物理学家做施温格和费曼的辐射理论的报告。我外交性地给予了施温格很高的评价，然后解释了为什么费曼的方法才是更有用和更有启发意义的。讲座结束的时候，主席向观众们征求问题。特勒问了第一个问题："对于一个哭喊着'没有上帝，只有真主，穆罕默德是他的先知'，然后立刻喝下一大杯酒的人，你怎么看？"因为我一直沉默，特勒自己答道："我会认为这人是一个很明智的家伙。"

1949 年，芝加哥大学物理系的活力仅次于康奈尔大学。费米（Fermi）和特勒就像康奈尔的贝特和费曼。费米是一个公认的领导者，友好，平易近人，但本质上是严肃的。特勒每天都有新主意和笑话，他在物理上做过很多有趣的事情，但从来没有在同一个问题上持续很长时间。看起来他做物理只是为了乐趣而不是荣耀。我立刻就喜欢上他了。

康奈尔大学的朋友悄悄告诉我，特勒深深投入了美国方面制造氢弹的努力中。作为一个来访的外国人，我没有理由知道这种事情，但是我强烈地好奇，一个拥有如此快活和开心性情的人，是怎么允许自己去做完善这种摧毁性武器的工作的呢？——何况这种武器甚至比我们已经拥有的还要残忍？在芝加哥我找到了一个机会，和他开始了关于政治的争论。他透露自己是世界政府运动的一个热情支持者。在那个时候，这场运动希望通过在将来建立一个世界政府——无论有无苏联人的合作——来实现人类的救赎。特勒以巨大的魅力和才智宣传世界政府的信条。有一次我用以下的话来结束我给家里的每周汇报："他是用来说明没人比理想主义者更危险的一个很好的例子。"

在我访问芝加哥两年后，特勒和洛斯阿拉莫斯的乌拉姆（Stanislaw Ulam）作出了关键性的发明，使得氢弹从理论上的可能性变成了实践上的可能性。1949 年，在乌拉姆 - 特勒发明之前，奥本海默曾说过关于氢弹的话："我不确定那个可悲的东西会不会有用，也不知道它是否能由牛车之外的东西引导着命中目标。"在那个发明之后，正如奥本海默在他自己的审判中所说的："就技术角度讲，它是一个美好、可爱、漂亮的工作。"1951 年 3 月，那个发明一成功，洛斯阿拉莫斯实验室只集中花了 20 个月就建造了一个全尺寸的试验炸弹，它可以产生相当于一千万一种烈性炸药，化学名称为三硝基甲苯。

吨 TNT[1] 的效果。几年之后，特勒用"许多人的工作"（The Work of Many People）为题发表了关于这颗炸弹的研发过程的历史性描述。他指出，因为炸弹的存在，无论是在功劳还是在面临的指责方面，他都得到的过多了。诚然，这颗炸弹不可能是一个人的工作。然而，特勒曾是主要负责人，远自在洛斯阿拉莫斯开始之前的 1942 年，然后经历战争年代，最后是 1945 年之后没人听他诉说的沮丧年头，他都不屈不挠地推动着炸弹的发明实现，拒绝因为推迟和困难而垂头丧气。他比其他任何人考虑氢弹的时间都长，也更努力。他成为第一个看到氢弹如何制造的人，这绝非偶然。

1951 年到 1952 年间，公众对氢弹的发明和制造一无所知。那时我在康奈尔大学，关于这些事情，我知道的无非也只是汉斯·贝特离开到洛斯阿拉莫斯待了八个月。那年我需要教汉斯的核物理课程。汉斯回到康奈尔之后不久，一个手腕上锁着手提箱的人从华盛顿来拜访他。那个人站在物理系的小便池边上，身上的那个巨大的手提箱当当唧唧，看起来非常不自在。毫无疑问，那个手提箱装着第一颗氢弹的试验结果。汉斯满肚子都是不能讲的心事，似乎已经失去了做物理的热情了。那年是康奈尔很糟糕的一年。汉斯参与氢弹研制的一个小结果是，我第二次决定从康奈尔搬到普林斯顿。

两年后，在华盛顿将洗好的衣服送给奥本海默的律师的时候，我偶然在宾馆大堂遇到了汉斯·贝特。他的状态比我之前见他的时候都要糟糕。我知道他在为奥本海默的审判作证。"听证会进展很差吧？"我问道。"是的，"汉斯说道，"但这不是最差的。我刚刚进行了我一生中最不愉快的谈话，和爱德华·特勒。"他没有说更多，但是意思是很清楚的。特勒已经决定作不利于奥本海默的证。汉斯尝试阻止他，但是失败了。

对于贝特和特勒来说，那都是一个悲剧性的时刻。从战争之前开始，他们已是多年好友。他们的性格和能力互补得非常好，特勒有高亢的精神头和天马行空的想象力，贝特有他的严谨和强大的常识感。在贝特结婚前，他常常是特勒家的座上宾，都快成其家庭一员了。1954 年 4 月，这些都结束了，也不可能有真正的和解了。贝特失去了他最老的一个朋友。但是特勒失去的更多。通过把声音借给奥本海默的敌人们的事业，他丢掉的不仅是友谊，还有许多同事的尊重。他被报纸作者和卡通画家描绘为一个犹大[1]（Judas），一个为了自己的利益背叛其领袖的人。不过，如果仔细阅读一下他在审判中的证词，你就会发现它无意于人身攻击。他想要做的只是破坏奥本海默的政治势力，而不是败坏他的名声。不过那时的气氛使得这种细微的差别毫无意义了。在大部分科学家和学术界的人看来，奥本海默的受审无非是由多疑的爱国者们组织的一场运动，他们想通过攻击最显眼的对手来让反对他们政策的言论噤声。加入这场运动后，不管说了什么或者为什么说了那些，特勒都让自己成了一整代年轻人仇恨和不信任的对象。比起伤害奥本海默，他把自己伤得更重。就像之前的奥本海默一样，特勒也是被 F6 峰上的恶魔诱惑了。修道院院长已经在给 M.F. 的警告中预言了他们的命运：

　　只要世界还在继续，就必须有秩序，就必须有政府：但是多可悲的政府官员啊，因为，通过履行其职责，无论多优秀，他们都把自己给毁了。因为你只能通过寄望于人们的恐惧与欲望来统治他们；政府要求执行人民的意愿：而人民的意愿来自恶魔。

对于那些把玩核弹的人来说，核爆炸的光辉比金子的似乎更诱人。命令自然释放一点她供给星辰的能量，利用纯粹思维将一百万吨的石头抬到空中，这些都是人类自由意志的演练，它们制造了一种无限能力的幻觉。奥本海默和特勒进行这些人类意志的演练，本都出于良好和诚实的理由。推动奥本海默建造原子弹的，是一种恐惧：如果他不掌握这个能力，那么希特勒就会先掌握它；推动特勒制造氢弹的，也是一种恐惧，斯大林会利用这种能力统治世界。作为犹太人，奥本海默有足够的理由害怕希特勒；作为匈牙利人，特勒也有足够的理由害怕斯大林。但是他们两个人在达成了他们的技术目标之后，却都向往更多。在心中恶魔的驱使下，在寻求技术力量之余两人都进一步寻求政治力量。两人都相信他们必须掌握政治权力，以确保其所创事业的控制权不会落入他们认为不可靠的人手中。最后，像在技术领域一样，两人都一往无前地致力于在政治领域演练人类的意志。所以两人都以自己的方式走向了悲痛。

当关于氢弹的秘密战斗在激烈进行时，我正在安静地抚育小孩，并且继续思考着电子。我在加州大学伯克利分校待了好几个暑假，教授暑期课程，并跟查尔斯·基泰尔（Charles Kittel）一起做些金属中电子的理论研究。金属导电是因为它们的电子并不拘束于单个原子，而是可以独立地自由移动。为了理解金属，每次只去理解一个电子的行为是不够的。我们必须处理大量电子，这就产生了新问题。后来我们发现，施温格和费曼发明的方法，是可以被改造以便给金属中的电子一个很好的解释的。我为这个改造开了个头。

1955 年夏天，我在伯克利为日益扩大的家庭租了房子。那个夏天我正在和查尔斯·基泰尔的固态物理学家小组一起快乐地工作着，我们试图理解自旋波。自旋波是磁场波，它们可以像海浪穿梭水上那样在固态磁铁中运动。用一个快速变化的磁场来激发一块磁铁，自旋波就开始跑动了。从它们运动的方式和消失的方式，实验者获得了磁铁的原子结构的详细信息。我花了一个夏天的时间，想找到在原子海洋中滚动的自旋波的一个精确的数学描述。将磁铁作为一组原子来描述是简单的，将它作为一组自旋波来描述也是简单的。困难的问题是，如何将这两个部分的图像用一种连贯的方式联系在一起，从而包含它们两个。我取得了一些进展，但是没能完全解决它。22 年后的今天，它仍未被解决。

我们夏天租的房子在山上，可以俯瞰伯克利校园。那是一个华丽的房子，拥有壮丽的风景，在它之上的山都还是未经开发的。我们可以从房里走到桉树林，孩子们喜欢在那里玩耍。一个星期天的上午，我们沿着山向上散步，像往常一样没有锁门。当穿过树林回到家的时候，我们听到门内传来奇怪的声音。孩子们停下了唠叨，我们都站在门外听着。那是我来自遥远过去的朋友，巴赫的第 8 降 E

小调前奏曲。曲子演奏得非常好，就像我父亲以前演奏的那样。那一刻我毫无头绪。我在想：父亲跑到加利福尼亚来干什么？

我们站在伯克利的房子前，听着这首前奏曲。不论是谁在弹，他都是用他的全部身心在演奏。声音飘向我们，就像内心深处的悲伤合唱，就像地狱的幽灵在伴着缓慢的孔雀舞曲跳舞。等到音乐结束了我们才走进屋子。坐在钢琴边上的，是爱德华·特勒。我们请他继续演奏，不过他回绝了。他说他来邀请我们参加他家的聚会，碰巧看到一架好钢琴在等人弹奏。我们接受了邀请，然后他就走了。那是六年前在芝加哥相遇之后我第一次和他说话。我决定，不论历史对此人作何评价，我都没有任何理由将他视作敌人。

2.5　小红校舍

在我幼时读过的《科学新道路》中，天文学家爱丁顿不仅警告我们要反对核弹，也向我们预言了核电站。下面就是他对于未来的想象中较为乐观的一面：

我们建造一个很大的发电站——比如说，有 10 万千瓦的容量，在电站的周围是码头和专用线路，一车接一车的燃料被运送了去餍足那个庞然怪物的胃口。我想象到的是，有朝一日，这种对燃料的安排将不再必要。我们将不再需要让引擎吞下大量的煤和燃油，为了引导它工作，我们只需要给它平淡无奇的亚原子能量作为饮食。如果那样的一天到来，驳船、卡车和吊车就会全都不见，而电站整个一年的燃料消耗用一个茶杯就能装得下。

这种想象一直鲜活地保存在我的脑海里，与之一起的是在该书随后几页出现的对亚原子能量的军事用途的警告。爱丁顿用"亚原子"（Subatomic）一词去描述我们现在称为核或者原子能的东西。甚至在 1937 年的时候我们就知道世界上的煤和石油很快就会用完。核能用于人类的和平目的的可能性，是历史的那个黑暗时期里少数极有希望的前景之一。

1955 年 8 月，当我在伯克利默默做着自旋波方面的研究的时候，一场关于和平利用原子能的大型国际会议由联合国赞助在日内瓦召开。在核能发展进程中，这是个决定性的时刻。来自美国、英国、法国、加拿大和苏联的科学家，之前在各自的孤立和机密环境下建造核反应堆，现在头一次能够齐聚一堂并相当自由地讨论他们的工作了。之前列为机密的大量文件在会议上被公开出示，几乎所有有关铀和钚的分裂的科学事实，以及一大部分建造商用反应堆所必需的工程信息，现在能够被来自所有国家的科学家获得了。一种总体上的愉悦氛围在到处流荡。数不清的演说宣称，一个国际合作的新纪元由此诞生，智力和物质资源将从武器制造转向事关人类福祉的原子能和平利用，如此等等。这些演说中的某些部分是正确的。会议开启了所有与会国家技术共同体之间的交流渠道，而 1955 年所建立起来的那种个人接触也从此成功地保持了下来。在某种有限的程度上，对和平利用核技术展开国际讨论的习惯，甚至扩展到了更为微妙的武器和政治领域。1955 年在日内瓦升起的那种极高期望，后来被证明并非全系幻想。

　　日内瓦会议的技术准备是由一个 17 位科学秘书组成的国际小组做的。在纽约，科学秘书们兢兢业业工作了几个月，他们代表各自的政府艰难地讨价还价，以确保每一个参与国都能披露其机密中的一个公平的份额，以及获得公平的关注。他们默默无闻地工作，整理阅读了大量文件纸张。会议的成功要完全归功于他们的努力。17 人的秘书组里有两个美国人，其中之一是弗雷德里克·德·霍夫曼（Frederic de Hoffmann），一个 30 岁的物理学家，那时作为核专家受雇于加利福尼亚州圣地亚哥的通用动力公司（General Dynamics Corporation）的康维尔部门（Convair Division）。

日内瓦会议一结束，弗雷迪·德·霍夫曼 ❶ 认为，给核能的商用发展认真加一把力的时机到了。建造反应堆，在开放市场上把它们卖出去，同时又能摆脱核机密所带来的官僚主义的苦恼，这些头一次变得可能起来。他说服通用动力公司的最高管理层创建了一个新部门——通用原子（General Atomic），而他自己出任董事长。1956 年初通用原子开始运作的时候，没有大楼，没有设备，也没有职员。弗雷迪租了一个小红校舍——那是圣地亚哥公共学校早已废弃不用了的。他建议搬入那个校舍并且在 6 月份开始设计反应堆。

1951 年，弗雷迪和爱德华·特勒在洛斯阿拉莫斯一起共过事，他做过一些最终导致氢弹成功发明的关键性计算。他邀请特勒 1956 年夏季加入到他的校舍里。特勒热情地接受了。他知道自己和弗雷迪能够很好地一起共事，同时和弗雷迪一样，他也有暂时离开炸弹一会儿为核能做些有建设性的事情的强烈愿望。

弗雷迪还邀请了其他三四十人在夏季来到他的校舍里，这些人中的大多数都以这种或者那种方式参与过核能方面的事情，或者是作为物理学家，或者是作为化学家，或者是作为工程师。罗伯特·查皮（Robert Charpie），甚至比弗雷迪还年轻，他曾是日内瓦会议的科学秘书小组中的另一个美国成员。特德·泰勒，是从洛斯阿拉莫斯直接过来的。在洛斯阿拉莫斯，他是一种新工艺形式的先驱者——设计可以挤在紧凑空间里的又小又有效率的炸弹。因为某种原因，虽然和核能没有过任何关联，甚至都不是个美国公民，但是我也在弗雷迪的名单上。这可能是我前一年夏天遇到过特勒的结果。弗雷迪向我许诺我可以和特勒一起工作。我很高兴地接受了邀请。我对自己能不能成为一个成功的反应堆设计者并没有什么把握，但是至少我愿意试一试。为了把爱丁顿的梦想变为现实，这样的机会我等了19年。

与弗雷迪·德·霍夫曼的相遇，是我第一次遭遇大企业的世界。在此之前，我从未遇到过任何能如此迅速而不慌不忙地作出决定的人。惹人注意的是，这样一种权威居然被授予这么年轻的一个人。弗雷迪处置其权力可谓举重若轻。他是个快乐的人，乐于倾听和学习。他好像总能腾出时间来。

6月，我们齐集那个校舍，弗雷迪告诉我们他的计划。每个上午都会有三小时的报告。在反应堆技术的某些方面已经是专家的人将会作报告，而其他人将参与学习。这样等到夏季末，我们都会变成专家。与此同时，在下午我们会分成不同的工作小组去发明新的反应堆。我们的基本任务就是去弄清楚，是不是有什么特别类型的反应堆看上去很有前景，值得通用原子冒着商业危险去制造和销售。

报告都是很精彩的。对我而言它们尤其好，因为我是从一种完全无知的状态闯入反应堆业务中来的。但是即便已经功成名就的专家也从彼此那里学到了很多。了解反应堆的所有物理知识的物理学家也了解了其中的化学和工程细节。而化学家和工程师则学到了其中的物理。在短短几周之内，我们都能够理解彼此的问题了。

下午的会议很快结晶成三个工作小组，名字分别是"安全反应堆""测试反应堆"和"船载反应堆"。这些被认为是马上就可能存在市场需求的几个民用反应堆研发领域。现在回过头去看，颇为奇怪的是，电能反应堆居然不在我们的名单上。弗雷迪知道通用原子最终必定需要开展电能反应堆业务，但是为了获得经验，他期望公司可以从一些相对更小更简单的东西入手。按照原来的计划，船载反应堆将用来作为商用船只的核动力引擎，而测试反应堆则是预想中的一种小反应堆，它有很高的中子流量，可以用于对电能反应堆各部件的测试。这两种反应堆，将会和为海军和原子能委员会开发的反应堆进行竞争。两种反应堆都是在那个夏天设计的，然后被放弃了，因为弗雷迪断定它们在商业上没有未来。所以，安全反应堆是我们的小红校舍里唯一被真正建造了的反应堆。

安全反应堆是特勒的主意，而且他从一开始就负责此事。他很清楚地看到，对于民用反应堆的长远将来来说，安全问题会是决定性的。如果反应堆不安全，长远来说没有人会愿意用它们。他告诉弗雷迪，通用原子要想迅速杀入反应堆市场，最好的办法就是建造比其他任何人的反应堆都显而易见地更安全的反应堆。他以如下方式定义了安全反应堆小组的工作任务：安全反应堆小组需要设计的是这样一种反应堆，它应该足够安全，安全到它可以被丢给一群中学生玩却不用害怕他们会受到伤害。这个目标对我来说极富意义。我加入了安全反应堆小组，在随后的两个月时间里，我和特勒共同工作，奋力想给他的问题找出一个令人满意的答案。

和特勒一起工作正如我想象的那样振奋人心。几乎每天，特勒都要带一些轻率的新点子来到小红校舍。他的一些主意是绝妙的，另一些主意是实际的，少许则是既绝妙又实际的。我以他的想法作为对问题的更系统的分析的起点。在设计安全反应堆方面，他的直觉和我的数学配合无间，就像在理解电子方面，迪克·费曼的直觉和我的数学配合无间一样。我和特勒并肩战斗，正如我曾和费曼并肩战斗那样。我推翻特勒的较狂野的设计，把他的直觉挤压成一个个方程。在我们的激烈分歧中，安全反应堆的雏形逐渐浮现出来。当然，我并不是像和费曼那样单独和特勒待在一起。安全反应堆小组是一个十人组成的团队。我和特勒叫嚷得最多，而组里面的化学家和工程师做了大部分实际工作。

反应堆是由包含硼和镉之类物质的长金属棒控制的，这些物质可以强力吸收中子。当你想让反应堆运转得更快一些的时候，把控制棒从反应堆中心向外稍微抽出一些。当你想关掉反应堆的时候，把控制棒一路推进去。操作一个反应堆的首要原则是，一定不能把控制棒从一个关闭了的反应堆里猛拉出来。在大多数情况下，猛拉控制棒的后果会是灾难性的，其中一个小事故就是把控制棒拉出来的那个白痴会一命呜呼。所以，所有大型反应堆在建造的时候就带有自动控制系统，它使得突然拉出控制棒是不可能的。这些反应堆具有"工程安全性"，这个词指的是灾难性事故理论上是可能的，但是控制系统的设计方式可以防止它发生。对于特勒而言，工程安全性还不够好。他要求我们设计一种具有"内在安全性"的反应堆，即反应堆的安全必须被自然规律而不仅仅是其工程细节保证。如果一个白痴足够聪明到能够绕过整个控制系统，然后用炸药炸飞控制棒，那么在这种人手中，反应堆也必须是安全的。更确切地说，特勒给安全反应堆定下的规则是，如果反应堆是从关闭的状态启动的，并且全部控制棒被瞬时移走，它会调适到一种稳定的操作水平而不会熔融任何燃料。

设计安全反应堆的头几步之一，是要引入所谓"暖中子原理"的思想。该原理说，比之于冷中子，暖中子相对不那么容易被俘获，因此在导致铀原子分裂上也就不那么有效率了。水冷式反应堆里的中子是靠氢原子的碰撞而慢下来的，最后的时候无论出现在哪里，中子会和附近的氢原子有大致相同的温度。在普通的水冷式反应堆里，当假想中的白痴毛毛躁躁地抽出控制棒的时候，燃料会迅速变热，但水却还是冷的，结果就是中子依然是冷的，而它们引发裂变的效率就不会衰减，所以燃料就会越来越热，直到熔融或者蒸气化。但是假如设计反应堆的时候，只让用于制冷的水里含有一半的氢原子，而将另一半的氢原子混入燃料棒的固体结构中，这种情形下，当那个白痴猛地拉出控制棒的时候，燃料和燃料棒里的氢都会变热，而水里面的氢则还是冷的。结果就是燃料棒里的中子比水里面的中子要暖。暖中子更少地诱发裂变，也更容易逃入水中被冷却和俘获，而反应堆就会在千分之几秒里稳定下来——任何力学的安全开关在操作速度上都难望其项背。所以，在燃料棒里含有半数的氢的反应堆是内在安全的。

在这些想法具体化为能够工作的硬件之前，还有许多实际的困难需要克服。在克服这些实际困难方面贡献最大的是马苏德·西姆纳德（Massoud Simnad），一个伊朗冶金学家，他发现了能使燃料棒包含高密度氢的办法。他用铀的氢化物和锆的氢化物的合金制造了燃料棒。他发现了混合这些成分的正确比例，也发现了如何把它们制成合金的办法。当燃料棒被从马苏德的炉子里抽出来的时候，它们看上去就像黑色、坚硬、有光泽的金属，它们像好的不锈钢一样坚韧和耐腐蚀。

在我们理解了安全反应堆的物理原理和它的燃料棒的化学性质之后，仍然有许多问题亟待解答。谁会想要购买这种反应堆呢？他们会用它做什么呢？它应该有多大功率？它得卖多少钱？特勒从一开始就坚持它不应该是仅供反应堆专家摆弄的小玩具。它不仅必须安全，而且必须能有足够大的功率来干点什么有用的事情才行。它能做什么呢？

这种反应堆的最可能的用途，是制造医学研究或医疗诊断所需的短生命期的放射性同位素。当放射性同位素作为生物化学跟踪剂用于研究活人的疾病的时候，较好的选择是使用在几分钟或几小时内就可以完成衰变的同位素，因为这样一旦观察完成，它们也就从人体消失了。短生命期的同位素的问题在于，它们不便于从一个地方被运到另一个地方。它们在什么地方使用就得在什么地方生产。所以对于那些想生产自己的同位素的大的研究型医院或者医疗中心，我们的安全反应堆可能就会派上用场。我们的计算表明，为了这种目的，一般一百万瓦特的功率也就够用了。我们能展望到的安全反应堆的其他用途还包括：训练大学核工程系的学生，用于冶金学和固态物理的研究——中子束可以用于探测物质结构。如果我们的反应堆要用于中子束研究，一百万瓦特的功率就不够了，所以我们也设计了一款可以以一千万瓦功率运转的大功率反应堆。弗雷迪将安全反应堆命名为 TRIGA，这些字母代表训练（Training）、研究（Research）、同位素（Isotope）以及通用原子（General Atomic）。

9 月，在圣地亚哥的夏季工作结束了，我乘坐巴士去墨西哥的提华纳城（Tijuana）为家人购买礼物。一次夜幕降临后我步行在提华纳的道路上，一条小狗从身后冲过来咬了我的腿。在提华纳，又病又脏的狗简直泛滥成灾，要辨认和逮住那只咬了我的动物，无论如何是没有可能的。所以在 14 天里，我每天去拉荷亚（La Jolla）的一家诊所接受巴氏狂犬病疗法。给我注射药物的医生很有说服力地向我解释了一个事实：巴氏疗法本身是有风险的，它有六百分之一的机会可能诱发过敏性脑炎，而过敏性脑炎几乎和狂犬病一样致命。他告诉我，在开始治疗之前，我应该先仔细弄明白这种概率。我决定承受这种风险。因此在夏季的最后两周里，我感到一些心理压力。爱德华·特勒真是帮忙太多了。他年轻时在布达佩斯失去了一只脚，他知道在这种情形下如何给我提供有效的精神支持。在伯克利我决定不将他视作仇敌，而在圣地亚哥，他成了我的终生好友。

我、特勒，还有其他夏季访问者离开之后，留在通用原子的少数几个人负担起了将 TRIGA 的草图变成能够运行的反应堆的工作。最后的设计是特德·泰勒、斯坦·考兹(Stan Koutz) 以及安德鲁·麦克雷诺（Andrew McReynold）拿出来的。从特勒在 1956 年夏天的原始建议到头一批 TRIGA 被建造、许可和出售，其间尚不足三年。TRIGA 的基础售价是 144 000 美元，但不包括建设费用。TRIGA 卖得很好，而且自那时起一直销售至今。最近一次我检查销售总量的时候，60 个已经卖出去了。这是极少数替建造它的公司挣着了钱的反应堆之一。

1959 年 6 月，之前在小红校舍里工作并开创了通用原子事业的所有人，都被邀请回来参加通用原子实验室正式的落成典礼。三年之中的改变真是令人吃惊。工作场所不再是租来的校舍了，弗雷迪现在有了一组恢宏的永久建筑，它们按照现代主义的风格建造，矗立在圣地亚哥北部边缘的一块台地上。它有设备优良的实验室和机器车间，职员数量也达到了数百人。在一座大楼里安装着 TRIGA 的原型机，它已经获得完全许可，准备好了向潜在的客户演示。弗雷迪亲自说服了尼尔斯·玻尔从哥本哈根过来主持落成典礼——按照共识，玻尔是爱因斯坦逝世之后最伟大的在世物理学家。

落成典礼的高潮是对 TRIGA 能力的演示。弗雷迪在演讲台前安装了一个开关和一个巨大的夜光显示盘。在他的讲话结束后，玻尔按下了开关，就听见一阵低沉的嘶鸣声从 TRIGA 所在大楼的方向传过来。噪声来自被突然释放的压缩空气——它是用来将控制棒从 TRIGA 的核心高速拔出来的。大显示盘上的指针会以百万瓦特为单位指示 TRIGA 的能量输出，只见它瞬时扫过 1 500 的刻度，然后又迅速摆回 0.5。演示结束了。为了避免有什么令人不快的意外发生，这个已经预演过很多次了。在暖中子把它控制下来之前，小反应堆确实以 1 500 百万瓦特的功率运行了千分之几秒。纪念会之后，我们去看它，它静悄悄地置身在装有冷却水的池子的底部。它就在这里。这真让人难以置信。谁会相信，大自然会注意我们三年前在那个小红校舍里为之争吵过的那些理论探讨和计算？但是此处即是明证。暖中子真的奏效。

那天晚上，在海滩上举行了野炊，参加的人中有弗雷迪、尼尔斯·玻尔和其他许多名流。吃过饭，玻尔变得焦躁不安。走走说说是他的习惯。终其一生，他都在走着、说着，听众常常只有单独一人——后者能够全神贯注在玻尔难以理解的语句和模糊不清的声音上。那天晚上，他想谈论原子能的未来。他示意让我跟着他，我们就一起在海滩上来来回回地走。我很高兴自己能享此殊荣。我想到了 F6 峰山脚下修道院的院长，我想知道现在是不是轮到我去看水晶球了。玻尔告诉我，通过开放地和苏联人谈论核能的所有方面，我们现在有了另一次伟大的机会去获得他们的信任。第一次这样的机会已经在 1944 年与我们失之交臂。那时玻尔和丘吉尔及罗斯福谈话，试图说服他们，能避免一场灾难性的核军备竞赛的唯一办法，就是在大战结束之前开诚布公地对待苏联人。但是玻尔失败了。玻尔一直不停地谈及他与丘吉尔和罗斯福[1] 的谈话——那是具有最高历史重要性的谈话，可惜竟然从未被记录下来。我竭尽所能想要抓住他的每一个词语。但是即便在最好的情况下，玻尔的声音也几乎是听不见的。在海滩上，每当他说到面对丘吉尔和罗斯福的关键之处的时候，他的声音就越来越低地沉了下去，直到完全消失在起伏的海浪中。那个晚上，修道院院长的水晶球蒙上了一层阴云。

对于弗雷迪，TRIGA 只是开了个头。他知道通用原子的存活，最终依赖于它生产和销售全尺寸的能量反应堆的能力。在 1959 年，实验室的主要工作就是发展能量反应堆。弗雷迪已经决定将他的未来押在一种特殊的能量反应堆上——即高温石墨反应堆（High Temperature Graphite Reactor），或者 HTGR。所有我们这些介入过通用原子的人都赞同他的决定。这是一场豪赌，而最终他失败了。但我仍然认为弗雷迪的决策是正确的。如果他和 HTGR 能够像他跟 TRIGA 一样走运，通用原子或许会有很漂亮的斩获，而美国的核工业的状态也会比现在好得多。在技术进步中不赌一把是不可能的，而赌一把的麻烦之处在于——你不可能总是赢。

HTGR 直接和轻水能量反应堆展开了竞争，后者从一开始就主导了美国的核动力工业。无论是 HTGR 还是轻水反应堆，都不是 TRIGA 那种意义上具有内在安全性的反应堆。在出问题的时候，二者都依赖工程安全系统推入控制棒并切断核反应堆。二者都会留下足够多的残余辐射，它会将堆芯蒸气化——如果反应堆切断后冷却过程没有继续的话，这会引起重大事故。两种反应堆的主要差别在于，对于同样的热量产出而言，HTGR 有更大的堆芯。HTGR 的堆芯吸收热量的容量如此之大，以至于切断之后，反应堆必须经过许多个小时才会到达熔点——即使紧急制冷系统失败了。在同样条件下，轻水反应堆的堆芯在几分钟内就会熔融。可以想象到的最严重的 HTGR 事故会是一团乱麻，但它肯定比轻水反应堆与之相当的事故要温和和容易处理一些。在这个意义上，HTGR 是比轻水反应堆更安全的系统。

HTGR 不仅比轻水反应堆更安全，在燃料使用上也比后者有效率。这是它的两大优点。它也有两个重大的缺陷：

首先，它造价昂贵；其次，在正常运行中，要控制放射性分裂产物的少量泄漏也更加困难。弗雷迪打赌，从长远来看，优越的安全性和效率会让世界选择 HTGR 作为发电动力。也许他最后本可以被证明是正确的，但是对于他的公司来说，"长远"有点太远了。在短期内，资金消耗和泄漏抑制系统的复杂性等缺陷使得他不能打入市场。他只卖出了两个 HTGR，而全尺度的模型则从来就没有投入过生产。最后，在 20 世纪 70 年代后期，围绕在核动力周围的政治不确定性，使得 HTGR 的商业前景看上去毫无希望。通用原子取消了它与所剩无几的客户间的合同，它宣布自己不再经营分裂式能量反应堆业务了。几年前，弗雷迪从通用原子搬到街对面的索尔克生物研究所（Salk Institute for Biological Study）做了所长。通用原子还在继续生产和销售 TRIGA，它也在支持一个活跃的受控聚变的研究项目。对于年轻的科学家和有远见的商人来说，核裂变动力不再是一个有希望的新前沿阵地了。

　　核动力究竟出了什么问题？1956 年，当弗雷迪邀请我为反应堆工作的时候，我跳起来抓住了机会，我把我的才能应用于将廉价和无限的能源带给人类的伟大事业。爱德华·特勒和小红校舍里的其他人也都是完全一样的想法。最终，我们在学习如何将核能付诸更好的用途，而不是只用来造炸弹。最终，我们要给世界提供如此之多的能源，人类的苦役和贫乏也要寿终正寝了。我们的梦想出了什么问题？

这个问题没有什么简单的答案。许多历史性的力量交织在一起，使得核能的发展比我们曾经期望的要更麻烦和代价昂贵。如果我们曾经更睿智一点的话，我们或许会预见到，30 年前未能兑现诺言之后，新一代的年轻人和政治领袖会成长起来，他们视核能为一种陷阱，而其使命就是解放我们。30 年前的梦想吸引不了今天的年轻人，是再自然不过的事情了。要保证继续前进，他们必须有新的远见。在一种泛泛而谈的意义上，很容易理解自小红校舍的时日以来，为什么围绕在核能周围的政治气氛如此显著地恶化了。但是我相信，很多困扰着核动力工业的麻烦有一个更特殊的解释。那是核动力工业自身的一个事实，即小红校舍里的那种精神不再流行了。

核动力工业的基本问题不是反应堆的安全性，也不是核废料处理和核扩散的危险性，虽然这些问题都是真实的。这个工业的基本问题是，没有人再对建造反应堆感兴趣了。在当前条件下，很难想象还会有一群狂热的人，他们聚集在一个校舍里，在三年之内去设计、建造、测试、许可和出售一个反应堆。1960 年到 1970 年间的某个时候，这种趣味已经荡然无存。冒险家、实验家和发明家，都被赶了出去，而执掌决定权的变成了会计和经理人。不仅在私营工业，甚至在政府的实验室里——比如洛斯阿拉莫斯、利弗摩尔（Livermore）、橡树岭（Oak Ridge）和阿尔贡

（Argonne），曾经发明、建造和试验许多类型的反应堆的聪明的年轻人的小组都被解散了。会计和经理们断定，让那些聪明人摆弄古怪的反应堆并不经济实惠。这样，那些古怪的反应堆就消失了，一同消失的，还有现存系统之外进行任何根本性改进的可能性。留给我们的是非常少的还在运作中的反应堆类型。它们每一个都冻结成了一个庞大的官僚化的组织，任何实质性改变都是没有可能的；它们每一个的许多方面在技术上都难以令人满意；它们每一个都比许多已遭抛弃的可能方案更不安全。没有人再为了趣味去建造反应堆了。小红校舍里的那种精神已经死去。就我看来，那就是核动力工业出了问题的地方。

当我父亲还是个年轻人的时候，他常常骑着摩托车在欧洲游历。在罗伯特·皮尔西格之前60年，他学会了欣赏摩托车维护的技艺，也了解了重视质量的技术的好处。他有时会来到一些村落，那里从来就没有出现过摩托车。在那些日子里，每一个车手都是自己的修理工。车手和制造商共同去试验大量种类的不同模型，他们通过试验和纰漏去了解哪种设计是耐用的和实际的，哪种不是。数以千计的尝试——大多数都失败了——才进化出如今在路面上奔跑的少数几种类型的摩托车。摩托车的进化过程是一种达尔文式的最适者生存的过程。那就是现代摩托车有效率和可靠的原因。

把摩托车的故事和商用核动力的历史进行对比。在世界范围内发展经济型核电站的努力中，有少于 100 种不同类型的核电站运行过。在发展中的不同类型核电站的数目在不停地减少，因为在许多国家，政治权威出于经济原因取消了更有风险的投资。现在只有大概 10 种类型的核电站有希望存活下来，而且在当前的条件下也不会有任何根本的新类型能够受到公正的试验。这就是核电站没有能够像摩托车行业一样成功的基本原因。我们没有耐性去尝试一千种设计，所以，真正好的反应堆从来就没有被发明出来过。也许，在技术领域，正如在生物进化中一样，消耗量是通向效率之门的钥匙。在两个领域里，小个体的创造物比大的更容易进化。鸟类进化了，而它们的恐龙表亲却死掉了。

核能的未来还有什么希望吗？当然有。未来是不可预测的。政治气氛和潮流变得很快。一个不会改变的事实是，在石油枯竭之后，人类会需要大量的能源。人们会注意到，能源必会以这样那样的方式被生产出来。当那一天到来，人们会需要比我们今天能建造的反应堆更廉价、更安全的核能反应堆。也许我们的经理和会计会有那样的智慧在一个小红校舍里聚拢起一群热情洋溢的人，然后给他们一定的自由去瞎鼓捣。

2.6　1970 年到达土星

太空时代的开启，可以精确地追溯到 1927 年 6 月 5 日，当时正在德国布雷斯劳（Breslau）[今波兰城市弗罗茨瓦夫（Wroclaw）]聚会的九个年轻人成立了一个叫 Verein für Raumschiffahrt 的组织。该德语名字的意思是太空旅行协会（Space Travel Society），常缩写为"VfR"。在希特勒关闭它之前，VfR 存在了六年。在那六年里，在没有德国政府帮助的情况下，VfR 进行了液体火箭的基本工程开发。这是太空飞行史上的第一段浪漫时期。VfR 是一个没有组织的组织。它完全依赖于每个成员的主动和奉献。1930 年，18 岁的韦纳·冯·布劳恩（Wernher von Braun）作为学生加入了该协会，他在协会存在的最后三年里担当了活跃的角色。非常奇怪的是，在魏玛共和国 **❶**（Weimar Republic）令人绝望的最后几年里，却同时产生了德国理论物理学的辉煌和 VfR 的传奇，就好像那时的德国年轻人被包围他们的经济及社会的崩溃驱动，竟作出了他们最高的创造性努力。VfR

第一次世界大战之后及在希特勒上台之前（1919—1933）德国的政体状态，因其宪法是在魏玛召开的国民议会上通过的，历史上称这一段时期为魏玛共和国时期。

很幸运地拥有一位历史学家作为其创始成员之一。这是一位达到了一定水平的诗人，同时也是一流的工程师。通过创作，威利·雷（Willy Ley）将VfR的传奇从遗忘中拯救了出来，就像乔叟拯救了和他一同奔赴坎特伯雷的朝圣者的传说一样。

在帮助成立VfR的时候，威利·雷21岁，VfR解散的时候，他27岁。在《火箭、导弹和太空旅行》（*Rockets, Missiles and Space Travel*）中，他戏剧性地描述了VfR第一次成功的火箭飞行。"随着春天的到来，我们的火箭试验场变得非常美丽。斜坡的一边被嫩绿的松树芽和新生的桦树叶覆盖着，山丘之间的洼地里都是嫩杨柳。蟋蟀在高草丛里歌唱，青蛙在远方某处呱呱叫着……但是猛兽飞了！像电梯一样向上，非常缓慢地升到20米。然后它掉了下来，摔坏了一条腿。"那是1931年5月10日，地点是柏林市内的一处沼泽地。经过一年的疯狂工作，遗留的困难也被解决了，到1932年夏天，VfR火箭已经能稳定飞行到一两千米的高度。

一年后，希特勒掌了权，VfR的所有杂志、书籍、通信和其他记录都被盖世太保控制了。1933年，诗人和业余爱好者的时代结束，专业人士的时代开始了。一位曾经为位于柏林的三星公司工作过的VfR成员，偶然听到公司的一位管理层和战争部的一位朋友打电话："现在我已经控制了所有的火箭人员，可以看看他们在做些什么了。"火箭技术的开发被军方接手，他们将自己的研究和试验组织安置在了波罗的海上一个叫作佩内明德（Peenemünde）的偏僻地方。他们花了很大一笔钱，采用了严格的官僚制度，雇用了两万个工作人员。冯·布劳恩被安排在那里做技术总监。这种巨大的专业努力的成果，可以想见，是一种技术上很先进的仪器，即 V-2 火箭，但它没有任何经济和军事意义。

1944 年秋天，我意识到了佩内明德计划的成功，那个时候对伦敦的 V-1 轰炸已经结束了，而我偶尔能听到 V-2 弹头爆炸的轰的声音。晚上的时候，城市一片寂静，在巨响之后，你可以听到火箭以超音速下降的哀号声。在那时的伦敦，我们这些认真参与到战争中的人非常感激沃纳·冯·布劳恩。我们知道每枚 V-2 的造价和生产一架高性能战斗机相当。我们知道德国的前线军力急需飞机，而那些 V-2 火箭对我们来说没有什么军事破坏力。从我们的角度来说，V-2 计划的效果几乎和希特勒接受了单方面的裁军政策一样。单方面裁军显然不是设立佩内明德组织的军事领导人的意图。官僚控制科学项目的时候蠢事会常常发生，这是一个极端的例子。这样的愚蠢也绝非德国所独有。

早在 1958 年我就亲身参与了太空探索。弗雷德里克·德·霍夫曼路过普林斯顿，他告诉我关于 TRIGA 原型机的操作实验的最新消息。"还有，"他说道，"特德·泰勒有一个关于核航空飞船的疯狂想法，他希望你可以去圣地亚哥看看。"我就去了。这就是奥利安（Orion）计划的开端。

在校舍度过了那个夏天之后，特德·泰勒决定永久性地从洛斯阿拉莫斯搬到通用原子公司。他帮助弗雷德里克筹备新的实验室，同时也在监督 TRIGA 反应堆原型的设计和建造。不过他的脑子里还是装满了他曾在洛斯阿拉莫斯设计的那些优雅的小炸弹。在空闲的时候，他又开始考虑乌拉姆以前在洛斯阿拉莫斯提议过的一个想法：我们难道不能用这些优雅的小炸弹来驱动优雅的小航空飞船环绕太阳系？

特德比我小两岁，之前完全不为公众所知。他既不是迪克·费曼那样的天才，也不具有弗雷德里克·霍夫曼那样炫目的个性。他安静又从容。从那些日子开始，他就成了一个重要的公众人物。约翰·麦克菲（John McPhee）曾写过一本书描述他的经历和成就。我不清楚自己是如何在刚开始的时候就看出他的伟大的。外在地看，他就像一个普通的西部美国人，有一个明达的妻子和四个吵闹的孩子。内心里，他有巨大的超脱、想象力和倔强。除了特德，没人可以领导奥利安计划，没人可以在长达五年的时间里不管好坏与否，都能让训练不足的追随者们激昂慷慨地从事工作。

1957 年夏天，苏联的第一颗人造地球卫星上天了。

几个月后，作为回应，终于可以随意支配美国军方资源的沃纳·冯·布劳恩，也发射了他的第一颗卫星。巨人间的战争开始了。双方都有庞大笨重的组织在指挥。我们政府里的人也早就在谈论一个利用传统火箭将人送到月球上的计划，那个计划需要用十年花费 200 亿美元来完成。特德对进入太空感兴趣，但是对庞大政府组织动辄百亿美元的风格，他感到排斥。他希望可以重拾 VfR 的风格和精神。从短时期来说，他成功了。

特德从三个基本的信念开始。首先，传统的冯·布劳恩式的使用化学火箭进行太空旅行的方法，很快就会走到头，因为这样的话飞往月球之外的载人航天会变得出奇地昂贵。其次，行星间的旅行必须利用核燃料，它们每磅都带着比化学燃料多 100 万倍的能量。再次，一小组充满胆识和想象力的人，可以设计出比最好的化学火箭更便宜和远为强劲的核航空飞船。所以特德从 1958 年的春天开始工作，创建他自己的 VfR。弗雷德里克允许他使用通用原子公司的设备，而且给了他一小部分公司的钱做启动资金。我同意在 1958—1959 学年全职参与奥利安计划。我们试图建造一艘航空飞船，它简单粗犷，而且能够便宜地在整个太阳系中运载大量有效载荷。我们这个计划的口号是"1970 年到达土星"。

1958 年，我们就已经可以看到冯·布劳恩的月球飞船——那是十年之后会被用到阿波罗登月计划中的飞船——成本太高而且功能太少。从许多方面讲，阿波罗飞船都像 V-2 火箭。它们都是沃纳·冯·布劳恩的主意。两个都是突出的科技成就。对于设计了要去完成的工作来说，两者都太昂贵了。在载人登月的短途旅行中，阿波罗飞船辉煌地成功了，而且在电视上，它似乎也很漂亮。但是人们一旦厌倦了这种特别的景象，阿波罗就会变得跟 V-2 一样过时。它们再也没有其他能做的事情了。

特德和我刚开始的时候就感觉到，太空旅行要想对人类事务产生解放性的影响，必须变得廉价。只要太空旅行还要花费几亿美元才能将三个人送到月球上去，它就只能是一个大政府才能负担得起的奢侈品。而且高花销使得它几乎不可能推进改革改进系统，或者使它适应更多的目的。奥利安计划的目的，在于使用每磅几美元的花销，将大的有效载荷从地表带到绕地轨道上去，这样就可以比达到相同目的的化学火箭便宜 100 倍。我们非常自信，认为一旦我们实现了进入轨道的廉价运输，往返行星间的任务也很快就会实现。我们构思了一个 12 年的飞行计划，以大型载人航空探险结束，其中包括 1968 年到达火星、1970 年到达木星和土星的卫星。我们计划的花销最后加起来为一年大概一亿美元。当然，没有一个专业会计会相信我们的预算。可能他们是对的。不过我不确定。对特德和我来说，"1970 年到达土星"这句话并不是一句无意义的大话。我们真的认为我们可以实现它，如果给我们机会的话。我们通过特德放在花园里的小望远镜轮流观看木星和土星。在我们的想象中，我们正在土星环的拱形下快速上升，在登陆土卫二（Enceladus）之前做最后一次刹车操作。土卫二是我们最中意的着陆地点，因为它是太阳系中一个被发现有充足水分的地方。在那里，我们可以补充返航所需的水分，或许也可以开展一些溶液培养种植，培育一些新鲜蔬菜。

1958年7月，在奥利安计划正式开始的时候，我写了一份名为"太空旅行者宣言"的文件，向世界描述了我们正在做的事情及其原因。宣言正文如下：

美国政府已经宣布，我们正在考虑设计一艘由原子弹驱动的航空飞船……我相信单单这个计划，作为正在考虑的许多航空飞船计划中的一个，就足以制造出一艘飞船，它将胜任探索太阳系的任务。我们非常幸运，政府已经建议我们直接追求行星间旅行的长期目标，而且不必考虑我们的推进系统任何可能的军事用途。

从孩童时期我就坚信，在我有生之年人类可以到达行星，而我应该为此尽我的一份力。如果我要尝试合理化这种信仰，我认为它基于两种信念，一个是科学上的，一个是政治上的：

（1）天地之间有比我们的现代科学所追求的内容更多的东西，而我们只有通过走出去寻找才能搞清楚它们是什么。

（2）长久来讲，它对于任何新的高级文明的成长来说都是必需的，文明中的一小部分人可以从他们的环境和政府中脱离出去，在荒野中随性地迁徙和生活。在这个星球上，一个真正孤立的小型创造性社会将再无可能。

在这两个信念之外，我现在要加上第三条：

（3）第一次地，我们构想了一种方法，一种用我们大量囤积的炸弹做好事而不是进行杀戮的方法。我们的目标，也是我们的信念，是杀戮及重创了广岛和长崎的原子弹，在某天会为人类打开天空之门。

我们在一起工作了一年，从1958年夏天到1959年秋天，如同1931年到1932年的VfR先驱们一样满怀热情。我们也是马不停蹄，因为我们意识到，在夜幕降临前时间已经不多了。我们知道政府应该很快就会决定将主要精力放在化学推进还是核推进上。如果没有一个可行的方案，那么选择就会不可避免地对我们不利。

我们同时在四个不同层次上工作：理论物理计算、高速度气体喷气式飞机实验、全尺度飞船的工程设计和模型的飞行试验。开始的时候我们没有什么专家。就像VfR一样，每个人都在做所有工作的某些部分。后来我们变得有些官僚主义，将大家分成了物理学家和工程师。

计划最漂亮的部分是飞行试验。我们建造了模型飞船，它使用化学高爆炸药燃料而不是核弹推动自己。我们的一个成员是科学家杰瑞·阿斯托（Jerry Astl），他是一个捷克难民和烈性炸药方面的艺术家。他知道如何建造复杂的、具有精密的引信和定时系统的高爆装备，而且它们几乎总能工作得很好。在第二次世界大战期间的捷克地下，他学来了这门手艺。

我们将试验地点设在了洛马点（Point Loma），那是一块陡峭的半岛地段，它从圣地亚哥市西部直伸到太平洋里。地块属于美国海军，它被从房地产业的癌症中拯救了出来——这种癌症，已经让从北到南的太平洋海岸毁于一旦。我们在那里的处所只是一小块火箭试验台，在很久之前它就被海军抛弃了。那里没有其他人类存在的迹象。我们周围都是未经开发的山坡，覆盖着绿色的灌木和开花的仙人掌。下面就是太平洋，早晨我们出来设置模型的时候，它常常被海上的薄雾笼罩着，但当我们准备发射的时候，它就已经变成清澈明亮的蓝色，点缀着片片白帆。

我常常好奇，当星期六下午看到模样奇怪的物体从试验台迅速升起又把自己炸成上千片的时候，海上的船员们在作何感想。在桌子抽屉里，我还保留着某次飞行试验后捡来的一袋碎铝片，我以此向自己证明，所有这些快乐的回忆并非只是好梦一场。

我们的飞行中最后也是最成功的一次，发生在1959年11月12日。那是我离开计划几星期之后，我已经回到了在普林斯顿的受人尊重的科学工作中。布莱恩·邓恩（Brian Dunne）为我们的工作做了最多的气体喷射实验，他写信向我报告：

真希望你可以和我们一起享受上星期六洛马点的节日。火箭飞啊，飞啊，飞啊！我们还不知道具体有多高。特德站在山边的高处，目测大概是100米。六份燃料带着前所未有的咆哮和精度爆炸了……降落伞在最高点准确打开，未伤毫发地飘落在了小屋前面……我们正在准备星期三的香槟酒会。

就这样，太空旅行的第二段浪漫时期结束了。1959年夏天，政府作出决定，不打算在民用宇航计划中使用核推进，我们的计划被移交给了空军。特德·泰勒在这些军事支持下继续他的工作，正如沃纳·冯·布劳恩在1933年所做的那样。空军立刻终止了我们对飞行模型的试验。他们将这个计划又延续了六年，其间完成了许多优秀的技术工作，但是它的精神和光泽已远不止此。1965年春天，奥利安计划被正式终止的那天，我又来到了通用原子公司。我们没有喝香槟。那枚火箭在阿尔伯克基的空军仓库里躺了16年，如今在华盛顿国家航空航天博物馆（The National Air and Space Museum）里，你还可以看到它——和1959年时相比，它似乎丝毫没有变旧。

美国空军并没有犯希特勒在V-2火箭上的同样错误。空军用六年时间尝试将一个行星间推进系统改装成一个军事武器。最后他们发现，正如我们最初就知道的一样，奥利安系统并不存在合理的军事使用价值。得到这个结论之后，他们明智地将计划终止了，而没有像希特勒那样进行大规模生产。在它终止的那天，我给罗伯特·奥本海默写了一封带点怀旧情绪的信：

你可能会认识到，1958 年我们来到圣地亚哥时所携带的技术智慧和政治愚昧的混合物，和 1943 年洛斯阿拉莫斯的情形类似。你得以通过成功来学习政治智慧，而我们是通过失败。我们逃脱了成功会带来的责任，我常常不知道该为此高兴还是悲伤。

为奥利安计划工作的 15 个月，是我科研生活中最兴奋的时期，从许多意义上讲也是我最开心的时期。我尤其喜欢沉浸在工程气氛中，那和科学的气氛非常不同。一个好的科学家得是一个具有原创思想的人，而一个好的工程师，是一个能让其设计中包含尽可能少的原创思想的人。在工程中没有爱慕虚荣的人。在奥利安计划中，如同小红校舍里的安全反应堆小组一样，没有人为了个人荣耀而工作。谁发明了什么根本无所谓。唯一重要的是，我们发明的最终产品必须能稳定地工作。对我来说，能参与到一项集体努力中是一个新的体验，我和一群工程师一起工作，他们的专业生涯都是基于团体合作而非个人竞争。在每天快乐地去实验室或洛马点的试验台的时候，我都会记起母亲讲的浮士德和村民们在大坝上一起挖泥的故事。

如果政府在 1959 年给予我们全部支持，正如 1943 年它对一群业余人士所做的那样，会在我们身上发生些什么呢？我们现在是否已经可以实现廉价快速的交通系统并穿越整个太阳系？或者，我们可以和我们的梦想一起幸运而完好无损地被保留下来吗？

有时候我会被一起分享过奥利安计划的快乐和悲伤的朋友问起，如果奇迹发生，忽然又有了必要的资金，我会不会再恢复这个计划？我的答案是斩钉截铁的不。1963年签订的《禁止核试验条约》（Test Ban Treaty）禁止在大气和太空中进行核爆炸，这使得奥利安飞行成为非法的了。在某个人想恢复奥利安计划之前，他需要先废除或者重新议定这个条约。即使没有这个条约，现在我也不想驾驶着一艘飞船在另外一艘航空飞船——"地球号"航空飞船——的乘客头顶丢下核残骸。对1958年的我们来说，拖曳着灼热的核火球尾巴飞跃天空这种想法，是有可能被享受的，因为那时美国和苏联正以每年几百万吨的速度在大气中进行核弹试验。我们计算了一下，即使奥利安飞船最雄心勃勃的计划，也只对环境增加相当于当时炸弹试验所造成污染的百分之一。百分之一似乎并不是很糟。但是在我仔细查阅了关于辐射的生物学影响后，我得到一个估计，在统计上，每次奥利安飞行的沉降物会因辐射诱发癌症而造成十分之一到一个人的死亡，所以我对于增加哪怕百分之一的沉降物的热情都迅速冷却了。在计划的最后几年，从地面上起飞不再被我们接受了。飞船被重新设计，使得它可以被一个或两个沃纳·冯·布劳恩的"土星5号"火箭送到轨道上去，而且只有在已经离开地球环境时它才可以开始爆炸。这就使得飞船变得非常昂贵，而且并没有真正地解决沉降物的问题。从本质上说，奥利安飞船是一个道德败坏的东西，无论去哪里，它都会随地丢弃辐射性垃圾。奥利安计划开始后的 20 年里，公众对于环境污染的标准已经发生了根本性的变化。1958年时被人接受的许多事物，现在已经不被接受了。我自己的标准也发生了改变。历史已经把奥利安遗忘了。开弓没有回头箭。

自1958年开始的太空探索史，已经成为化学火箭专家们的历史。专家们几乎没有给新颖的想法们一个公平的机会。奥利安计划终止了，我毫无怨言。奥利安获得了一个公平的机会，可是它失败了。但是后来也出现过根本性的革新方案，比奥利安更好。奥利安能做的，它们也都能做，甚至还可以做得更多。这些方案不会在太阳系里扩散辐射垃圾。这些更新的计划，从未获得和奥利安一样的机会来和化学火箭公平竞争。在1959年之后，再也没有新式火箭的发明者获得鼓励，可以像我们在洛马点时一样使用飞行的模型试验他们的想法。在国家航空航天博物馆里我们的火箭旁，你也不会看到他们的任何模型。

在太空旅行的非正统方法中，太阳能航行是最美妙的。原则上说，不用任何发动机就在太阳系中航行，是可能的。你需要的只是一张由铝箔包裹、薄如蝉翼的塑料薄膜。通过平衡船帆上的日光压力和太阳引力——就像地球上的帆船海员平衡船帆上风的压力和龙骨上水的压力一样——驾驭航线，你可以调整方向去你想去的任何地方。太阳能航行的想法有很长的历史。它是由苏联太空旅行先驱康斯坦丁·齐奥尔科夫斯基（Konstantin Tsiolkovsky）首先想出来的。后来它又被重新发明了很多次。最新和最优雅的太阳能航船设计，是理查德·麦克尼尔（Richard MacNeal）发明的直升飞船。麦克尼尔的船帆是十二角星形，它像旋翼飞机的水平旋翼一样转动。1976 年，加利福尼亚的喷气式飞机推进实验室（Jet Propulsion Laboratory）与麦克尼尔进行了一系列认真的合作。他们想设计一艘无人驾驶直升飞船，在 1986 年 3 月哈雷彗星经过地球时，它可以被及时发射升空，然后与哈雷彗星亲密相会。哈雷彗星每 76 年才经过地球一次，而且根本没有使用化学火箭实现这次约会的希望。这是一个太阳能飞船证明自己的好机会。太空计划负责人以风险太大拒绝了哈雷彗星计划。他们负担不起尝试。对他们的整个计划来说，一个失败的任务的政治后果可能是灾难性的。结果，对于认真探索根本新颖和未经试验的技术来说，他们永远承担不起责任。他们对太阳能飞船提议所作出的决定，充满了管理机构的沉闷气息：

防止飞船从 JPL 管理部门获得正面推荐的主要限制，是面对根本没有概念验证试验却还断定它短期就能准备就绪所带来的高风险。

太空旅行的第三段浪漫时期会在何时开始呢？在第三

段浪漫时期，我们会看到小的模型飞船向太空中的太阳张开翅膀，就像每个星期天下午在通用原子实验室附近飞舞的无线电控制的滑翔机那样——在海风中，它们与海鸟一起在悬崖上自由而优雅地飞翔。我们还会看到和柏林及洛马点的一样的试验台，在那里新一代的年轻人会开始尝试新的天马行空的想法。

排除科学研究的因素不讲，人类之所以需要太空旅行有三个原因。第一个原因是垃圾处理；我们需要把工业流程转移到太空中去，那么地球就仍然能是我们的后代们生存的一个舒适的绿色环境。第二个原因是摆脱物质匮乏。这个星球的资源是有限的，而我们也不应永远放弃遍布我们周围的丰富的太阳能资源、矿藏和生存空间。第三个原因是我们对于一个开放式前沿的精神需求。太空旅行的终极目标，不仅是带给人类科学发现和电视上偶尔的美妙节目，而且还有对我们精神世界的真正扩展。

但是只有当太空旅行是廉价和常用的时候，它才能对人类大众有益。我们还有很长的路要走。类似阿波罗计划这种大规模和政治导向的计划甚至可能都不在正确的发展方向上。我很高兴庆祝我们的宇航员，加加林（Gagalin）、阿姆斯特朗（Armstrong），还有柯林斯（Collins）以及其他追随他们的人的勇气。但是我相信，引领人类到达外星球的道路是一条更孤单的路，那是齐奥尔科夫斯基的路，是奥维尔和威尔伯·莱特兄弟（Orville, Wilbur Wright）的路，是罗伯特·戈达德（Robert Goddard）和 VfR 成员的路——他们的眼界是任何政府计划都不能囊括的。我为曾经能够从属于他们的团体而深感自豪。

2.7　朝圣者、圣徒和太空人

普利茅斯殖民地（Plymouth Colony）总
督威廉姆·布拉福德❶（William Bradford）、
耶稣基督后期圣徒教会主席布里格姆·杨❷
（Brigham Young）及我在普林斯顿大学物
理系的朋友杰拉德·奥尼尔（Gerard O'Neill）
有许多共同之处。三者都有远见卓识。他
们都热忱地相信普通男女有走进荒野并创
建一个比他们抛诸身后的社会更好的社会
的能力。他们都为后人写了一本书来记录
他们的远见和奋斗。他们都牢牢扎根在政
治财务世界的真实土壤中。他们都敏锐地
知道，要使他们的梦想变为现实，英镑或
者美元有多重要。

　　布拉福德和杨的历史在他们生前并没
有付印，而是以手稿的形式成为其追随者
的指南。布拉福德的手稿在两个世纪以后
以"普利茅斯开拓史"（*History of Plymouth
Plantation*）的题目出版。在摩门教堂的正
式历史里，杨的手稿广被征引——虽然不
是完全的。幸运的是，奥尼尔的书，《高
边疆》（*The High Frontier*），不用等到作者

身后才能出版了。

将来的太空殖民者需要面对的人类和经济问题，和1620年的布拉福德及1847年的杨所面对的问题并无什么本质性的不同。不幸的是，阿波罗登月计划的奢侈方式和过度花费，给公众的头脑造成了一种印象，即人类的太空活动必定要花费数以万亿计的美元。我相信这种印象基本上是错的。如果我们拒绝阿波罗的方式而采用"五月花号"（Mayflower）和摩门教徒的方式，我们就会发现太空移民的花费可以降到一个合理的水平。我所谓"一个合理的水平"指的是可以和清教徒❶及摩门教徒们筹集的总钱数相当的钱数。

关于筹措资金方面所遭遇的困难，布拉福德和杨提供了充分的史料证据。布拉福德在他的书里强调，在整个殖民冒险中，最困难的问题是确定一系列同胞们都能同意的目标：

但是正如在所有的事务中一样，涉及行动的部分最为困难，尤其是在那种许多代理人必须达成一致意见的工作上——我们的处境就是如此。一些本该去的人打了

Pilgrim，与本章标题中的朝圣者是同一个单词，首次把"五月花号"上的人称为朝圣者的，即是布拉福德，但最初殖民美洲的这部分人多为清教徒，所以pilgrim也常被译为清教徒。

退堂鼓，不愿意去了，留在了英国；一些商人和朋友已经提出为探险投钱，但是却退缩了，还找了种种借口；一些人非圭亚那（Guiana）不去；另外一些人则觉得除非是弗吉尼亚（Virginia），否则不会投资一分钱。而我们最仰仗的一些人却极度讨厌弗吉尼亚，如果他们去那里，这些人什么也不会做。

没有目标上的一致，筹钱的任务就变得不可能了。这种生活的事实，在今天就如同在 1620 年一样真实。在他们的历史中，布拉福德和杨描述了在目标和财务上的基本争端，其篇幅比他们对旅程的描述还多。当犹豫不决带来的痛苦结束的时候，两个人都庆幸地舒了口气，他们最终能够把注意力从政治和财务问题转向更简单的生存问题了。下面是杨在 1847 年 2 月冬季里写下的，那是在他横跨平原之前六周：

我觉得自己就像个在冬日的风暴中被一群孩子包围着的父亲，我在以冷静、信心和耐性期待着拨云见日，那样我就能跑出去播种耕耘，就能收获玉米和小麦，我就能说，孩子们，回家吧，冬季又要来了，这里有家，有木柴、面粉、饭菜、肉、马铃薯、西葫芦、洋葱、卷心菜，所有的东西都管够，我已经准备好要屠宰肥硕的小牛，我要给所有归来的人准备欢快的宴会。我做了我在此处能做的一切，我满足于最后什么都会圆圆满满。

但是我必须从这些田园诗般的感受回到纯经济问题上

来。两年前，杨报告说：

> 每一个五口之家所需要的装备有：一辆不错的四轮马车、三个牛轭、两头奶牛、两头肉牛、三只羊、一千磅面粉、二十磅糖、一把来复枪和若干火药、一顶帐篷和帐篷柱子——如果一家人除了寝具和炊具之外别无所有，要让他们能够起程出发，得有大概250美元的费用，而包括家人在内的整个载重量大概是2 700（磅）。

艺术也在杨的预算之内。1845年11月1日，他花了150美元为吹奏乐队添置了乐器。这是个明智的投资，因为：

> 乐队有时会被邀请到行进中的队伍边上的村落里举行音乐会，这对于消弭这些地方偶尔持有的敌意极有帮助。所以，这支乐队除了能够鼓舞朝圣者的士气之外，对于行进中的队伍实在有绝大的好处。

事实上和杨一同横跨平原的，有1 891个人、623辆马车、131匹马、44头骡子、2 012头公牛、983头奶牛、334头散养的牛、654只羊、237头猪、904只鸡。

所以我们可以估计杨的远征队伍的总负载是3 500吨，主要是一些活的动物，而其总价值是1847年的150 000美元。

可惜布拉福德没有为"五月花号"提供这样一份精确的账单。他援引过罗伯特·库斯曼（Robert Cushman）的一封信，这封信是1620年6月10日在伦敦写的，那是起航前两个月。库斯曼是负责向航行提供粮食的人之一。

亲爱的朋友，我收到你的好几封信了，充满感情、抱怨，还有些我不知道的你对我的看法。对于你嚷嚷"渎职，渎职，渎职"，我惊奇的是一个如此渎职的人为什么能被用在这样的事情上。……靠150个人的财力，不可能筹到你所预想的多于1 200英镑的钱，况且一些衣服鞋袜尚未计算在内——所以我们至少还缺300或者400英镑。我原来会削减啤酒和其他供给，因为还希望有其他冒险；现在，在阿姆斯特丹和肯特，我们都有了足够的啤酒可用，但是我们现在不能毫无偏见地接受它……你说500英镑就够了；至于在这里以及荷兰的其余用度之需，我们再设法张罗。……事情要往好处想，对于我们需要的，我们该有耐性，上帝会指引我们的。

你亲爱的朋友，罗伯特·库斯曼

这封信显示，库斯曼个人承担的费用达到1 500英镑。它并没有说是否所有的费用——特别是租用"五月花号"的费用，都包含在这个数字中。

三周之后，即1620年7月1日，种植者和冒险家之间签订了一个协议。种植者是殖民者。而冒险家是股东，他们往这项事业里面投钱，但是待在自己家里。协议规定"七年之末，资本及收益，也即房屋、土地、货物，以及动产，在冒险家和种植者之间平分"。协议的另一个条款是给每一个种植者一股，作为他们七年辛勤劳作的红利："届时年满16岁或者年龄更大的人都会被估价10英镑，而 10 英镑即为一股。"种植者贡献出来的任何现金都会使他们获得额外的股份。

1620 年的协议最终被证明是令双方都不满意的，它引起了经常性的冲突。1626 年，也就是计划中分割财产的前一年，双方之间重新进行谈判并签署了一份新协议——"由他们能找到的最好的法律顾问起草，为的是使它牢固"。1626 年协议规定冒险家向种植者出售"总价 1 800 英镑（以下述途径或形式支付）的……全部债券、股份、土地、商品、动产……及任何增值部分或属于前述冒险家群体的财产"。❶ 买下冒险家的股份后，种植园主们负债 1 800 英镑——22 年后他们成功地偿还了。

我不知道在 1626 年的处置中冒险家到底获益或损失多少。我也不知道远征的最初费用里种植者们到底承担了多大份额。就第一点看，冒险家不太可能亏损了，因为在 1626 年殖民地并不是没有偿还能力，而冒险家也不会白白借钱给人。至于第二点，种植者支付的费用似乎没有超过原费用的一半。如果他们支付了一半，他们可能就已经勒紧裤腰带把费用降下来了。那

❶ 这部分协议文本的翻译，译者查阅了《普利茅斯开拓史》的中译本（译者吴丹青，江西人民出版社出版，2010）并作了调整。

样的话，没有冒险家他们就可以干了，也大可不必让合伙关系带来的不可胜数的麻烦把自己弄得头疼不已了。所以，我从 1626 年的处置推断，对于租用"五月花号"及储备所需的物资，3 600 镑已经是初始费用的上限了。库斯曼信件这一证据暗示，这个费用的下限是 1 500 镑。我用 1620 年的 2 500 镑来估计这次远征的费用。无论如何，这数字不会误差两倍之多。关于"五月花号"的负载，布拉福德是明确说过的——180 吨。

我的下一个问题，是把 1620 年和 1847 年的费用数据转换成现代值。关于英国的工资及物价史，一个好的信息来源是恩斯特·菲尔普斯·布朗（Ernest Phelps Brown）及塞拉·霍普金斯（Sheila Hopkins）的工作。这一工作以两篇论文的形式发表在《经济学人》（*Economica*）杂志上，经济史学会（Economic History Society）一个叫作"经济史论文集"的系列文集里面重印了这两篇论文。第一篇论文处理工资，第二篇则处理物价。到底倾向于以工资还是以物价作为基础去比较不同世纪的费用，那是个偏好的问题。如果使用工资，我们就是在说 1620 年一个劳动者的一小时相当于 1979 年的一小时。如果使用物价，我们就是在说 1620 年的一磅黄油相当于今天的一磅黄油。我个人的观点是，作为比较的标准，工资比物价更真实。我做这样一种比较的目的，是想以一种定量的方式去度量"五月花号"和摩门教徒的远征所需要的人类劳动。

根据菲尔普斯·布朗及霍普金斯的研究，在1620年，一个建筑业工人的日工资是8~12便士。在1847年，这个范围是33~49便士。关于这些数字在现代的相当值，我取1975年建筑业工会协议规定的最低值，即每小时9.63美元。基于工资的交换率如下：

1620年的1英镑相当于1975年的2500美元；

1847年的1美元相当于1975年的100美元。

这些都是非常接近的数字。对于1620年数字的印证，可由前已提及的下述事实提供：愿意前往普利茅斯并为共同体免费工作七年的种植园主，都可以得到10英镑的工资。

以1975年的价值估算的总费用，"五月花号"是600万美元，摩门教徒的则是1500万美元。在此基础上，我写下了表2.1的头两列。对于这些数字，我想强调的是，"五月花号"和摩门教徒的远征都是很昂贵的事业。在他们各自的时代，在没有政府支持的情况下，他们每一个都达到了一群个人所能完成的事业的极限。

表2.1最后一行中的数字，是我估计的一个挣取平均工资的人储蓄其全部工资以支付其家庭殖民开支所需要的年数。虽然一个普通摩门教徒家庭的规模是"五月花号"上一个普通家庭规模的两倍，但以每户人工年计算的花费，"五月花号"上的种植者是摩门教徒们的三倍。这种差别对移民的财务问题有决定性的影响。一个普通人，一心一意投身于一项事业，在朋友的少许帮助之下，能够储蓄其

年收入的两到三倍之多。一个有一家人要养的普通人，无论如何投入，都不可能储蓄其收入的七倍。所以摩门教徒可以不负债，而"五月花号"上的种植园主却得被迫向投资者借入需要 22 年才能偿清的债务。每户两到七个人工年之间的某个数值，会是极限点，超出这个点，普通人以自助的方式筹钱就变得不可能了。

关于我的表中的最后两列，我什么都还没有说。它们代表太空殖民的两种可资对比的模式。它们都来自奥尼尔的书，我做了一些改动。第三列来自奥尼尔书的第 8 章，题目是"第一个新世界"，该章描述的是美国政府以正式的 NASA 方式开展的太空殖民。第四列来自奥尼尔书的第 11 章，题目是"小行星家园"，该章描述的是由一伙热心的爱好者们开展的"五月花号"式的太空殖民。

表 2.1　4 种远征的比较

（费用的兑换率基于建筑业工资）
（M 代表百万）

	"五月花号"	摩门教徒	"岛屿一号" L5 殖民	小行星家园
时间	1620	1847	1900+	2000+
人数	103	1 891	10 000	23
有效负载 / 吨	180	3 500	3.6M	50
单位有效负载 /（吨·人$^{-1}$）	1.8	2	360	2
成本（以 1975 年美元计）	$6M	$15M	$96 000M	$1M
单位成本（美元 / 磅，以 1975 年美元计）	$15	$2	$13	$10
成本（按户人力年计）	7.5	2.5	1 500	6

"岛屿一号"项目的开销是960亿美元。许多人，包括我在内，都觉得对任何单独的事业来说，960亿美元都是近乎荒唐的天文数字。但是我们还是要认真对待这个数字。这数字是由一群有能力的工程师和会计们得到的，他们熟悉政府和航空航天工业的运作方式。它可能是我在表2.1中估计的开销中最精确的。用这960亿美元，你可以买一大堆硬件设施。在L5这个奇妙的殖民地——它距地球和月球的远近和这两个天体之间的远近一样——你可以买下整座浮动城市并用现代化的生活设施安置1万居民。你可以购买足够多的人造农场来形成一个封闭的生态系统，它会给殖民者提供食物、水和空气。你可以买下一个太空工厂，在那里殖民者可以建造太阳能发电站，将大量以微波形式存在的能量传递给地球上的接收器。所有这些有朝一日都会实现。正如奥尼尔宣称的——可能是真实的——经由出售电力带来收益，960亿美元的投资在24年内就能收回。如果债务能够在24年内偿清，那就差不多和"五月花号"的种植园主们能做到一样快了。但在"岛屿一号"和"五月花号"之间，有一种差别是不可避免的。表2.1的底部一行显示，如果"岛屿一号"殖民者要偿付整个费用中其家庭所要负担的份额，他需要工作1 500年。这意味着，再怎么想象，"岛屿一号"都不可能被视为一种私人投资。它不可避免地要成为政府项目，具有官僚化的管理，在危急关头必定是以国家为重，它必定要强制规定严格的健康和安全条例。一旦政府接手负责这样的项目，任何失败或者损失生命的严重风险，在政治上就都变得不可接受了。"岛屿一号"的花费变得昂贵的原因，和阿波罗登月计划之昂贵在道理上是一样的。政府能够负担得起烧钱，但是它不能承担一场灾难的责任。

简单拜访完"岛屿一号"这个超级健康福利国，让我们继续看表 2.1 的最后一列。最后一列描述了奥尼尔的想象：一群青年拓荒者们存了足够的钱，他们依靠自己从 L5 殖民地搬出并进入小行星带的荒野之中。他们要冒单程旅行的风险。这里估计的费用只是期望而非事实。23 个人组成的一个小组，能够用 100 万美元装备这样一次远征，在今天还没有人知道这是否可行。任何在专业上胜任这种估价的人，都会说这数字低得近乎荒唐。我倒不相信这数字低得荒唐。移民小行星的人均开支和"五月花号"的类似，这一点绝非偶然。地外空间将回馈给我们的，是在这个星球上我们不再拥有的开放前沿，而作为代价，这个数字已经是最高水平了。

按照表 2.1 的第三、四列，移民小行星的每磅费用并不比"岛屿一号"实质性地少太多。两种远征的巨大差别在于移民的数量和每人所携带的重量。小行星殖民这种廉价的空间殖民方式的可行性依赖于一个关键问题。一个家庭，人均携带两吨的重量，能到达小行星并建造一个家和一间温室吗，他们能在他们发现的土壤里播下种子和培育庄稼吗，他们能存活下来吗？这些就是"五月花号"和摩门教的移民们做的事情，如果太空移民们真的是自由而独立的，这些也是他们要做的。

还没有空间探测器访问过任何小行星。甚至都还没有科学仪器从小行星旁掠过以使我们对它有一个近距离的观察。我们对于小行星们的地形和化学还很无知，正如在水手（Mariner）和海盗（Viking）计划之前，我们对火星也很无知。在不载人仪器探访过某些小行星之前，去预见殖民者在那里拓建家园时会面对的问题的细节，都是毫无意义的。在我们了解小行星上的土壤是否足够松软而无须动用炸药去开垦之前，估计在小行星上开展农业的费用也并无意义。我不再去推测在一个陌生的环境里进行外太空殖民的动力机制的问题，我只提一些制度层面的理由来说明，想象从"岛屿一号"的 960 亿美元下降 10 万倍到达小行星家园的 100 万美元并非荒唐。首先，将人数从一万降至23，可以节省 400 倍。这样还剩 250 倍要削减。我们可望从自行承担一些风险和困难——政府是不会把这些加给它的雇员的——来节省 10 倍，另外 5 倍可以通过取消工会规则和官僚化管理来得到。最后 5 倍可能更难找点。它可能来自新技术，或者更加可能的，来自打捞和重新使用早期政府项目所留下来的设备。今天，除了月球上的，在环地轨道上，也有数百个被废弃的航天器等待我们的小行星殖民先驱们去收集和重新利用。

"岛屿一号"和小行星家园项目是极端的例子。我选择它们，只是为了说明殖民费用的上限和下限。真实的开销——一旦开始殖民——可能介乎两者之间。在这样困难和长远的投资中，还有进行混合模式的余地。在我们能弄清楚如何安全而廉价地殖民以前，政府层面、产业层面和个人层面的运作应该齐头并进，互相学习，彼此借鉴。只要能够得到，私人投资者需要一切来自政府和商业经验的帮助。在这种联系中，值得记取的是，哥伦布和"五月花号"的航行之间，横亘着 128 年的时间。在那 128 年间，西班牙、葡萄牙、英国和荷兰的国王、女王或王子们在建造船只和建设商业基础设施，而正是这些才使得"五月花号"的远航能够付诸实施。

　　我和奥尼尔有一个梦：有朝一日，在太阳系及其以外，由普通公民组成的小团体，会在空间自由扩展。也许这只是痴心妄想。正如布拉福德和杨了然于胸的，这是个很烧钱的问题。但如果我们不去试，我们永远也不会知道什么是可能的。

2.8　调　停

在我为奥利安计划工作的那一年，一场关于核弹试验的大辩论正激烈进行。我们应不应该和苏联谈判以达成一个完全停止核试验的条约呢？我的老朋友汉斯·贝特正在公众和政府中竭力推动全面禁止核试验。我的新朋友爱德华·特勒则竭力反对禁令。我对贝特的情谊和尊重从没有动摇过，不过在这场辩论中，我全心全意地支持特勒一方。没有核弹试验的话，奥利安不可能活下来。短期来说，我们需要至少一次试验，用它说服心存怀疑的人们，我们的飞船可以经受住一百英尺之外的核爆炸而保持完好无损。长远来讲，我们需要更多试验来开发非裂变炸弹，以使我们的航行产生的放射性尘埃可以减到接近为零。我知道自己为奥利安工作的动机是平和而纯粹的，而且只因为特勒对他所开创的热核技术追求到底，就把他列为战争贩子，我看不到一点公正。特勒和我一起对抗禁止核试验，但是我们都出于良知。看到好人汉斯·贝特站在错误的一边作战，我感到很抱歉。安全人士可能因为他在这件事情上的错误判断而惩罚他，正如他们五年前惩罚了奥本海默，我为此而感到担心。

1959 年夏天，随着我在奥利安的工作到了尾声，我竭尽全力去做增加计划存活可能性的事情。我和特德·泰勒一起去公驴平原（Jackass Flat）做了一次朝圣者。那里是内华达州的一片沙漠地带。在那里，我们希望进行真实炸弹可行性的第一次关键性验证。我到特勒的武器实验室待了两星期，在那里和一个设计非裂变武器的小组一起工作。我也在受大家尊敬的政治杂志《外交事务》上发表了一篇文章，竭尽我的辩才来反对禁止核试验。

有生以来唯——一次，我经历了纯粹的寂静。那是正午横躺在太阳底下的公驴平原。很久以前，我读过赫伯特·庞汀（Herbert Ponting）的《伟大的白色南方》（*The Great White South*），它描述了南极洲一个无风之日的寂静。公驴平原跟南极洲一样寂静。那是一种震撼灵魂的寂静。你屏住呼吸，听不到任何动静。没有风中树叶的沙沙声，没有远处车辆的隆隆声，没有鸟儿的啾啾声，没有昆虫的鸣叫声或者孩子们的喧闹声。在那种寂静里，只有上帝陪着你。在那种白色平原的寂静里，我第一次开始为我们想要做的事情感到一丝羞愧。我们真的想要用卡车和挖掘机侵袭这份宁静，过几年却给它留下一个放射性的垃圾场吗？对于奥利安计划正确性的怀疑，像阴云一样升起，它伴随着那份寂静第一次映入我的脑海。

尽管如此，几周后我还是带着探索非裂变炸弹可能性的雄心去了利弗摩尔。我努力工作了两星期，尝试设计出一种炸弹，可以将奥利安计划产生的放射性尘埃减少10倍。那是我一生中唯——一次直接作为炸弹设计者而工作。我在那里，仅仅是因为我想探索宇宙，在我心中并没有谋杀的想法。但是我在利弗摩尔学习到，在和平的和战争的炸弹之间，或者是和平的和战争的动机之间，是很难划出一条清晰的界线的。我们每个人身上的动机都趋向于混合起来。和我在利弗摩尔一起工作的同事们当时正在发明的设备，就是后来的中子弹。我帮了他们，他们也帮了我。在两星期的时间里，我跟他们交朋友，某种程度上说，我甚至成了他们小组的一员。从这个方面讲，对于中子弹的存在，我也要负责任。在这次经历后，我再也不能坦荡地说，我们希望在奥利安计划中使用的炸弹和被设计用来杀人的炸弹之间没有任何关系。

《外交事务》上的文章的标题是"核武器的未来发展"，它被编辑热情地接收了，刊发在了 1960 年 4 月那期上。文章的论点是，永久性禁止核试验只是一种危险的错觉，因为在未来，武器技术的进步会创造出一种不可抵挡的压力，而此类禁令会被人或秘密或公开地违反。换言之，非裂变炸弹是大势所趋，任何无视或否认它们诞生权利的政治安排，都是注定要失败的。下面是《外交事务》的编辑给予了肯定的雄辩言辞中一段还算不错的例子：

让我们想象一种假设的情形，在其中，美国装备着它现在拥有的武器，同时另一个对手（不一定是苏联）也有足堪比较的核燃料，而且已经学会了如何通过非裂变方式点燃它。那么对手的炸弹就会在数量上超过我们十到一百倍，而且它们可以在步兵战争中被更为灵活地使用……

任何宣布放弃核武器开发，却不知道对手是否已经做了相同事情的国家，都会发现自己处于1939年波兰军队的位置——正在用马匹跟坦克作战。

我不能以它是我拯救奥利安计划并使之免于破灭的最后的绝望尝试来作为这次发泄的借口。很明显，原因还有更多。就我所意识到的自己的动机来讲，它是向爱德华·特勒和跟我一起在利弗摩尔工作的他的同事们表示个人忠诚的一种行为。在利弗摩尔，人们在努力设计根本上更为干净的炸弹，但这种努力之脆弱，给我留下了深刻的印象。在利弗摩尔带刺的围墙里，所有严肃的思考正由五六个有才华的年轻人完成，他们在身体和心理隔离的令人沮丧的条件下工作。他们随时可能会退出。在围墙之外，对于他们的努力，整个社会或者极为冷漠，或者怀有明确的敌意。在某种意义上讲，因为要离开爱德华·特勒并回到普林斯顿的奥本海默身边，我觉得我对特勒有亏欠，我的文章是对这种亏欠的一种心理补偿行为。我想向在利弗摩尔的朋友们表明，围墙之外至少有一个人是在乎的。

现在回想起来，很容易看出我的论证至少在四点上是错误的：技术上、军事上、政治上和精神上。技术上讲，我错误地估计了研发非裂变武器所需要的时间。现在十多年已经过去了，仍然没有看到它们的任何迹象。军事上讲，我错误地认为"战术性核战争"是使用军事力量的合理方法。从1960年开始，我参与了一些战术性核战争的详细研究，也见识过一些由专家参与的战争游戏的结果。所有证据让我相信，任何两个核国家之间的战术性核战争，会很快蜕变为无法控制的混乱，只能以立即停火（如果我们运气好的话）或者升级成战略性打击（如果我们运气不好）来结束。任何情况下，最初冲突的一方或双方的非裂变武器的存在与否，都不会对战争的结果有什么影响。

政治上，我错误地宣称以禁止核试验作为停止非裂变武器研究的方法肯定是无效的。一个完全的核试验禁令，至少可以让我们这边对这些武器的开发停止下来。如果知道我们这边已经停止研制它们且不认为它们在军事上是重要的，那么另一方会认真研发它们的动机也会极大地削弱。另一方面，能够确保我们的对手很快就能掌握这些武器的一个方法就是，我们自己研发和部署它们。

精神上来说，我错在毫不怀疑地接受了给我们自己的战士提供新型武器的道义性。越南已经教过我们，我们的武器并不总是被聪明地使用。尽管有我们在越南犯下的所有错误，但我们至少避免了在那里使用核武器。在越南，如果我们的战士被提供了小型非裂变核武器，在危急时刻允许使用这些武器的压力就会很难抗拒。后果可能就会简单地成为越南的灾难，它比我们看到过的那些灾难大得多。

现在看起来非常明显，《外交事务》上的这篇文章是带着虚假的阿谀奉承，是抢救不堪一击的立场的孤注一掷的尝试。不过令人吃惊的是，在我将文章提交给《外交事务》之前，我曾把它给我认识的两个最聪明的人——罗伯特·奥本海默和乔治·凯南（George Kennan）——看过，请教过他们的意见。乔治·凯南在结束外交官的杰出生涯后，已经成了一名历史学家和我在普林斯顿高等研究院的同事。奥本海默和凯南都读过这篇文章，而且鼓励我把它发出来。也许，毕竟，哪怕我们中最棒的人，现在也比1960年时的我们要聪明一些。

　　在文章发表之后，奥本海默很快就改变了主意。像往常一样，他写信给我，引用了匈牙利的一句谚语，神秘地对我说："仅仅不礼貌是不够的；你必须还是错的。"

　　到那个时候，我终于成了美国公民。公开放弃对伊丽莎白女王的忠诚或许是一个困难的决定，但是女王的外交官员们使得这个决定变得简单了。女王的外交部的一位女官员裁定说，根据英国法律，我的孩子们是非法的。因此他们不是英国应该处理的问题，他们不能得到英国护照。作为她的裁定的后果，我家里有段时间包括了五个不同国籍的人——一个英国人、一个德国人、一个瑞士人、一个美国人和一个无国籍人士。带着一个无国籍的孩子在欧洲旅游可不是闹着玩的。所以当我去特伦顿（Trenton）法院说出那些神奇的话，将我从对任何外国王子或君主的依赖关系里解脱出来时，我大感宽慰。不管是不是混蛋，美国至少给我的孩子们发护照。

　　作为一个新美国人，我很快就行使了公民权，在美国科学家联盟（Federation of American Scientists）里变得很活跃。那是一个因众多良好初衷而在华盛顿建立的政治组织。该联盟有一个由丹尼尔·辛格（Daniel Singer）负责的华盛顿办公室，他是联盟聘请的一个律师，头衔是总顾问。辛格那个时候兼职做的工作就是现在杰里米·斯通（Jeremy Stone）全职在做的。1960年，我被选入联盟委员会，并从辛格那里接受了关于国会政治的细致问题的教育。我的《外交事务》文章给我带来了军事不妥协者的名声，辛格非常欣赏这件事情。他说，联盟的主要问题是，它的发言人们通常都是些声名狼藉的自由主义者，因此他们意见的价值就被先入为主地打了折扣。

1961年联盟在努力促成国会通过一项法案，以建立美国政府的一个新部门——军备控制与裁军署（Arms Control and Disarmament Agency，简称："ACDA"）。肯尼迪试图一当上总统就建立ACDA，他认为这个部门可以帮助他进行武器控制和裁军方面的谈判，它会让谈判风格比以前更专业和随意性更少。但是他很难让国会批准建立ACDA。在国会因为9月的停摆即将休会的前一天，ACDA法案仍然没有在参议院获得通过，看起来它很可能连获得投票的机会都没有了。绝望中，辛格看了一眼联盟成员的名单，试图找到一个参议院保守派能够听得进去的人名。他发现了赫曼·卡恩（Herman Kahn）的名字，他的书《热核战争》（*Thermonuclear War*）最近刚刚出版，这使得他作为军事不妥协者的名声比我的还要有保证。辛格给卡恩打电话，问他要不要来华盛顿拯救 ACDA 法案。卡恩自己就是个专业的武器控制者，他认为 ACDA 是必要的。他在最后时刻来到参议院委员会面前，用大多数保守派议员都能够理解的话为 ACDA 辩护。法案通过后，参议员们奔向了他们的飞机。

1962 年初，ACDA 仓促成立。科学和技术局的领导是弗兰克·朗（Frank Long），他是一个从康奈尔大学招入的化学家。不知怎么做到的，朗在几个月之内就召集了一群有能力的科学家。他觉得在他的部门里提供一些临时的夏季职位会是一个很好的主意。如果夏天来的人没有能力，那么也不会有什么害处; 如果有能力, 就可能被劝说留下来。丹尼尔·辛格问我是否乐意申请一个这样的夏季职位。在和朗进行了面试后，我被录用了。所以 6 月我就去 ACDA 工作了。我在那里干了两个夏天，1962 年和 1963 年的夏天。1963 年之后，部门里已经有了足够多的正式员工，不再需要临时工了。

1962 和 1963 年的 ACDA 是一个开心的工作场所。这个部门具有一个政府部门的地位，但是只有大概 50 人。在科学和技术局，只有 10 人。我们还没有时间变得官僚化。我们待在原来的美国国务院大楼底楼的老式办公室里。每天早晨，过去 24 小时的外交电报复印件会在我们中间被传阅。发现躺在窗子旁边某人桌子上的电报会被沿街的路人轻易看到，我有时会感到紧张。这座大楼可以追溯到亨利·史汀生做国务卿的时候。那时他反对美国建立一个密码部门来破解敌方密码，"绅士们不读彼此的信件。"史汀生说道。照这个标准，我的同事们和我都不是绅士。每天早上，我们享受着各种最新的流言蜚语，诸如苏联党书记有婚姻问题，或者某重要外交官的女儿被发现醉死在巴黎街头。少数电报会严肃一点，它们会讨论进行中的谈判的细节。

1962年夏天，ACDA的主要工作是准备两个谈判的立场问题。它们分别是和苏联的禁止核试验谈判以及由联合国组织的18国裁军联盟的裁军谈判。老手们都知道禁止核试验谈判是来真的，而裁军谈判只是宣传上的演习。许多年轻的职员都希望可以加入禁止核试验的紧要问题中。弗兰克·朗知道我对于禁止核试验没热情，于是就建议我花两个月的时间学习裁军这个更长远的问题。他想让我看看，美国代表团到底是不是有机会推动18国联盟做一些有用的事情。

和18国联盟的主要问题在于，苏联代表谈论的是"普遍彻底的裁军"，而西方国家的代表谈的却是有限地个别地削减武力。为了看起来像是在回应苏联的提议，美国提出了自己的关于分阶段进行普遍和彻底的裁军的计划。按照我们的计划，必须圆满完成了第一阶段，才能进行第二阶段。大家都知道第二阶段和第三阶段完全是愚蠢的想法。

哪怕我们能够进行到第一阶段末，也已算是一大奇迹了。

　　ACDA 中严肃对待普遍彻底地裁军的一个人是路易斯·索恩（Louis Sohn），他是哈佛国际法方面的律师。我频繁地和索恩聊天，学到了很多东西。他当时正在宣传称为"区域性裁军"的计划，这是他提供给苏联和西方国家的一个很好的妥协方案。区域性裁军的规则如下：每个国家必须将自己的领土划分为一定数目的区域。在每年初，其中一个区域必须对国际调查员开放，调查员负责监督该区域内的裁军以及销毁被发现的所有武器。被开放区域的选择应该由敌方决定或者随机抽取。所以每个国家要想获得优势，必须在它的区域内平均分配武器。还有其他多种特殊的规则来处理首都和特有的军事设施。这就是"索恩计划"，那个时候它在自由主义知识分子圈里是很流行的。

　　我在 ACDA 所做的第一批工作中，有一个就是设计出不同的索恩计划，我称它们为"地理渐进式裁军"。在我看来，索恩将裁军变成两个人的游戏有点太逻辑化了，它更适合学术界的博弈论专家，而不是实际世界中的政治家。所以我通过去掉了博弈论的特点来将索恩的计划简化。地理渐进式裁军要求每个国家将它的领土划分为等面积的许多区域。每年初，其中一个区域会被开放，接受检查和去军事化，不过选择哪个区域由领土的所有者决定。通过这种方式，我希望对于苏联的敏感性来说，国际检查会变得不那么有侵略性和令人讨厌。在检查员来检查之前，每个国家都有充足的时间从一个区域里将军事上敏感或者政治上尴尬的东西挪走。脏亚麻布可以被秘密地洗干净，墙上的血迹可以被刷掉。我跟索恩讨论了我的计划的细节，然后将它写在一份正式的 ACDA 备忘录里。我自豪地将它交给弗兰克·朗，作为我对裁军问题的解决方案。它在 ACDA 的档案里消失了，再也没有人看到过它。

　　1961 年和 1962 年，美国和苏联爆炸了比以前更多的炸弹。它们中的许多都是百万吨级的，放射性尘埃的辐射在整个北半球令人惊恐地增长。一个宁静的夜晚，我坐在 ACDA 的办公室里，收集着有关试验的信息。在一张图纸上，我画了一幅简单的图表来显示正在发生的事情。从左到右我画上 1945 到 1962 年的时间。对应着每年，我垂直地画上了从 1945 年到那年所爆炸的炸弹总数。一画完图表，形势就变得明朗了。累计炸弹总数的曲线几乎是一条完美的指数曲线，从 1945 年直到 1962 年，每三年翻一番。对于这个每三年翻一番，有一个简单的解释。那就是设计和进行一次核弹试验差不多需要三年。假设每个完成的核弹试验都会引出两个新问题，需要在三年之后的两次新的核弹试验中解决，那么指数曲线就得到了解释。发现了关于核弹试验的这个深刻事实后，我准备好作出结论了。一些问题仍然悬而未决。不过某个时候，我们必须停止。那个晚上，我第一次承认了禁止核试验是不可避免的。

　　7 月 4 日是美国国庆节，我与妻子及两个最小的孩子去白宫后面的伊利珀斯公园（The Ellipse）观看焰火表演。一大群人在那里，大部分都是黑人，他们坐在草坪上等待表演开始。我们坐在他们中间。我们的孩子很快就跟着其他人一起到处跑了。然后焰火表演开始了。在官方的焰火表演结束之后，观众们可以燃放自己的焰火。大家似乎都带了一些来。黑人孩子们拿着小火箭筒，或者轮转焰火，或者闪烁焰火。在焰火燃放的时候，他们兴奋地叫着喊着。只有我们的孩子伤心地默默坐着，因为我们没有给他们带任何东西。不过突然，一个黑人小孩走上前来给了我们孩子一把闪烁焰火。他们一起开心地玩了起来。正是那个时候，而不是特伦顿的典礼，成了我的公民身份的真正开始。正是那个时候，我确切知道，在美国我们就是在家里。

1962 年夏天在 ACDA 的后半段时间，我对苏联的政策和态度进行了广泛的学习。弗兰克·朗认为，花几周时间读一下苏联的文件，会让我对裁军问题有一个更实际的认识。从弗兰克·汤普森那里，我继承了对于俄语的持久热爱和可以足够流利地阅读俄语的能力。在 ACDA，我发现了非常好的原始材料收藏，包括俄文报纸及军事和政治出版物。而且，雷蒙德·加特霍夫（Raymond Garthoff）在那里，他是一个苏联政策研究专家，可以帮助我在成堆的文献中筛选出我想要的。我想进入苏联领导人的内心，通过他们的眼睛看一下世界；然后我或许就可以给 ACDA 提供一些跟他们相处的有用指南了。

首先，我读了我能得到的赫鲁晓夫（Khrushchev）的全部言论。我发现了赫鲁晓夫的宝贵之处。和其他苏联官员不同，他说话发自内心。没有任何受雇的演讲写作者敢写他所讲的那些事情：经常是不连贯的，经常是夸夸其谈的，却也是令人吃惊的人性化和私人化的。我有一种很强的感觉，这是历史上独一无二的时刻，一个如此开放和异想天开的人统治着俄罗斯。如果我们不赶快用他能够明白的语言和他就一些基本事项进行谈判，机会稍纵即逝，永不再来。

我对苏联文化的研究说服了我。在第二次世界大战中，传统的军事力量——步兵、坦克和枪支等——给苏联人带来了胜利。对于保持这种传统优势，苏联人是完全严肃的。对于民防系统，他们是认真的。它被组织成了公民体育和训练运动（DOSAAF）的一个主要活动，而 DOSAAF 对于保持平民和军队之间的团结是非常重要的。对于主导美国人思维的高端科技武器，他们却没有同等程度的重视。赫鲁晓夫投了大量的钱去研发一个配有巨大雷达、能远程拦截火箭的反弹道导弹系统，不过他并没有真正在乎这个东西是否有用。成本效率这回事，固然是我们思考的核心所在，却根本不在他的世界观里。我们的专家和政客担心苏联的秘密武器，他们争论说，如果苏联的 ABM 系统真的像它看起来那样毫无作用的话，赫鲁晓夫就不会建造它了。我更了解这件事情。赫鲁晓夫曾经说过他想给公众拍摄一段他的 ABM 系统的试验视频，不过他的顾问团劝他不要这么做。赫鲁晓夫很明显是在考虑将这个武器作为政治典范，而顾问团更多的是在认真地担心它作为军事系统的不足。

赫鲁晓夫的 ABM 系统，只是苏联的一个传统的最新范例。这种传统就是通过虚张声势来防御，出于政治及心理目的开发军事价值可疑的先进武器。在苏联，20 世纪 30 年代公开展示过大规模空降，20 世纪 50 年代公开展示过高等喷气式轰炸机。将第一颗苏联洲际导弹迅速转变成人造地球卫星的助推器也属于同一传统。在每个例子中，苏联都抓住新武器提供的机会，给人制造出一种力量强大的深刻印象。其实，被展示出来的武器都是雏形，但是却给了公众它们都是批量生产的假象。苏联的领导人不用真的撒谎，就可以夸大他们的优势，转移对他们的劣势的注意力。在苏联，严格的内部保密的存在，使得这样的策略成为可能并具有效果。

1962 年秋天，我在 ACDA 工作的两个夏天中间，赫鲁晓夫因尝试在古巴部署核导弹而震惊世界。以我对赫鲁晓夫性格的了解，这个冒险是他没有严肃对待先进武器的另一个例子。他可能从纯政治的角度考虑了导弹，用它来展示苏联的强大实力，并借此给他的古巴同盟以政治支持。他没有意识到，肯尼迪会将这次导弹部署看作一次针对军事对策的军事行为，然后使用军事途径挫败它。导弹危机过去了，所有能够正确思考的美国人都认为，肯尼迪对这件事情的处理是高超而英勇的。哪怕我在 1962 年夏天就知道 10 月份会发生什么，我也不指望能够劝说 ACDA 的高级官员们接受我的意见，从而认为古巴的导弹只是典型的通过虚张声势进行的苏联防御战，肯尼迪根本不必被迫摧毁它。

夏天结束的时候，我写了一份备忘录，总结了一下我所学到的关于苏联 ABM 系统的知识，并建议美国的官方回应迅速调整。我说，以前对苏联通过虚张声势进行的防御，美国的反应都很愚蠢。我们没有想明白，面对虚张声势的防御，比面对一种真正的军事防御，对我们来说更有利——哪怕我们的智力水平还没有高到可以区分其间的差别。例如，1960 年，当苏联仍然用导弹进行恫吓的时候，我们却占据了攻击性导弹的优势地位。但是利用对 U-2 照相结果的公开声明，我们却极尽明显地摧毁了苏联的导弹恫吓，这就迫使苏联用真正的导弹力量代替了那些虚构的。对我们来说，让苏联人继续虚张声势，会更理智一些。

对于将来，我坚决主张美国应该竭尽全力维持和加固苏联 ABM 的虚张声势。我们应该尽力阻止美国国防部部长作出苏联系统无效性的大声的公开声明。我们不应该挑战赫鲁晓夫对这个领域的技术优势的声明。在我们跟苏联的谈判中，我们应该只寻求限制对我们有威胁的攻击性武器，而避免禁止它部署 ABM 系统。按照我们以前的行为模式，如果我们说服苏联领导放弃他们的 ABM 系统，我们就会逼得他们把巨量的技术资源，从无害的恫吓式防御转移到危险得多和军事上有效得多的武器系统上。

我将我的第二份备忘录——题为"美国对苏联弹道导弹防御的反应"——交给了弗兰克·朗。对于苏联的行动和动机，这次我做了精确的估计。但是我完全忽略了朗主要关注的另外一半世界。我也忘记了美国国内政治。我怎么能要求国防部部长麦克纳马拉（McNamara）站在国会面前表扬苏联的 ABM 系统呢？如果他这么做了，倾听者会立刻抓住话柄，把他的说法看成是肯尼迪政府对放任苏联人领先于我们这一疏忽罪行的招供。和第一份备忘录一样，我的第二份备忘录也消失在了 ACDA 的档案堆里。

在普林斯顿待了一年之后，1963 年夏天，我回到了 ACDA。氛围完全变了。禁止核试验谈判的最后阶段正要在莫斯科开始。ACDA 正要展开行动，它需要各种帮助来打赢这场迫在眉睫的战争。我很高兴地将对苏联战略思想的长远分析放在一边，加入了禁止核试验的队伍。弗兰克·朗和其他一些 ACDA 的高级官员去了莫斯科，他们要帮助埃夫里尔·哈里曼（Averell Harriman）进行签订条约的谈判。那些留在 ACDA 的人们的工作，是准备战斗的第二阶段的立场，也就是为美国参议院正式批准合约而进行斗争。

在条约签订前不久，我有了一个小小的光荣时刻。谈判中最棘手的问题之一是，在大气核试验的禁令中，是否应包含平静的核爆炸。美国谈判团的立场是平静的核爆炸应该被允许。苏联人说不，而且拒绝让步。美国人的立场，是要想方设法从强烈支持犁头计划（Project Plowshare）的参议员那里赢得正式批准的投票。犁头计划是利弗摩尔的一个旨在利用核炸药挖掘运河和海港的项目。但是苏联人宣称犁头计划只是在另一个名头下继续进行核武器试验的托词。谈判因此停滞了许多天。哈里曼给华盛顿的肯尼迪打电话："我想如果我在这个问题上让步的话，我们是可以达成协议的。"所以，肯尼迪拿起电话询问威廉姆·福斯特（William C. Foster）——别人是这么告诉我的——是怎么想的。福斯特是 ACDA 的主任，他说他想跟他的专家们讨论一下。福斯特就给 ACDA 科学和技术局打电话，他和艾尔·魏德曼（Al Wadman）进行了交谈，后者是我们局的一个职员。那是下午很晚的时候了，大部分人都回家了。魏德曼和我是办公室里仅剩的人。魏德曼走上前来，问我是否觉得我们应该坚持平静的核爆炸。我是 ACDA 中唯一一个在利弗摩尔待过的人，知道关于犁头计划的一些第一手信息。那个时候，我更多的是在想奥利安计划而不是犁头计划。我告诉魏德曼："我们当然应该让步。"魏德曼打电话给福斯特，然后福斯特打回给肯尼迪，电话最终回到哈里曼那里，条约签订了。

对于发生了的事情——尽管它恰好是对的，这个故事给了人一个错误的印象。毫无疑问，肯尼迪肯定也给福斯特之外的人打过电话，而福斯特肯定也给魏德曼之外的人打过。而且我确信，哪怕我给魏德曼一个不同的答案，条约仍旧是会被签署的。条约已经在历史的子宫里待了很长时间，是时候出生了。我们只是助产妇。

两天后，我在华盛顿和特德·泰勒见面，告诉他我已经签署了奥利安计划的死亡许可。特德平静地接受了这个消息。他也是在一段时间之前就知道，他为保住奥利安计划所做的五年抗争，正在不可避免地走向终结。

我下一次为 ACDA 服务是去会见犁头计划的负责人——他人在原子能委员会总部。我是和魏德曼一起去的，我们的目的是想从计划负责人那里搞到一份书面声明，声明按照条约签署的条款，他的项目是否还可以继续进行。计划负责人面临着一个令他郁闷的抉择。如果他说是的，那么他就在帮助批准这个条约。如果他说不是，而条约在没有他支持的情况下仍然被批准了，那么他的项目就有可能被关闭。官僚政治是一个肮脏的游戏，哪怕是好人赢了的时候。我们让他如坐针毡，而他也知道这点。他最终说是的，我们就带着他的声明凯旋了。

8 月底，批准条约的听证会在参议院外交关系委员会（the Senate Foreign Relations Committee）面前开始了，委员会主席是参议员福布莱特（Fulbright）。爱德华·特勒雄辩地反对条约。我受邀出庭作证支持这个条约。这次我不是作为 ACDA 的雇员说话，而是作为一个代表美国科学家联盟的公民个人。丹尼尔·辛格和福布莱特委员会关系很好，他安排了这次邀请。他认为，如果我——敌方阵营的一个叛变者——出来作证的话，会比联盟里一个从一开始就一直在为禁止核试验战斗的坚定分子更有效。

我运气很好，我可以在美国劳工联合会主席乔治·米尼（George Meany）之后发言。看来大批参议员是来听米尼发言的，他们中的大部分也就留下来听了我的发言。米尼代表 1 500 万投票者发言，而我只代表两万人。米尼的表现令人激动，他花 15 分钟强烈批评了苏联人，描述了诚实的美国劳动者对不诚实的共产主义谈判者的蔑视和不信任。然后，就在讲话的最后，他开始妙语连珠。他说，但是，诚实的美国劳动者也得为他们的妻子和孩子着想。他们必须保护妻子和孩子，让他们免受作为炸弹试验后果从天而降的毒药的伤害。所以为了他们的妻子和孩子考虑，尽管他们对共产主义者不信任和蔑视，诚实的美国劳动者支持这个条约。

那是一个很难与之比肩的演讲，不过我也做了我的短篇演讲，而参议员们也听得很认真。我简要解释了我在 ACDA 和通过与苏联科学家接触而了解到的关于苏联社会本质的东西。我阐述了如果该条约得不到批准，它会对苏联当局内部相信和平共处的人们造成何种灾难性影响。演讲结束的时候，参议员福布莱特问了我一个问题——他知道我的答案会是什么，当赫鲁晓夫说"我们会埋葬你"的时候，他究竟是想说什么呢？我回答道，在苏联，这句话通常被用作"我们会在这里庆祝你的葬礼"的意思。它仅仅表示"我们会比你长寿",并没有任何谋杀意图。

在参议院作证之后那天,我又放下ACDA的工作休息了半天。从国务院大楼开始,我漫步到了几个街区外的宪法大道。在那里,另外一种历史正在被缔造。来自美国各地的黑人正在那里游行。25万人的游行。不过很安静。没有音乐,也没有跺脚声。我走到大道尽头,游行队伍正在那里集合。我跟上他们,一起游行到了林肯纪念堂。每个小队的人都举着横幅,上面写着他们来自哪里。偶尔,当来自一个真正艰难地方的队伍经过时,人群里就会发出欢呼和叫喊声。这些地方,伯明翰、阿拉巴马、奥尔巴尼、爱德华王子郡和弗吉尼亚,是早期自由战士们的战场。从遥远南方来的人都非常年轻,几乎就是孩子。偏北点的人年长一点,许多是丈夫带着妻子,或者是工会成员被他们的工会带到华盛顿来。那些日子里,在如火如荼进行着人权斗争的南方城市,负有家庭责任的黑人是担不起风险的。所以从最艰难的地方过来的只是年轻人。

这些从南方战场来的孩子们,大部分从未离开过家乡。他们一直都是在独自作战,从未有人为他们喝过彩。他们也从来不知道自己有这么多朋友。他们唱着自由之歌,北方的人们听着。他们跳着舞,唱着歌,脸色红润,眼睛里充满活力,看起来就像是未来的希望。

从两点到四点,黑人领袖们在纪念堂前发表了演讲,身后巨大的林肯像就在他们头顶。只有詹姆斯·法默

（James Farmer）没有讲话，作为替代的是，他从路易斯安那的一个监狱寄来了一封信。马丁·路德·金就像《圣经·旧约》中的先知一样做了演讲。我和他离得很近，我也不是在场的人中唯一落泪的。在向我们描绘他对于和平与正义的期待时，他一遍又一遍说"我有一个梦想"。在那晚写给家人的信里，我说："我时刻准备着为他坐牢。"那个时候我并不知道，我刚刚听到的是人类历史上最著名的演讲之一。我只知道我听到了最伟大的演讲之一。我也不知道马丁·路德·金五年之内就要死去。

很难找到比乔治·米尼和马丁·路德·金更不同的两个人了，一个是来自布朗克斯（Bronx）的管道工人，一个是来自亚特兰大的年轻预言家。但是和他们之间的共同点比起来，他们之间的不同就没那么重要了。两个人都很坚强。两个人都通过为他们的人民争取正义而成为领袖。两个人都相信未来，相信孩子。两个人都按照自己的方式做了调停者。

2.9　防御的伦理

　　一方面是耶稣、甘地和马丁·路德·金所宣扬和践行的非暴力主义，另一方面则是氢弹的疯狂和我们今天要与之忐忑相处的相互保证毁灭（Mutual Assured Destruction）主义。如果要去选择，任何神志正常的人怎么会不去选择非暴力的道路呢？当我 15 岁的时候，也就是我的宇宙统一体时期，我做过一次这样的选择。那时选择似乎是简单的。我宁可为甘地而死，也不会为了丘吉尔而战。自那以后，事情就再也不简单了。1940 年，法国合作者们选择了非暴力的道路，他们与希特勒讲和。数年之后，欧洲的犹太人在奥斯威辛（Auschwitz）平静地走向死亡。看到了在法国发生的事，我认定，为英国而战终究是更好的；看到了在奥斯威辛发生的事，幸存的犹太人认定，为以色列而战是更好的。非暴力常常是智慧之路，但并不总是。仁爱与消极抵抗对于应对某些种类的暴政是有效的武器，但并不是对所有暴政都有用。当部落的生存受到威胁，一种自我保存的使命迫使我们使用子弹和炸弹来反对部落的敌人。如果面临的是生存问题，作为一种武器，消极抵抗就太慢和太具有不确定性了。

　　假如部落使命允许其成员出于自卫需要而配备武器，这是否就使得相互保证毁灭的逻辑变得可以接受了呢？相互保证毁灭的战略引导美国和苏联生产了大量攻击性的核弹和导弹——其数量足以把两个国家的城市和工业摧毁好几次，同时这战略又使我们故意否认防守的可能性。历史地看，这种战略发端自20世纪30年代的战略式轰炸的教条，后者在1939—1945年的对德战争中被证明是错误的，可不幸的是，在对日战争中，它却获得了一种虚假的成功。相互保证毁灭的基本思想是，灾难性报复的确定性会阻止任何人去发动一场核战争。确实，对于任何冷静、理性并稳固指挥其武装的人来说，这种确定性确实会起到阻止作用。但是，如果某人并不冷静、理性，也不能稳固指挥，则又当如何？那么我们就要仰仗运气来作最好的期望了。如果我们的运气很糟，我们的导弹就飞起来，去执行史无前例的对无辜人民的最大杀戮。我从来不会接受这种事情，也永远不会接受，无论是从伦理上还是从必要性上，都是如此。

在非暴力主义和相互保证毁灭的战略之间，必定有一处中庸之地可供理性的人们立足栖息。这个位置允许出于自卫去杀人，但是禁止滥杀无辜。这样一块中庸之地，我已经寻寻觅觅了40年。我不敢说我已经找到，但我想我粗略知道它的方位。我取为立足之地的，是攻击和防御以及所有武器的攻击性使用和防御性使用之间的尖锐的道德区分。这种区分常常难以作出，而且总是带有争议。但它是真实和本质的，至少其主要含义是清楚的。轰炸机是坏的，战斗机和防空导弹是好的。坦克是坏的，反坦克导弹是好的。潜艇是坏的，反潜技术是好的。核武器是坏的，雷达和声呐是好的。洲际导弹是坏的，反导系统是好的。这个道德倾向性的列表，断然和主导我们的政策达40年之久的战略思考相背离。也正因为它和我们接受的教条相左，它才提供了一种实际的希望，使我们可以从被诱而深陷其中的陷阱里解脱出去。

每一个军人都会就这些道德区分进行争辩，他可以引用"进攻是最好的防御"的军事格言。在许多情形下，军人的反对可能是正当的。常常真实的是，最好的反坦克武器就是坦克，最好的反潜艇武器就是潜艇。每一种情形都应该据其自身特点个别检验和加以判断。但是从更大的视角看，在这种道德要求和实际的军事操作之间，并不存在基本的不相容。进攻是最好的防御，应该作为一种战术规则，而不是作为一种战略规则。对于一个营长指挥一场局部战役，它是个好规则，但是对于一个规划战争的总司令，情况就并非如此了。正是将这一规则从战术外推到了宏观战略的领域，拿破仑和希特勒才走向了灾难。所以，防御性和攻击性武器的道德差别，并不排斥在一场局部的反侵略战斗中使用坦克和飞机。而出于基本的侵略目的去打造由坦克和飞机组成的庞大的战略性力量，则应该被禁止。最重要的是，应当禁止诸如洲际导弹和装载导弹的核潜艇之类的纯战略攻击性武器，因为很难想象它们能够承担什么真正的防御性任务。

简单说，那就是我的道德立场。我相信，如果一个职业军人忠诚地认可以其技术保家卫国的重要性，这种道德立场和他的伦理并无冲突之处。不幸的是，它和那些把我们带到相互保证毁灭的道路上的平民科学家以及战略家的强硬观点冲突了。这些科学家使政治领导人和公众相信，攻击性武器上的霸权是一种无可改变的科学事实。他们使得攻击性上的霸权变成了一种教条，而科学上无知的门外汉则没有权利进行挑战。他们争论说，因为攻击性上的霸权是不可改变的，所以相互保证毁灭的战略是还向我们开放的少数几个沉闷的选择方案里最好的一个。但是他们的基本教义事实上是谎言。所谓防御现代武器没有可能，这并非事实。防御是困难的、昂贵的、沉闷的、复杂的、没有戏剧性的、不可靠的。但它并非毫无希望。如果我们将政治决策从进攻主导型战略转向防御主导型，如果我们将武器的购买、研究和发展以及外交手腕重新调整到最终放弃攻击性武器的方向上，并没有什么物理或化学的规律阻止我们这样做。我们滑进相互保证毁灭的陷阱，只是因为我们缺乏从中逃脱的意愿和道德勇气。

为什么我们的科学战略家们变得如此狂热于攻击性霸权的教条呢？我的同行们在智力上的傲慢必须承担很大一部分的责任。防御性武器不像氢弹那样是从卓越的物理学教授的头脑里产生出来的。防御性武器是在工业实验室里由工程师小组们费劲地发展出来的。防御性武器在学术上不受人尊重。没有人会用罗伯特·奥本海默用来描述氢弹的句子去形容反导系统。防御在技术上不是甜蜜的。

我们所面临的形势的最悲剧性的方面是，在转向防御性战略方面，1962年要比现在容易。我所支持的防御性战略，与1962年在军备控制与裁军署（ACDA）的苏联文献中记载的战略相距并不遥远。如果那个时候我们就转变过来的话，苏联一方无须激烈变动就能将这种转变变成双边的。赫鲁晓夫在发展苏联反导系统上着力甚巨，但他部署的洲际导弹数量很少。我们曾经有一个机会去向赫鲁晓夫提议，美苏双方都将攻击性力量限制到一个很小的数量，同时允许双方自由部署防御体系。这样的防御体系，会及时使双方有限的攻击性力量变得无效。那时候的赫鲁晓夫，在防御性武器方面超前，但在攻击性武器方面滞后，他或许会接受这样一项提议。我们错过了一个机会，它再也不会有了。

1962年秋天，我去英国参加了一次帕格沃什会议（Pugwash meeting）。帕格沃什会议是科学家们的国际集会，他们齐聚一堂，以一种友好又非正式的方式讨论政治和战略方面的事务。与会的有不少苏联人，其中一些拥有渊博的政治知识，和他们的政府也有密切的联系。一个苏联人，虽未明言，却强烈暗示，当他回国之后，会把我们的结论以私人方式报告给赫鲁晓夫。苏联人知道我为ACDA工作，但是他们错误地把我假定成一个可借以向我们的政府传递信息的良好渠道。在私下谈话中，他们用一种懊恼的语调和我交谈，期望我让美国政府理解眼下形势之急迫。他们说，苏联很快就会作出重大决策，它会使军备竞赛更加难以控制。他们要我理解，如果在我们的有生之年还有什么有意义的裁军协议的话，它必定是在现在，否则永不会有。我毫不怀疑，他们知道苏联组建巨大规模攻击性力量的计划行将开始——其真实规模我们只是在多年以后才了解。不幸的是，我没有机会把他们的信息以私人渠道传递给约翰·肯尼迪。我和在 ACDA 的朋友提及它，但是他们并没有认真对待。当我次年夏天回到 ACDA 的时候，我们都全神贯注在了禁止核试验上。

禁止核试验协定是一种灾难性的三心二意。在那个短暂的肯尼迪—赫鲁晓夫时代，双方都有考虑核裁军大动作的政治机会和意愿，但是身担其责的人们没有时间去考虑裁军，因为他们太忙于禁止核试验协定了。最终，我也爬上了禁止核试验协定的大花车，错过了进行逆转军备竞赛趋势的严肃努力的机会。反思 1963 年夏天对于改变历史进程来说为时已晚，这不过是某种微渺的自我安慰罢了。在 15 个月内，肯尼迪就要死去，而赫鲁晓夫就要不情不愿地下台了。

在真实世界里，在一个人类及众多民族需要生存下去的世界里，关于武器的最重要的问题是如何使用武器。武器的使用比武器的生产重要；武器的生产比武器的测试重要。除了偶尔的放射性尘埃沉降物，武器的测试对人类事务的影响很小。如果我们认真地控制或废止大规模杀伤性武器，我们的优先级应当是：使用、生产、试验。在 ACDA 和肯尼迪时代的外交中，这个优先级是整个倒过来的。我们稀缺的政治资金被整个花在了禁止核试验协定上。几乎没有注意力被放在核武器如何部署和使用上。然而，在真实世界里，军备竞赛是由战争计划和部署驱动的。在控制核武器上我们从未成功的基本原因在于，我们从来没有抓住武器使用这个把手。

1959 年，乔治·凯南写了一篇文章，题目是《反思我们当下的国际形势》。比之于我在那个时期读到的任何其他作品，该文都包含了更多智慧。凯南清楚地知道应该做什么。他理解，在有望从技术路径上成功控制军备竞赛之前，我们首先需要改变我们对于武器使用的概念。他已经把一生的更多精力花在了正式和苏联打交道上，他理解苏联社会的复杂性。肯尼迪任命凯南为南斯拉夫大使，在更大的事务上，他不听凯南的意见。

下文是凯南的信息的要点：

相信我，这种对不加区分的大规模杀伤性武器的热衷——在这些年，它已主导我们的战略思考，也在更加主导我们的政治思考——代表了某种最致命和无望的病态专注。你找不到任何真正的人类问题的积极解答会是这种样子的……

因此，我的问题是：我们还没有受够吗？……让我们记住，俄国人从一开始就支持废弃这种性质的武器——这是有案可查的……我假定除非他们自己做了这事并且允许足够多的检查设施，否则我们不会做同样的事情。但是即便在那个时候，我们是否就有意愿去做？我已经提到过我们对传统武力的疏忽，这种疏忽伴随着我们对核武器的日益关注。这种伴随的传统武力上的弱势，就我理解，已经成了对所谓首次使用核武器原则的承诺：在任何严重的军事冲突中，无论核武器是否首先用于对付我们，我们都会使用它。当然，这依赖于我们的如下信念——在那些根本没有使用核武器的场合，我们可能没有能力去恰当地守护好我们的防线。

就废止核武器进行有希望的磋商，或者确实是为了拥有一种自洽的国家防御战略，为了把我们放到一个有利的位置上，我提议我们的当务之急是，我们自己放弃这种灾难性和致命的首先使用核武器的原则。显然，这意味着更多地加强我们的——以及我们的盟友们的，让我们如此期许——传统武力。我知道，这是个令人讨厌的命题。这事，无论如何，完全还在我们的能力范围之内，现在缺乏的仅仅是意愿。

1961 年 2 月 4 日，美国科学家联盟委员会在纽约召开了一次会议。在同一天下起了暴风雪，普林斯顿电力中断了。与妻子就着烛光吃完早饭后，我在雪地里闯出一条路去纽约开会。被一英尺积雪覆盖的纽约突然之间变得和善而美丽。联盟委员会会议就首先使用核武器的原则进行了长时间的认真探讨。最后我们一致通过了如下决议：

我们敦促政府决定并公开宣布，美国会把在任何情况下不首先使用任何核武器作为永久性政策——除非回击其他国家的核攻击。我们敦促，美国的战略计划和军事部署应尽快与不首先使用核武器的总体政策相协调。

这个声明，就我所知，是对凯南的诉求的唯一公开回应。次日，报纸上充斥着和暴风雪有关的故事。关于不首先使用核武器，没有人印刷过一个故事。联盟委员会从未使不首先使用核武器成为一个具有新闻价值的政治问题。公众不想考虑不首先使用核武器。公众甚至完全不想去考虑核武器的实际使用。

在 ACDA 的两个夏天，在许多场合，我都试图说服我的上级，他们至少应该花一些注意力在首先使用核武器政策对武器控制的可能影响上。我被断然告知，这不是我们该管的事。那个时候，首先使用核武器的政策深深嵌在北约组织的架构中，所以在权限上，它属于国防部，而不是 ACDA。我们 ACDA 的人，倘若要通过质疑国务院政策的智慧来对抗它，真的负担不起这种责任。如果要就首先使用核武器的政策问些很棘手的问题，我最好游离到 ACDA 之外去，到其他什么地方去做这事。

肯尼迪死后，越南战争的年代到来了。首先使用核武器在那时甚至有了更加令人恐惧和马上会发生的可能性。

在那些年，我偶尔听到政府官员们讨论这个话题。某一次这种会议上，官员 X 向我们解释美国的首先使用核武器的思想，他活脱脱就是个毫无想象力的奇爱博士（Doctor Strangelove）。他散发传阅一份叫作"可能使用战术性核武器的情形"的备忘录的复印本。这份备忘录没有加盖机密章。"情形"列表上的第一条是，"遏制中国入侵，同时尽量不意外将俄国卷入"。官员 Y，坐在听众中，潦草地写了一张便条悄悄递给我："换言之，核攻击东方佬，礼待白人。"官员 Y 是国防部里在整个越南战争期间都试图将明智注入我们的军事决策中的人之一。对于阻止战争或者改变战争进行的模式，那些人都是毫无权力的。他们所能做的——也确实是他们已经做了的，就是使得战争不会比它现有的灾难状态更糟糕。

1966 年，在另一次这种会议上，官员 Z 说："单是为了让对方猜来猜去，我认为时不时扔个核弹是个好主意。"听到这个，我太震惊了，都没想到要去抗议。碰巧，官员 Z 是个对争议表现得既傲慢又充耳不闻的人。不可能确定他说这话是开玩笑还

奇爱博士是斯坦利·库布里克导演的电影《奇爱博士》中的人物，该片讽刺 20 世纪 60 年代美苏冷战时期的国际政局。奇爱博士是美国总统的顾问之一，对于解决核危机，他提议人们转入地下下设施。鉴于地下核设施有限，他建议只有精英人士才能进入，同时考虑到男女的生理差异，一名男性应配备多名女性。

是认真的。那时候，约翰逊总统正谨慎地使战争升级，但是却没有披露他的真实意图。所有的可能性，包括约翰逊会听取Z的建议的可能性，都应该严肃对待。会议结束后，我向参会的其他三个平民科学家求证，以确认Z确实说了那些我所听到的话。他们和我一样震惊。

我们四人决意必须做些事情。对Z的评论的正式抗议是不会有什么效果的。我们得出结论，我们能施加点真实影响的唯一办法，就是进行一项翔实的专业研究，看看如果采纳Z的建议会产生些什么后果。我们从国防部获得了进行这项研究的授权。我们奋战了三个星期，收集了越南双方的兵力部署情况，分析把核武器引入冲突会带来的后果。我们以一种冷酷谨慎的军方方式进行了分析，在一份名为"东南亚的战术核武器"的报告里，我们总结了我们的结论。我们的分析说明，抛开所有的政治和道德考量，即使从最狭隘的军事观点看，核武器的使用都会是一种灾难性的错误。我们把报告提交给了我们在国防部的赞助人。那也就是我们最后一次看到它了。

我无从得知是否有谁曾经读过我们的报告。我也无从得知是否真有约翰逊在越南动用核武器的危险。我能知道的只是，如果约翰逊曾经认真考虑过这种可能性并向他的军方职员咨询建议，对于增强反对声音的力量，我们的报告可能有所帮助。我们能做的，只是用一些坚固的军事事实去支持那些可能劝阻过约翰逊的顾问们的议论。我们做了这事。但是我没有理由相信，我们的报告对于越南战争的进程产生过哪怕最细微的影响。不过可以想象的是，它可能对人类的命运产生过某种影响，那种影响比我在军备控制与裁军署里做过的任何事情都远为重要。

　　国防部，即便在越南战争那些最糟糕的日子里，也不是铁板一块，它并非对批评毫不宽容。五角大楼里的大多数官员就像X，本怀善心但是缺乏想象力。少数人像Y，活跃而尖锐，努力想使国防部的政策更明智。少数人则像Z，他们说明，那些激进的学生们头脑中五角大楼里的好战分子形象，倒并非全是虚构。在一天天所作出的决策里面，很多事情要取决于Y或Z那样的人是不是相对于X占有优势。从外部参与进去，通过鼓励Y和反对Z，一个科学家是有希望对这些决定产生些微却真实的影响的。

　　对于在技术层面上调停越南战争，平民科学家所做的最具野心的事情，是一个叫作"屏障"（the Barrier）的计划。屏障计划的思路是，通过复杂的电子报警系统以及用飞机沿前线布下雷区来阻止敌军进入南越。国防部长麦克纳马拉对屏障计划很热心，他相信，相对于昂贵和政治上不受欢迎的动用美军地面部队进行搜索和打击的模式，该计划是一种替代方案。职业军人就不那么热情了。他们不相信它会有用。我受邀加入屏障计划，就费了点心去考虑它所提出的伦理问题。按照我倾向于防御性战略的一般原则，屏障计划在理论上是个好点子。在道德上，在固定前线防止渗入者要比破坏和打击整个国家要好。但是在这情形下，如果一个人从一开始就相信战争是错误的，转向防御性战略也不会让它变成正确的。我拒绝和屏障计划有任何关联，因为我觉得它所期望的结果不过是一种幻觉。我的一些朋友，出于良知参与到这项计划中，他们相信它可以挽救很多生命，可以缓和战争对于平民人口所造成的影响。我并不谴责他们。他们的努力是徒劳的，因为屏障从来就没有被设置起来。即便真的被设置起来，它也不会改变历史的进程。

我相信，屏障计划本来不仅是有效的，在道德上也应该是好的——如果有一个有意愿和有能力的政府及其人民出于自身需要去运作这个系统。作为一个国家本土防御系统的一部分，屏障计划会是有意义的。让它变得无意义起来的是，美国的技术专家和机组人员要在一个没有政治凝聚力和没有自身有效军事力量的领土上运作这样一个精密的防御系统。屏障计划企图将美国对越南的军事干预从不可避免的失败中拯救出来。脱胎于这样一种目的，是屏障计划的不幸。和越南的关联，使得一个好点子沾上了一个恶名声。

长远地看，人类在这个星球上的生存依赖于两件事的发生。或者我们建立某种世界政府，它独霸军事力量。或者我们能够把世界分成稳定而独立的主权国家，而每一个国家的军事力量都严格限制在保卫其自身领土的限度以内。

基于政治、人道和文化考虑，我极为倾向于后一种选择。幸运的是，大众似乎和我有一样的倾向。自人类历史开初至今，伟大的帝国都会分崩离析，而世界政府运动在大众那里难以得到广泛支持。如果我们认为世界政府是不必要的或者不可能的，那么我们的军事和外交目的应该是，不要放弃民族主义，但是要引导民族主义的力量进入真实防御的通道。我们应努力缔造一个各独立民族和平和谐相处的社会。在那样一个社会，每个国家只维持一支像瑞士现今拥有的那种国民军，它不做出冒犯邻国的姿态，但是对于梦想着征服的任何人，它会予以狠狠回击。

和平的国家在自我防御方面实现良好的武装和组织，对于长远的稳定来说是重要的。时不时，总会出现像希特勒那样的疯子煽动家，或者像火药或核武器的发明那样的技术奇迹。有两个因素——一个是技术方面的，一个是人性方面的——使得长远的自我防御看来是可能的。技术方面的因素，即小而精密的武器、精确制导的坦克、飞机或者导弹杀手等装备的有效性在不断增强，对于防守固定的前线，它们非常合适。1973年的中东战争，只是让人们预先见识了下这些武器究竟能干些什么。在未来，只要我们有意愿，我们可以协商签订军备控制协定，它可以进一步推动技术平衡——这种平衡对防御有好处。人性偏好自卫是鼓励真正的政治独立性的一种因素。瑞士、芬兰和以色列，是仰仗自身而非结盟来进行防卫的国家，它们都有卓有效率的军队。在我访问过的国家中，它们是仅有的不会把出身良好但热衷军旅生涯的年轻人视同智障者的国家。

从目前以压倒性大规模攻击性武器相互保证毁灭的世界，到我梦想中的独立国家以瑞士式的军队进行有效防御的世界，我们还有很长的路要走。我们如何期望能由此而彼？我不知道。我所知道的只是我们必须到那里去，用这样或者那样的方式，如果我们还要在这个星球上活下去的话。只要我们同意如今的形势在人道和伦理上是不可接受的，我们就可能发现，通往更美好世界的道路并不像看上去那样是走不通的。

关于我们充满希望的未来之路，我能寻见的最好线索，是一个来自遥远过去的故事。160 年的视野，或许可以帮助我们清晰地看出一个军备控制协定的何种特征促成了该协定的持久性。所以我要简单讲讲《拉什－巴戈特协定》（Rush-Bagot Agreement）的故事。该协定旨在限制北美大湖地区的海军军备，在 1817 年它由代理国务卿理查德·拉什（Richard Rush）和英国驻华盛顿公使查尔斯·巴戈特爵士（Sir Charles Bagot）正式签署，协定规定：

因此，英王陛下及合众国维持在美洲大湖地区的海军军力应彼此受如下限制：在安大略湖（Lake Ontario），一艘军舰，吨位不超过 100 吨，可配 18 磅加农炮一门。在大湖上游（Upper Lakes），两艘军舰，不能超过类似吨位，可配类似火力。在尚普兰湖（Lake Champlain），一艘军舰，不能超过类似吨位……

　　1817 年部署在大湖地区的舰队要比协定限制的多得多，而每一艘军舰都大得没法沿着圣劳伦斯河（St. Lawrence River）往下走。协定要求实质性的裁军动作，而它也被立即执行了——双方都裁撤了舰艇的数量。协定的主要目标是避免 1812 年那种胜负难定的战争再度爆发。这个目的达到了。协定根本没有顾及技术创新的问题。18 磅加农炮不可能永远是海军装备中最好的，但没有迹象表明拉什先生和查尔斯爵士顾虑到了这一点。

　　该协定签署之后的 100 年里，技术创新一直在为协定的实施制造困难。在那些年里，美加边界还没有像后来那么一直安宁。1841 年，英国以两艘蒸汽护卫舰违反了协定。作为回敬，1843 年美国部署了一艘 685 吨的舰艇，上面装备了两架 6 英寸枪炮，其火力很难讲会比 18 磅加农炮逊色。事情就这样继续。自 19 世纪 40 年代以后，从来就没有双方的哪一方不在技术上违背协定的时候。19 世纪末双方的政治关系渐渐不再那么剑拔弩张了，但是违约程度却在增加。每一次一方的新的违约都会遭到另一方的激烈抗议，但是随着时间推移，抗议变得越来越不公开和越来越只具有形式意义。1920 年，加拿大海军的一个高级军官还写道："军队要做好迅速占领圣劳伦斯河的美国河岸的准备……这一点极端重要……加拿大必须有足够的水雷储备，以堵塞麦基诺海峡（the Strait of Mackinac）和底特律河（Detroit river）。"但是到那时候，除了军方人士，还没人准备认真对待这种噩梦。

《拉什－巴戈特协定》在技术上被违背的事实却没有摧毁协定的政治有效性。在美加关系最紧张的时期，协定仍然具有效力，对于控制双方之间的紧张仍然在起作用。双方的政治领袖都发现协定大有裨益，他们有效地使用协定去安抚己方边界上的好战因素，也以此矫正另一边出现的好战因素。协定的技术细节在1817年是重要的，但随着年岁渐久和协定越来越受到尊重，它们也变得越来越不重要了。现在，160年以后，该协定仍然有法律效力，而且在技术上它每年仍然会被违背数次之多。它成了象征持久和平的一种传奇。

我有一种想象，自现在起的160年后，某个物理学教授会回顾美苏之间缔结禁止部署带有核弹头的炸弹和导弹的协议的历史。如果一切顺当，他会解释为什么合约在技术上的瑕疵不是致命的。他会解释在混乱的21世纪上半叶，条约是如何在技术上被两大国轮番违反的。他也会解释，何以条约被公然违反却没有失去效力。他还会解释，在日本第一次演示了廉价有效的无核反导弹系统之后，战略攻击性武器是如何变得老套过时的，以至于只因为有纪念价值才被保留了少许——如果我们像拉什和巴戈特一样明智的话，如果一切都顺当的话。

2.10　德福·夏普谋杀案

1969 年 4 月 11 日早晨 6 点 23 分，我被一声巨大的响声吵醒，随后就听到"救命啊"的叫喊。我以为一定是有人以 70 英里每小时的速度开车撞到了教授俱乐部。那时我才发现，我终究只是个懦夫。我没有立刻跑出去参与救援，而是犹豫不决了大概一分钟，想尽力做好准备，面对一切可能要面对的。那一分钟我完全瘫痪了。而在那一分钟里，德福·夏普被烧死了。

在第二次世界大战中和之后许多年，我都会反复做一个噩梦。在梦中，我看到一架飞机从空中掉下来。飞机会坠毁，在我站立的地方附近熊熊燃烧。我惊恐地站着，挪不了脚，只能看着飞机里的人们被火焚烧。我一次又一次地用尽全力，想迈开脚步，直到我从床上惊醒，浑身虚汗，无法呼吸。德福·夏普在圣芭芭拉被杀的那个早上之后，噩梦却再也没有回来过。

终于，我跑出了我的房间，跑到楼下的教授俱乐部露台。我发现根本没有什么撞车。两个学生正抬着德福·夏普跑进一个装饰性水池，水池的水把他衣服上的火扑灭了。他坐在水池里，看起来并不是太糟。他的腿是黑色的，一只手在流血。我给医院的救护队打电话，但是他们告诉我，已经有人报告过了，救护车已经在路上了。

几分钟后救护车来了。学生们把德福·夏普抬到担架上，救护车上的医护人员把他带走了。一辆救火车随后也赶到了，带着灭火器的消防员迅速把饭厅的火扑灭了。那个时候我们以为德福·夏普会没事的。在学生们把他放进救护车的时候，他还很快活地跟他们说着话。但是到中午的时候，我们就听说，因为烧伤太严重，他不太可能活下来了。两天之后他在医院死去。

教授俱乐部只有六间卧室。德福·夏普是大楼的看门人，住在其中的一间卧室里。我是以访问讲师身份来到加州大学圣芭芭拉分校的，住在另一间卧室里。在爆炸发生的时候，大楼里没有其他人。德福·夏普早上走下楼来，开门时他发现门前放着一个大硬纸板盒子。那是一个陷阱，在他打开盒子的时候盒子就会爆炸。盒子里放着装有半加仑汽油的酒壶，一节填满高爆炸药的六英寸长管子和一个电池驱动的导火索。没有任何信息表明这盒子是谁放在那里的，或者为什么放在那里。

负责调查谋杀案的警官把我叫到警局问话。我没能告诉他们任何有用的线索。他们没有问我，在学生们从圣拉菲（San Rafael）宿舍楼跑去救援的那一分钟时间里，为什么我在屋子里犹豫不决？对警察局来说，那一分钟的拖延对案子的发展没有任何影响。但是对于德福·夏普来说，那一分钟可能就是生与死的差别。而对我来说，那是一个我无法改变的事实。我只能尽力带着它继续活下去。

心理学家罗伯特·利夫顿（Robert Lifton）写过一本

书，《虽生犹死》（*Death in Life*），书是关于广岛原子弹爆炸中的幸存者的。在书中，他描述了在爆炸发生 17 年后幸存者们在采访中告诉他的他们的感受。贯穿他们的全部故事的，是那种其他人都死了而他们却继续活着的罪恶感。利夫顿引用了艾尔伯特·加缪❶（Albert Camus）的话，后者是第二次世界大战时期法国抵抗运动的一个幸存者：

法国哲学家及文学家，存在主义哲学的代表人物，曾获诺贝尔文学奖，代表作《鼠疫》《局外人》《西西弗的神话》。

　　在革命过程中，死掉的人是最幸运的。牺牲定律导致的结果就是，最终总是懦夫和谨慎的那些人有机会述说，因为其他人已经奉献出了他们自己而失去了这个机会。述说总是意味着背叛。

　　弗兰克·汤普森死后留下了一本诗信集。而德福·夏普留下的只有一个名字：德福·夏普。至少我会记住这个。我忘记了他的模样，忘记了他的声音，忘记了我在教授俱乐部下楼吃早饭时他说了什么打招呼的话。其实我在那里的时候一直没怎么跟他说过话。我从没有私下跟他打过交道。我对待他就像他是家具的一部分。许多教授都把看门人当作家具看待，这是一种很坏的习惯。这个坏习惯是德福·夏普的死因之一。如果有机会将他作为朋友和一个人来认识，我就会毫不犹豫地去救他。

对全美国的大学来说，那个春天，是一个动荡的时期。在圣芭芭拉，在教授俱乐部附近的学生中心，有一些学生激进派组织了一个"自由大学"。我曾听到流言说，自由大学正在提供游击队员战争课程和自制武器的制作课程。一些教授也在说，教授俱乐部因为它砖坯式的建筑和具有特权的住客，已经被激进派选作发泄怨恨的合适目标。但当我走进自由大学，在那里给他们讲防御的伦理的时候，那里的学生似乎跟外面那些正式大学里的学生一样平和友好。墙上贴着一张海报，上面有德福·夏普死讯的新闻报道和用大字号印在上面的单独一个词"WHY？"没人发现有任何证据可以将这宗谋杀案和这些激进派学生联系起来。

在德福·夏普死后的那个星期天，我从教授俱乐部的房间的窗户往外看。那是个晴天，很暖和。德福·夏普坐进去过的那个装饰性水池旁的血迹和灰烬，已经被清理干净了。一群孩子正在水池里跑着，扑水嬉戏着，就像什么也没有发生过一样。他们的父母在露台上晒太阳，讨论着世界形势。"驾着你的马车，拉着你的铁犁，碾过死人的尸骨。"威廉·布莱克（William Blake）说道。这句话说得很残酷，但是其中有很多智慧。我听着孩子们快乐的喧闹声，盼望着我的孩子们也能在那里。我在想，我们所有人是多么幸运——除了德福·夏普，因为这次只是一个汽油炸弹而不是钚弹。下一次我们可能就没有这么幸运了。我下楼去坐在露台上，那样我就可以跟孩子们挨得更近点了。

自从我在圣地亚哥的小红房子第一次见到特德·泰勒之后，他一直为核武器会掌握在恐怖分子手中的前景担忧。当我们一起为奥利安计划工作时，当我们最近几年偶尔碰面时，每次他有机会和我私下聊天时，他都会把我当成他的担忧的共鸣板。十年来，世界上没有别人担心核恐怖主义这个问题，但他是担心的。从他在洛斯阿拉莫斯的经历中，他比任何人都更了解，如果有几磅的钚，那么建造一颗可以杀死上千人或者让一个城市变得无法居住的核弹，是一件多么容易的事情。他担心犯罪分子偷窃已经造好的武器，担心他们

威廉·布莱克（1757—1827），英国重要的浪漫主义诗人、版画家，主要诗作有诗集《纯真之歌》《经验之歌》等，早期作品简洁明快，中后期作品趋向玄妙深沉，充满神秘色彩。

偷窃钚来制造他们自己的武器。在红军派
(Baader-Meinh of Gang)和红色旅 ❶(Red
Brigades)变得活跃起来之前,他就在担心
国际恐怖组织了。我是他能与之畅所欲言
的为数不多的人之一。我们会坐在一起,
成小时地验证问题的每个细节,讨论钚是
如何以及在哪里可能被偷,讨论一小群人
如何及在哪里可以从化学上处理钚并制造
出炸弹,讨论这样造出的炸弹会有多厉害
和多可靠,讨论恐怖分子可能如何利用它
进行核勒索,讨论一个守法的社会可以如
何组织它的核活动以避免所有这些恐怖。
我检查了数字,特德的论证说服了我:在
私人车库里,只需要利用洛斯阿拉莫斯第
一次核爆试验所需资源的微不足道的一部
分,一两个人就可以制造出一枚核弹。当
我坐在圣芭芭拉的露台上,看着金褐色头
发的孩子们在水池里玩耍的时候,我想
起了特德和他的担忧。如果硬纸板盒子
有钚,那么血迹和灰烬可能就不会这么
快被洗净了。

特德对核恐怖主义的警醒让他痛苦得
左右为难。一方面,他想提醒当局和守法

的公众这个风险的严肃性。这样，就可以采用简单的预防措施，钚也就不那么容易被犯罪分子得到。另一方面，如果他要让公众注意到这个问题，就存在另一个风险：那些自己并没有考虑过这种可能性的恐怖分子知道了这个想法。他知道，如果他发布一个足够醒目的公开警告以引起大家注意，而随后无论在世界哪个地方发生了一次核恐怖活动，他都会觉得自己要承担责任。无论如何，不管是保持沉默还是讲出来，他都担负着巨大的责任。就保持沉默和讲出来这两种结论，特德和我反复讨论了不下一百次。我们从没有走出过这个困境。特德保持沉默了许多年。然后他决定开始利用私人途径的交流来劝说我们政府里有责任的官员和外国政府更好地看管他们的钚。在那之后，如果他还不能私下里成功地提醒政府，他会再考虑是否是时候将他的信息公之于众。

1963 年，当《禁止核试验条约》签订的时候，特德将奥利安计划的技术指挥权传给了他的继任者，吉姆·南希（Jim Nance），后者勇敢地带领这艘正在沉没的船走过了最后两年。特德也作为防御原子支持局（Defense Atomic Support Agency）的副局长开始了他的新事业。这个局是国防部的一个分支，对管理好核物质负有直接责任。在这个职位上，他有了很好的机会来研究美国政府是如何处理钚的，还可以发现系统里最有可能使盗贼们轻易乘虚而入的弱点。他也有了去和原子能委员会的高级官员及国会里的重要人物进行私人聊天的机会。他和那些人交谈，告诉他们，对他们来说开始弥补防御上的漏洞是一件多么要紧的事情。他向他们讲述钚被随意存储和运输的骇人听闻的案例史——那些都是他自己默默发掘出来的。很大程度上，他的努力是徒劳的。有两个因素对他不利。首先，有责任的官员被他们自己的专家告知，没人可以简单地像特德想象的那样自己手工制造核弹。其次，要建立一个保护钚的统一标准，会有复杂的司法障碍。军事用钚、平民政府用钚和工业用钚由三个不同的机构管辖，没人拥有在全部三个机构中强加标准的权力。过了一段时间，特德终于得出结论，在内部悄悄做事、劝说政府当局采取有效措施是不可能的。哪怕要说服他们承认他们自己有严重的问题，都是不可能的。

虽然提醒美国政府的尝试失败了，特德仍然没有准备好承担公之于众的风险。他决定必须在私下劝说方面进行最后一次努力，这次是在国际层面上。国际原子能机构（International Atomic Energy Agency，简称"IAEA"）是联合国的一个组织，总部设在维也纳，它有建立保护民用核活动的国际标准和规则的责任。IAEA 的标准很低，而且并没有被普遍接受，但是至少他们代表了阻止核武器技术进一步扩散的国际努力。所以特德搬到了奥地利。他辞掉了在美国政府的工作，和妻子及五个孩子定居在了维也纳。他简单地计划着待在奥地利，看看能做些什么，直到把钱花光。

他在奥地利待了两年，和许多 IAEA 的技术人员建立了长久的友谊，其中有印度人、俄罗斯人、南斯拉夫人和西欧人。关于更严格地防止核盗窃的安保措施的重要性，他成功说服了他们中的许多人。技术人员们非常了解 IAEA 的标准中有多少漏洞可钻。但是在尝试和 IAEA 管理层的更高级行政人员说话时，特德就没有那么成功了。行政人员告诉他，没有成员国的批准，IAEA 什么也做不了。而成员国政府根本无意授予 IAEA 任何比现在更大的权力。在感到前来维也纳的任务失败了之后，特德回到了美国。IAEA 似乎和美国政府一样，不愿意尝试任何政治上可能不受欢迎的激烈行动。不过事实上，他在奥地利的这些年并没有白费。他在那里建立的广泛而热情的国际联系，在后面会被证明对他具有极大的帮助。

德福·夏普的遇害，发生在特德从奥地利回来之后几个月。特德到圣芭芭拉来，和我待了一天。我们都很沮丧。我因德福·夏普而哀伤，而特德在华盛顿和维也纳花了四年好时光为核安全奋斗，却没有任何可观的成果。我们环顾全世界，看到的只是随意的暴力恐怖事件正到处变得更加频繁起来。我们忧郁地断定，这个世界太愚蠢了，根本不知道从这些小灾难中吸取教训。发生大的灾难似乎只是时间问题，那将会是一次类似在圣芭芭拉发生的无目的的暴力事件，但却是核武力的级别。

但是特德是固执的。他在美国继续静悄悄地进行自己的核安全运动。这一次他是通过在福特基金会（Ford Foundation）的工作来做的。基金会出资让他进行一次彻底的核盗窃问题研究。他和梅森·威尔里奇（Mason Willrich）合作。威尔里奇是我在武器控制与裁军署时的同事。就职业而言，他是律师。在安全问题的正确处理上，法律细节和核物理一样重要。威尔里奇和泰勒是一对很好的搭档。他们在一起写了一本书，《核盗窃：风险和防护》（*Nuclear Theft：Risks and Safeguards*），该书由福特基金会于 1974 年出版。

当特德决定写福特基金会那本书的时候，他终于决定要告诉公众他所知道的事情。《核盗窃》一书将会是关于核恐怖主义的危险的一个详细的公开声明。他希望这本书有意而为的平淡及低调的风格，会降低犯罪分子从中找到提示的风险。他希望他对公众的警告可以越不追求轰动越好。然而，一个偶然的遭遇使得整个事情走向了不同的方向。梅森·威尔里奇有一天和作家约翰·麦克菲（John McPhee）一起打网球。约翰·麦克菲正为他在《纽约客》上的系列文章"随笔记者"寻找下一个主题。威尔里奇说道："核恐怖主义怎么样？"然后麦克菲就着手写文章了。这篇文章最终成了特德的深刻的肖像画，它后来又以"束缚能曲线"（The Curve of Binding Energy）为题成书发表了。在书皮上，出版商加上了一个副标题，"走进特德·泰勒奇幻而警醒的个人世界"。

麦克菲从一开始就知道他的书会引起轰动。他打算吓吓公众，他真这么干了。麦克菲以他一贯的一丝不苟的精确性写作了本书，他注意细节，其中就包括特德关于恐怖分子如何容易制造炸弹这个想法的细节。他和特德一连谈了几天。他也与威尔里奇和我聊了很多。麦克菲和特德再一次面对了进退维谷的处境——特德和我在圣地亚哥的那些日子里一再讨论过的那种。我们敢承担起将这些事情告诉公众的责任吗？我们又反复多次推敲了以前的论证。最后，麦克菲说："看吧。无论我们做什么，这东西都不会保密太久的。与其等一个二道贩子弄出个混乱的说法把人弄得稀里糊涂，还不如由你第一次公开地做一个精确的陈述。"所以特德就同意对麦克菲言无不尽了，而麦克菲也接受了将特德的话用最能产生公众影响的方式展现出来的任务。

麦克菲的书在福特基金会的书之前一年问世。麦克菲的书使得特德立即出了名。从重要的方面来说，它为福特基金会的书奠定好了基础，创造了读者群。没有麦克菲，威尔里奇和泰勒可能不会吸引任何明显的注意。麦克菲的时机把握得恰到好处。公众对他的信息进行了反馈，而恐怖主义者没有。至少到目前还没有。

《核盗窃》是一本学术书籍，它细致而有深度，它涵盖了麦克菲的戏剧性声明中给公众开启的有关这个问题的所有方面，从法律上的到技术上的。如果一本书表述清晰客观，而且丝毫不尝试掩盖或夸大危险，它能有那么大的影响力就非常惹人注目了。不仅仅在美国，而且是在全世界范围内，威尔里奇和特德改变了政府考虑核扩散问题的方式。被人当作思想奇怪的人无视了十年之后，特德发现自己收到了许多在国会委员会面前作证和给外国政府提建议的邀请。每到一处，政府当局都把特德看成是能告诉他们从理想和实际上在防护上应该做些什么的最佳人选。虽然拖延了，但是慢慢地，事情最终还是做成了。现在的核盗窃不像以前那么简单了——虽然不可避免，但它仍然比理应的情况要简单。

威尔里奇和泰勒成功地为核防护的政治讨论提供了一个真实信息的基础。他们的主要结论，仍然没有受到支持或反对核力量的人士的严重挑战。因为他们的书的存在，在就核盗窃的防护措施进行讨论的双方中，就可以保持一种理性的开放性。双方都或多或少同意一些事实，这样就可以理性地就补救措施进行辩论。不幸的是，在核争议的另外两个领域，核反应堆事故和核废料丢弃方面，还没有相对客观的书籍出版。在关于核事故和废料丢弃的讨论中，并没有被双方都赞成的威尔里奇—泰勒式的事实声明；充满争议的声明到处存在，理性的公开性确实难能一见。

1976 年，另一个武器控制与裁军署的老同事，哈罗德·费福森（Harold Feiveson），正在普林斯顿大学教公共关系 452 这门课。课程的题目叫作"核武器、战略和武器控制"。修这门课的是十二个本科生：十个是政治学专业，两个是物理学专业。两个物理学专业的学生中有一个叫约翰·菲利普斯（John Phillips）。班上的学生们被要求广泛阅读武器控制方面的文献，然后自己选择题目写论文。在课堂上，他们要作一个关于他们所写内容的口头报告，并跟费福森和其他人就这个问题进行辩论。费福森邀请我加入班级做一个观察员。我愉快地答应了。看着学生们的知识和理解程度一周一周地增长是件让人兴奋的事。我批阅学生们的论文，也加入了他们的辩论。在课程的最后两周，学生们被分为美国一方和苏联一方，进行裁军协定的谈判。看到他们那么好地把握住了他们角色的精髓，我感到很惊奇。苏联一方变得像保卫苏联安全的苏联外交官那样热情。

约翰·麦克菲的书和威尔里奇—泰勒的书都在这门课的阅读书单上。在选择最后论文的课题时，约翰·菲利普斯说他想写一篇关于核恐怖主义的论文。他认为自己作为物理学专业的学生，是对特德·泰勒的想法进行仔细研究的最佳人选。他打算亲自看一下是不是像泰勒所宣称的那样，一个心意坚决的恐怖分子团伙利用偷来的钚就可以制造一颗原子弹。他邀请我做这个研究的指导者。我答应指导他，不过我也告诉他，在技术细节方面我不会给他任何帮助。我批准了他的课题，因为它很贴合这门课的总体目标。他的练习的目的，主要是在核防护问题的严重性方面教育一下班上的其他学生。我们在课上已经讨论过核恐怖，不过其他学生没有足够的科学背景来自己判断，恐怖主义核弹的危险到底是不是真的。约翰·菲利普斯会帮助他们作判断。我给了他一份在普林斯顿大学可以找到的参考书的书单，跟他就他的总体计划谈了两次。其余时间，他都是自己一个人。

六周之后，他向全班作了口头报告。当我听到他所做的工作时，我大吃一惊。他没有把他的问题作为一种学术上的锻炼，相反地，他自己主动走进真实世界里。他去了华盛顿，拿到了已解密的洛斯阿拉莫斯的报告，其中包括了比我推荐给他的那些参考书多得多的信息。他拿起电话，打给那些制造真实炸弹的工厂的炸药部门的负责人。诸如此类。他所到之处，人们都很高兴和他合作，给了他很多信息。听到他的故事的整个班级，被震惊得鸦雀无声。当他讲完时，他们的反应被一个政治学专业的学生——潘姆·菲尔兹（Pam Fields）概括了。他悄悄说："好吧，约翰，恐怕我们要把你关起来了。"

约翰写好的论文包括两部分。一部分是他对获得的信息和如何获得这些信息的总结。另一部分是对于炸弹设计的粗略描述和对于它是如何工作的一个解释。第二部分并不是特别让人震惊。他很快且胜任地掌握了冲击波动力学的原理。不过对于回答"它真的能够爆炸吗？"这个问题来说，他对核弹的描述太粗略了，所以没有任何意义。对我来说，他的论文中让人印象深刻和害怕的是第一部分。一个 20 岁的孩子，可以在如此短的时间里，不费多大力气就收集到这么多信息，这个事实让我胆战心惊。我通读了他的论文，给了他一个"A"，然后告诉他要烧毁它。让我放心的是，学期在 6 月就结束了，而这篇论文并没有得到任何公众关注。

不过，在 10 月份，一场公众关注的风暴非常突然地吞没了我们。约翰并不对引起这场公众关注负责。事情的起因是，一个兼职《特伦顿时报》（*Trenton Times*）通讯员的本科生和选过公共关系 452 这门课的一个学生聊过天。几天之内，关于约翰的炸弹的过度夸大的故事出现在了全世界的报纸和杂志上。约翰的头像出现在了从费城到约翰内斯堡的周日增刊上，甚至一本正经的《纽约时报》也用头条报道"全国争相采访普林斯顿大四学生的原子弹设计"。在处理这件事上，约翰表现出了非常好的责任感。刚开始的时候，他拒绝接受电视采访。随后不久，当整个事件已经扩大到完全超出了我们的控制范围时，他同意在电视上露面，尽力向公众解释核盗窃的危险。作为一个有天分的演员，他喜欢电视节目、名声和粉丝来信。他喜欢被邀请去巴黎，在全国范围播放的法国电视台与法国政府和工业界官员就核扩散问题进行辩论。不过他并没有丧失理智。对他来说，做一个世界名人只是他的教育的另一部分。

我内心的一半也是享受这种公众关注的。我特别喜欢在电视上看到约翰，看他如何能够很好地让听众理解他在公共关系 452 上学到的知识。不过，我内心的另一半却是充满了恐惧和厌恶。媒体在抓住约翰的故事之后，进行了罔顾事实、绝对不考虑公众安全的挖掘。他们强调约翰的年轻和魅力，强调他从默默无闻到名声和财富上的迅速攀升。他们正向公众透露的信息似乎是："你只要在自家后院造个原子弹，然后你也就可以变得富有而出名了。"约翰自己也被包围着他的这种不负责任的大声叫卖吓到了。那么多年，特德犹豫要不要将他对核恐怖主义的警告公布于世，他当时担心的，正是这种公众关注，它会赋予暴力和恐怖行为一种错误的光辉。

1976 年秋天的好几个星期，我的电话频繁响起，都是记者和电视台的人因为约翰·菲利普斯的故事而打搅我。我试着恨这些人，恨他们追逐有关炸弹和恐怖分子的故事时所带的那种病态的痴迷。后来，在风波过去之后，我开始明白，媒体这种对于暴力行为的迷恋，并不只是媒体人的错。在对炸弹和血腥恐怖的追逐中，媒体只是在反映公众的病态品位。一种对暴力的痴迷，深藏在我们每个人的内心。本质上讲，我们并不比 1 900 年前经常到罗马斗兽场观看角斗士将对手砍成碎片的那些人好多少。

不管是好是坏，特德·泰勒对于核恐怖主义危险的警告，如今在用每个人都能理解的语言向全世界播报。似乎还没有任何恐怖主义帮派或者疯狂的痴迷者拥有核武器，但这不应该让我们自鸣得意。我们这些成年人，只是仍然还喜欢玩危险玩具的孩子，我们只是过度成长了。德福·夏普案的凶手还在我们中间逍遥法外。

2.11　莫洛博士岛

禁止四足行走；这是法律。

我们不是人吗？

禁止吸吮饮水；这是法律。

我们不是人吗？

禁止吃生肉或鱼；这是法律。

我们不是人吗？

禁止剥抓树皮；这是法律。

难道我们不是人吗？

禁止追逐他人；这是法律。

难道我们不是人吗？

物种的可变异性是 19 世纪生物学的巨大发现。达尔文确立了如下事实：所有物种，包括人类，都在随时间改变。达尔文清楚地知道他的发现会给有良知的人们带来何种不幸，所以他将他的发现耽搁了 20 年才发表。他并不想强调物种可变异性的想法和通常的人类价值及情感之间的冲突。这种冲突的深度，最先由 G.H. 威尔斯（G.H. Wells）以一种恐怖的想象力在他的两部作品——《时间机器》（*The Time Machine*）和《莫洛博士岛》（*The Island of Doctor Moreau*）中探索过。威尔斯是个天才作家，但同时也是一个受过训练的生物学家。他比我们大多数人都了解单个人身上的喜剧性，但他也从未忽视他的生物学背景，以及从可疑的起点出现又向着更可疑的终点摸索的人类。他在1896年出版了《莫洛博士岛》，那是《时间机器》让他声名鹊起之后不久。这两本书里的故事都和维多利亚晚期流行的乐观主义氛围深深抵触。只是因为后来悲观主义变成了时尚，威尔斯才变成了乐观主义者——他总是喜欢逆流而上。潮流莫衷一是，它刚开始为威尔斯的乐观主义作品喝彩，之后又排斥它。但在潮流摇摆很久之后，威尔斯的《莫洛博士岛》仍然是经典之作。野兽之岛遭到一个疯了的生理学家的屠杀，变成了一个具有人性外表的地方，这是文学中有关科学之恐怖的最为持久的梦魇之一。

莫洛博士不仅通过外科整形手术将野兽塑造成了人的模样，通过不断重复他的法律，他迫使它们的思想也调整成了人的模式。聚在肮脏的小屋里面，它们一起颂扬："禁止四足行走；这是法律。我们不是人吗？"但那还不是最坏的。在对法律的颂扬之后，是对他们的创造者的赞美诗：

> 他是痛苦的屋宇，
>
> 他的手创造万物，
>
> 他的手割开皮肉，
>
> 他的手治愈伤口，
>
> 他是耀眼的闪电，
>
> 他是渊深的盐海，
>
> 他是穹宇的星辰……

伴随着这种赞美诗，威尔斯提出了那个每个信仰科学进步的人最终必须面对的问题。人能够扮演上帝之后还能保持理智么？威尔斯没有明确地问或者回答这个问题。他首先是一个小说家，而不是一个哲学家，所以他让他的故事代他发了问。莫洛博士这个人物形象响亮地作出了"不"的回答。

从岛上的恐怖逃脱以后，威尔斯的主人公回到了文明世界，就像斯威夫特❶的格列佛那样。但是他曾经看到的东西仍然对他纠缠不休，他因此疏远了他的人类同胞：

如今的很多年里，一种不得安宁的恐惧时常萦绕在我的头脑里，这种不得安宁的恐惧感，就像一只半驯化的小狮子所能感受到的。我的困扰的形式最为奇特。我不能说服我自己我所遇到的男男女女并不也是另一些以假乱真的人——兽人（Beast people），他们不过是部分地被锻造成具有人类灵魂外在形象的动物；他们或许不久就要原形毕露地表现出这种或那种兽性……甚至我自己似乎也不再是个合情合理的生物，而只是被某种头脑中的混乱折磨的动物——这种混乱搅得他只能独自徘徊，就像一只犯了眩晕病的绵羊。

英国政治家及小说家，代表作有《格列佛游记》。

这段表白标志着威尔斯作为作家的个人风格，我们借此表达了每个人在他的想象中面对现代生物学的暗示时所产生的苦恼。一般而言，生物学的进展——尤以物种的变异为甚，将会剥夺人类的两只心理之锚：我们的自我认同感，我们彼此之间的手足情义，即人类的唯一性以及人类之间的同胞之情。对我们的理智来说，这两只锚可能是本质的。无论是谁，只要他造访过莫洛博士岛，都会丢掉这些锚。他再也吃不准他是怎样一种生物了。

从1896年起，我们已经走了很远。DNA分子中包含了书写生物复制指令的语言，我们对这种语言的理解，其程度之深，即使在威尔斯最疯狂的梦想里，他都从未想象过。我们的理解仍然是支离破碎和残缺不全的。但是，几乎不会用几十年，或者至多一个世纪的时间，我们就可以辨读DNA语言的全部细节。很快，我们就不仅能理解那个语言的字母表和词汇，我们还会理解它的语法和段落，我们会理解那种模式，那种使少数DNA分子指挥未分化的卵细胞分裂并发育成人体组织的完整模式。到那个时候，威尔斯老旧的梦魇会重新搅得我们不得安宁。当我们对生物如何被复制有了完整细节的了解，我们也就了解了生命是如何被创造的。无论谁能读懂DNA的语言，他也就能学会去书写这种语言。无论谁学会了用这种语言去书写，他马上就会学着按照自己的怪念头去设计生命。那时，上帝创造生命的技术就将握在我们手中。和19世纪那个手持手术刀的粗糙的莫洛博士不同，我们会看到一个更精细的21

世纪的类似形象——坐在计算机控制台前编写创造新物种的基因指令的年轻动物学家。那些指令，甚至可能是用来创造某种拟人类的物种的。那时，威尔斯的问题就需要得到回答，不过不是在一个科幻故事中，而是在我们人类和政府组成的真实世界中。人能扮演上帝的角色却仍然保持理智么？在我们的真实世界里，一如在莫洛博士岛上，答案都必定无可避免是否定的。

在看到人类理智和生存的长远威胁来自生物学而非物理学方面，威尔斯是正确的。氢弹可以简简单单就摧毁我们的文明，但是它很难将我们这个物种消灭。与蓄意扭曲或变异我们人类基因的问题相比，氢弹几乎就是个简单问题。核战争并非我们能想象到的最大恐怖。莫洛博士岛会更糟。

威尔斯之后凝望未来并看到事物模样的生物学家是J.B.S. 霍尔丹（J.B.S.Haldane）。霍尔丹在 1924 年出版了一本小书，《代达罗斯，或者科学及未来》（*Daedalus, or Science and Future*）。关于生物学进展可能带来的人道后果，在许多方面，这是曾经出现过的最好的书。在风格上，霍尔丹要更明亮和幽默一些，但是他的结论和威尔斯的一样令人不寒而栗。奥尔德斯·赫胥黎（Aldous Huxley）在几年之后发表了小说《美丽新世界》，小说用作背景的大部分生物学发明都来自霍尔丹的《代达罗斯》。通过赫胥黎卓越的戏剧化,霍尔丹对未来社会的想象——普遍避孕、试管婴儿、精神药物的随意使用，都成了我们这个世纪流行文化的一部分。赫胥黎往霍尔丹的图景里加入了一个重要而新颖的改变：通过克隆大批量制造全同的人类个体。但是在本质上，赫胥黎的美丽新世界只是扩大的和通过加入现代技术而时髦化了的莫洛博士岛。药物取代了鞭打，基因编程取代了外科手术。赫胥黎的主人公，正如威尔斯的，是自然人类，他发现他试图与之建立人类间关系的生物同伴并非完全的人。这让他彻底迷失了。对一个有着真实的人类情感的人来说，赫胥黎的人工合成的欢乐世界，和威尔斯的痛苦与堕落的岛屿一样让人难以接受。

霍尔丹绝不仅仅是往威尔斯的噩梦里加入了技术的精密性，他也展现了一种关于科学家的角色的新洞见。莫洛博士是一个简单类型的病态角色：他智力发达，被受挫的野心驱动得发了疯。霍尔丹的实验生物学家的原型取自神话人物代达罗斯（Daedalus）。按照传说，代达罗斯监督女人和公牛杂交并成功创造出了米诺陶洛斯❶（Minotaur）。

化学或者物理发明家总会是一个普罗

❶ 古希腊克里特文明传说中的人身牛头怪物。

米修斯。没有一项伟大的发明——从火的使用到飞行——不被欢呼为对某一个神祇的冒犯。但是如果每一项物理或化学的发明都是在亵渎神明，那么每一项生物学的发明都是一种堕落。……我幻想，和普罗米修斯联系在一起的那种多愁善感的兴趣，不恰当地将我们的注意力从更为有趣的人物代达罗斯身上转移开了。是他第一个展示了科学劳动者并不关心神祇。早期希腊人，在这一神奇形象中专注于克里特（Minoan）科学的晦暗传统，但在潜意识里，他们想来已经清楚这一事实。人类故事中最荒诞和最不自然的行为，在这个或下一个世界没有受到惩戒。苏格拉底骄傲地宣称他是一个始祖……

我们现在对生物学仍然近乎完全无知，这是一个常被生物学家忽视的事实，它使得他们在估量他们学科的当前地位时肆无忌惮，却对其未来可能严重估计不足。……保守主义者无须惧怕那些理性成为激情的奴仆的人，但是他们该提防那些理性已经蜕变为最大和最恐怖的激情的人。他们是旧帝国和旧文明的破坏者，他们是怀疑者、分裂者和弑神者……我并不是说，生物学家一般会在什么细节上去想象他们的学科的未来用途。但是他们不把自己视为阴险的或者具有革命性的人物。他们没有时间去做梦。但是我怀疑他们中更多的人会梦寐甚于会忏悔……

当未来的科学劳动者开始意识到自己的恐怖使命并以此为傲的时候，他们会越来越贴合代达罗斯的孤独形象。

他的长袍从头到脚一色黑，

里面的肉体温热而白皙，

他平静的血脉里自由流淌着

饥饿、干渴和性欲，

他策马奔腾，

但他眼里仍闪烁着小小的火焰，

犹如他所由而来的第一个细胞，

燃烧起来，放出光亮，

口中唱着我的弑神者之歌。

霍尔丹显然自负是一个多才多艺的人、一个古典学者、一个诗人，还是一个生物学家。从某个角度看，他的代达罗斯的肖像和歌德的浮士德的肖像同样使人印象深刻。但是所有这些诗歌意象是否真的和现实有关联？我们今天的生物学教授们是否在围绕着实验室高唱弑神者之歌？在字面上当然不是。从外在形象看，生物学家极少类似代达罗斯，正如物理学家和浮士德殊少共同之处。但是，在一个更深的层面上，传说道尽其中曲直。特勒，不屈不挠试图点燃世上的第一次热核之火，他追随着浮士德的脚步。达尔文，默默搜集事实，直到有一天他永远地毁坏了有着维多利亚式虔敬的舒适宇宙，他和代达罗斯一样是个无情的弑神者。如今在学习、阅读和书写基因语言的分子生物学家们，最终——无论他们有意与否——会摧毁另一个舒适的世界：在那里，物种之间界限分明，人类和非人类之间存在不可逾越的藩篱。在他们每一个人身上，代达罗斯的精神都在徘徊。

从威尔斯和霍尔丹那里，我们学到两样东西。人不能扮演上帝的角色却能仍然保持理智。另外，生物学的进展无可避免地要将扮演上帝的能力放到人的手中。但是从这两个事实并不能就得出我们别无希望的结论。我们仍然可以选择做我们自己命运的主宰。拒绝赋予任何人扮演上帝的权利，并不意味着要禁止他进行实验和探索。要做的只是，在公众的控制下，对知识的应用施加严格的法律约束。这种法律在许多国家已经存在，它们限制危险的医疗程序、药物和爆炸物的使用。在未来，应达到一种合理的政治妥协，我们应给生物学家以自由，让他们探索生命世界的基因编码奇迹，但是要严厉限制任何人编制新物种并将它们释放出来的权利，以免打乱自然界或者我们社会的平衡。这样一种政治妥协，应该并非没有可能维持。生物学家们已经开了个好头。

在处理生物武器的问题方面，生物学家们表现出了出类拔萃的智慧。对于管控其他可能的对生物学的滥用，他们的智慧极大提高了我们找到可以接受的政治解决途径的机会。奥尔德斯·赫胥黎在《美丽新世界》中顺便提到了炭疽炸弹。在"世界控制者"确立起他们仁慈的独裁统治之前的"九年战争"中，由于炭疽炸弹，世界人口灭绝了。炭疽炸弹是一种真实的可能性。它可以是廉价而易于制造的，对于毫无防备的人群，它也是极端致命的。炭疽细菌是特别不讨人喜欢的，因为它会形成孢子并存活下来，直到许多年以后仍然会有传染性。生物武器的设计者们一般更喜欢使用其他类型的病菌，它们和炭疽病一样致命，但是不那么具有持久性。如果任何这类武器被大范围使用，它们可能会引起的死亡和人类灾难，恐怕会和打一场使用氢弹的战争一样多。

生物学家们——绝少例外——从未推动过生物武器的发展，这是国际生物学家共同体的持久声誉。另外，生物学家还劝告那些已经开始认真的生物武器项目的国家放弃他们的计划并毁弃他们的武器库存。要衡量生物学家们的伟大成就，我们只要想象一下，如果物理学家们最初拒绝推动核武器发展并且在后来劝告他们的政府销毁核武器库存，我们的世界会是什么样子？和物理学家们不一样，在历史审判庭的围栏里，生物学家们清清白白地通过了首轮审判。

在排除生物武器方面比其他任何单个人都出力更多的，是马修·梅塞尔森，哈佛大学的一个生物学教授。和我一样，他在 1963 年夏天来到军备控制与裁军署，看看能为和平做点什么。和我不同的是，他没有允许自己被禁止核试验谈判的喧嚣分心，他固守自己当做之事——他当做之事是有关生物武器的。

梅塞尔森初来 ACDA 的时候对生物武器知之甚少。像其他的生物学者一样，和发展生物武器及计划其使用的自成体系的军方世界，他几乎没有任何接触。通过 ACDA，他获得了能够进入那个世界的渠道。他和专门从事生物战的军队官员谈话，阅读他们写下的东西。他顺利进入了生物试剂及其分配的体系。他在那里看到的东西让他心惊胆战。

梅塞尔森夏天在 ACDA 发现的最令人惊恐的东西是陆军《战场手册（Army Field Manual）3-10》。这是个发放到战斗单位用于指导生物战细节的小册子。小册子里有一系列图，告诉在给定条件——白天或者黑夜下——针对各种各样的地形或人类目标，为了覆盖一片区域，一架飞机应该投下多少生物炸弹。小册子的行文风格，和用来介绍挖厕所的正确方法的战场手册一样平实。它没有密级。1963年，在美国军队中，它被广泛散发，也很容易被外国情报机构获得。对于任何碰巧读到它的外国总参谋部官员来说，它携带的信息是清晰的。它说美国为生物战进行了装备和准备，它说一个现代军队应该如此训练，它还说每一个想要赶上美国的国家都应该拥有自己的生物试剂和炸弹。

在读完《战场手册 3-10》之后，梅塞尔森发誓要和这种胡扯战斗，不把它消灭誓不罢休。在私人和公开场合，他不屈不挠地揭露美国生物战政策的愚蠢。他的论证依赖三个主要观点。第一，对于小而贫穷的国家甚至一小群恐怖主义分子来说，就提供对美国这样的国家进行大规模攻击的机会，生物武器的危险独一无二。第二，增加其他国家获得和使用生物武器的风险的主要因素，是我们自己对生物试剂的发展和以《战场手册3-10》为代表的那种宣传。第三，生物武器是特别不可靠的，因而对于美国决议要完成的任何理性的军事任务——甚至包括报复那些针对我们人民的生物战袭击——使用它都是不合适的。

梅塞尔森发现，要说服军方和政治领导人赞同他的头两点并非难事。要害的问题是第三个。对于美国来说，存在现实的对生物武器的军事需要吗？这也就是生物战将领们和军事系统的其他人之间的分歧所在。生物战将领们真诚地相信，我们需要生物武器，借助施加报复的威胁来阻止其他人使用生物武器。梅塞尔森得指出他们的信念立足在一种幻觉之上。他似乎是在他们在国会委员会面前为他们的项目争辩的时候面对他们的。他问他们，声音安静而有礼："将军，我们想知道，如果美国遭到生物武器的攻击，而总统也下达了进行报复的命令，那么你们会做什么？你们会在哪儿使用我们的武器，怎么使用，用来对付谁？"将军们永远也不可能给他一个清楚的答案。这些问题事实上没有答案。生物武器是非常不确定的，它们的效果是不可预测和难以控制的，没有一个负责任的军人会愿意使用它们——要是他们有其他方案可选的话。如果发生了蓄意的大规模生物战袭击，作为报复性回应，选择核武器是可行的，也会被优先考虑。在听完了梅塞尔森的问题和将军们的答复之后，议员们开始相信梅塞尔森的第三点意见是正确的。即使从最狭隘的军事视角看，我们的生物武器政策也没有意义。

1968 年，命运将一次重大的机会交到了梅塞尔森手里。亨利·基辛格❶（Henry Kissinger）曾在哈佛做过许多年的教授，他在其中工作的建筑就在梅塞尔森的实验室旁边，他也追随了梅塞尔森反对生物武器的运动。1968 年，基辛格成了尼克松总统的得力助手。梅塞尔森催促基辛格迅速行动。有国会的支持作保障，生物武器是一个尼克松可以采取单边行动中止军备竞赛的领域。基辛格和国家安全委员会（National Security Council）的其他成员向尼克松表达了赞成和反对生物武器的意见。1969 年 11 月，履职不到一年，尼克松就宣布美国单方面放弃发展任何生物武器，现有武器库存会被销毁，而生物战实验室会转向公开的医疗研究项目。

这是尼克松最光辉的时刻。这是一个历史性的行动，一个具有政治家风范的举措。幸运的是，此事在水门事件❷的阴云向尼克松围拢之前就完成了。单边采取重大裁军行动，这是大胆的一步。政府里的许多人都在说：."让我们尽一切努力清除生

德国犹太人后裔。美国著名外交家、国际问题专家，美国前国务卿，在尼克松访华中扮演重要角色。

尼克松争取连任总统时，其竞选班子中有人窃听了竞选对手。事发后尼克松试图掩盖丑闻，此事件直接导致尼克松的下台。

物武器，但是我们别单边采取行动。让我们和俄国人谈判，我们得保留我们现有的，直到他们同意摧毁他们的为止。"梅塞尔森坚持单边行动是当务之急，其次才是谈判。如果尼克松以谈判开始，那么关于如何监管违背协议的技术问题，就会有无休无止的讨论，甚至有不能达成任何协议的可能。最好的情况下，得有些年头才能谈判出一个条约来，但与此同时，生物武器项目可能会获得政治支持，那会使批准条约变得困难起来。尼克松的单边行动直接清除了这些困难。在宣布美国放弃生物武器的决定后，尼克松邀请苏联共同协商出一个约定，以使这一行动变成多边的。谈判开始了，而美国"处在一个弱势的位置上"，已经没有什么可拿来和苏联讨价还价的了。按照正统的外交思路，处在一个弱势位置上进行谈判是错误的。但是在这件事情上，这个战术是成功的。苏联政治领导人显然信服了尼克松的做法，他们觉得他们自己的生物武器和我们的一样无用却又危险。勃列日涅夫❶（Brezhnev）签署了这一条约，同意取消他的项目——此时是 1972 年夏，

❶ 赫鲁晓夫之后的苏联最高领导人。

梅塞尔森来到 ACDA 并开始阅读《战场手册 3-10》之后仅仅九年。人类历史上很少有这样一个人，仅仅凭借理性声音的武装，就能如此彻底地打赢一仗。

只要化学武器还没有被宣布为不合法乃至被放弃，梅塞尔森就不会把他的胜利视为彻底的。他继续进行反对化学战的斗争。1970 年，他前往越南调查和记录了化学试剂的使用。他对化学战的反对，基于翔实的军事历史和军事思想的知识。他对化学试剂的反对是强有力的，正如他对生物试剂的反对一样。但是要赢得这第二仗，他需要多花些时间。

可以想象，梅塞尔森的战术也可以用来成功地反对其他种类的危险武器，特别是战术核武器。或许我们可以像梅塞尔森熟练地敲打生物战的将领们那样熟练地敲打战术核战争的将领们，问他们："将军，你能否好心告诉我，假如朝鲜蹂躏了首尔，同时韩国在撤退，那么你们具体会做些什么？你会将我们的核武器用在哪里，怎么使用，用来对付谁？"也许对这样的问题，将军们是不会给出令人信服的答案的。也许听到他们的答复后，我们可以作出结论说，单边取消战术核武器对我们每一个人都会有利。

对梅塞尔森来说，将世界从生物战中拯救出来，只是他的一个业余爱好。那些年头，在生物学研究的职业生涯里，他也颇有建树。在哈佛，他运作着一个研究基因结构的实验室。在他的基因学研究中，他运用各种各样的技术手段，包括通过人工重组的方式克隆DNA分子的技术。这种"DNA重组"的技术，将一个DNA片段从我们想要研究的任何基因中取出并放入一个合适的细菌中，而细菌在增殖过程中就会制造出该基因的克隆版本。因为在哈佛基因重组工作方面的领导地位，梅塞尔森发现自己卷入了另一场政治斗争的旋涡之中。在少数几个生物学家和剑桥学术圈激进分子的支持下，坎布里奇市长试图禁止在坎布里奇进行DNA重组实验。梅塞尔森和他的同事对市长说，他们没有做任何危及坎布里奇公众健康的事情。于是市议会任命了一个八人组成的公民委员会。这些人和生物学研究没有关联，他们将就是否允许DNA重组的工作进行下去向市议会提供建议。在公民委员会研究这个问题期间，禁止进行相关实验研究。这项临时禁令持续了七个月。

坎布里奇公民委员会兢兢业业，他们听取了围绕DNA重组的各方争议。梅塞尔森及其同事向委员会成员陈述了继续进行DNA重组实验的提案。梅塞尔森不厌其烦地向委员会解释他们应当考虑的种种技术和道德问题。委员会成员听了他的发言，他们信任他安静的不确定感甚于那些高声反对他的声音。最后，委员会投票一致同意在坎布里奇继续进行DNA重组实验，但是它必须受到合理限制以及必须在当地公共卫生部门的监督下进行。市议会接受了委员会的建议，梅塞尔森又可以回到实验室的工作中去了。

紧张的公众为什么会因为DNA重组而骚动不安呢？

公众之所以顾虑，是因为两个彼此分离的问题被混淆在了一起。一方面，如果某些种类的重组 DNA 在实验室里长成并被不负责任地释放到周围环境中去，它马上就会对公众健康产生威胁。另一方面，还存在一种长远的恐惧，它从莫洛博士开始，以克隆人类结束——只要生物学知识被滥用就可能发生。开始进行 DNA 重组实验的生物学家们清楚对公众健康马上产生威胁的可能性。分子生物学家马克辛·辛格（Maxine Singer），美国科学家联合会总顾问丹尼尔·辛格的妻子，早在第一批此类实验做出不久后就发表了一个声明，呼吁人们注意这种危险。1975 年，一次细胞生物学家的国际会议自发起草了一组指导原则，禁止他们视为不负责任的实验，也给获得许可的实验推荐抑制程序。和他们的指导原则类似的原则，已经被世界范围内的生物学家和政府接受下来。这些指导原则已经使得由 DNA 实验带来的即时的公共健康危害变得不太可能了。你不能说这种即时危害不存在，但是它比和检验科及医院里处理病菌的标准程序联系在一起的危害要小。所以，从公共卫生部门的观点看，DNA 重组实验带来的风险是得到充分控制的。那么，为什么公众仍然会感到害怕呢？公众会害怕，是因为公众看到了将来，他们在担心比即时健康危害更大的问题。公众知道，DNA 重组实验最终会给生物学家带来关于包括人类在内的所有生物的遗传设计的知识。公众在恰如其分地担心这种知识的滥用。当美国国家科学院

（National Academy of Sciences）在华盛顿组织一场会议，让 DNA 重组大辩论各方的观点都有机会被人听到的时候，公众以一群举着标语的年轻人的身份出现了，他们朗声高喊："我们不会被克隆。"在马修·梅塞尔森和马克辛·辛格诚实的面孔后面，公众看到了莫洛博士和代达罗斯的凶险形象。

　　在许多地方，DNA 重组实验仍然在取得巨大成功。对人类及动植物的健康的危害，还没有被探测到。但是这并不意味着生物知识的长远危害已经消失了。DNA 重组只是生物学广泛进步之中的众多技术之一。无论有无 DNA 重组技术，生物学的进步都将继续。是生物学自身，而不是任何特殊的技术，将我们迅速引入了莫洛博士岛所处的那片未知海洋。作为一个生物学家以及一个公民，马修·梅塞尔森的目的是，"为将来建立一种思潮：唯有能够强化我们人之为人的本质，有关生命过程的深入知识才能够被使用"。

2.12 DNA 重组研究的争论

  1976 年夏天，坎布里奇公民委员会还在工作的时候，普林斯顿大学向普林斯顿市当局申请许可建造两个装备齐全可以进行 DNA 重组研究的实验室。普林斯顿市当局并没有做好作决定的准备，所以就效仿了坎布里奇的做法。他们指定了一个公民委员会来给他们提建议。我们的委员会包括 11 个公民，我是其中一员。和坎布里奇公民委员会一样，我们努力工作了四个月。和坎布里奇公民委员会不同的是，我们没能做出一个一致的报告。最后，持相反意见的人数比例是八比三，大部分人同意普林斯顿大学的申请，小部分不同意。我们分别写了多数派建议和少数派建议。不过尽管我们意见不同，或者说正因为我们意见不同，在公民委员会做事是我一生中最开心和最有回报的经历之一。那时我们与深刻的问题战斗，我们也因此成了关系牢固的朋友。

  我们这个委员会是普林斯顿市民的一个很好的抽样。我们有六个男的，五个女的；九个白人，两个黑人；四个健谈的，七个安静的。我们有两个医师，两个科学家，两个作家，两个教师，一个长老会（Presbyterian）牧师，一个海底摄影师，还有一个退休的女士——一个黑人团体的领袖。华莱士·阿尔斯通（Wallace Alston）是那个牧师，苏珊娜·沃特曼（Susanna Waterman）是那个摄影师，艾玛·埃普斯（Emma Epps）是那个黑人团体领袖，他们是毫不动摇的少数派。从一开始就很明显，这三个人是我们委员会里个性最强的人，也具有最深的信仰。我花了最多的时间和精力去认识这三个人，去了解他们反对DNA重组的哲学根源，尝试在他们的意见和我的意见之间找到妥协。最后，我们都意识到不可能存在妥协，不过随着达成协议的希望的破灭，我们相互之间的尊重和喜爱变得更强烈了。

市当局对我们这个委员会的委托说得很清楚，我们的建议需着眼于解决随着普林斯顿开展DNA重组实验而出现的紧迫的公共危害问题。委员会的两个医生希望狭义地理解我们所受的委托。由于在日常工作中习惯了在生死之间权衡，对这种遥远的可能性进行冗长讨论，他们显得非常没有耐性。基于正常的医学实践的标准进行判断，他们得出结论说，DNA重组的公共健康危害会被现有的指导方针控制好，而这就是我们这个委员会要说出的全部内容。他们不想浪费时间在更宽泛的哲学问题上。我对这两个医生感到特别同情，他们都是身负巨大责任的忙人，却还要成小时地听一些他们认为毫不相干的曲折讨论。

另一方面，少数派的三人甚至更加强烈地感觉到，对我们来说，将思考局限于短暂的公共健康危害是不对的。对他们来说，这是一个良知问题。基于健全的良知，他们没法从自己的抉择中排除DNA重组会影响人类命运这个大问题。我对他们也感到特别同情。在他们的少数派声明中，苏珊娜·沃特曼的最后一句话概括了他们的立场：

因为 DNA 重组研究及其应用，会对我们这个脆弱而有限的生物圈带来不寻常的深远影响，任何要继续这种研究的决定——如果要继续的话，必须严格基于公众的明智的共识，基于严格的科学数据和民主程序。

艾玛·埃普斯，在我们的一次会议中庆祝了她的 76 岁生日，她在这份少数派声明中加上了她自己的更加短暂和雄辩的声明：

我的良知告诉我说不，我不想和我的良知作对。而且，我的科学家朋友们说，他们不觉得有任何理由使我必须和我的良知作对。

我很高兴被算作是她的朋友。

最后，尽管觉得从个人或哲学角度，我都更倾向于少数派，但我还是把支持票投给了多数派。我这样做是有法律依据的。从法律角度讲，普林斯顿市当局有权力也有责任限制普林斯顿的任何研究，如果它有可能对公民健康产生危害的话。但是任何公共权威，都没有合法权力仅仅因为其当权者在哲学上反对，就限制一项研究。即使我接受使阿尔斯通、沃特曼和埃普斯投反对票的各种哲学上的不安的智慧，我还是不能接受下面的看法，即普林斯顿行政区具有将他们的哲学看法通过当局的法令凌驾于普林斯顿大学之上的权力。就跟托马斯·莫尔（Thomas More）在罗伯特·鲍特（Robert Bolt）的戏剧《四季之人》（*A Man for All Seasons*）中所说的那样，"我知道什么是合法的，而不是什么是正确的，而且我会坚持那些合法的。"

1977 年 6 月，我们将多数派意见和少数派意见交给了快快不乐的行政区议会。议员们本来希望我们告诉他们做什么。因为我们提供了不同的声音，他们发现自己有责任具体考察一下这件事情，而且也准备好了承担作决定的责任。在继续履行日常的市政排污和分区协调职责之外，他们还面临着一个研究 DNA 重组的漫长冬天。他们花了九个月才作好决定。在那九个月里，普林斯顿享受着世界上唯一一个禁止 DNA 重组研究的城市这种独特性。最终，1978 年春天，他们以 5 票对 1 票的投票结果通过了多数派的建议。和在坎布里奇一样，一个法令被通过了，让具有生物危害性的研究服从市政的监督。民主化，以它缓慢而蹩脚的方式，解决了一个困难而感性的问题，却仍然让少数派觉得它的意见被认真考虑过了，没有被随意置之不顾。

作为为普林斯顿公民委员会服务的奖励，我被邀请到华盛顿，在美国众议院的科学、研究与技术小组委员会的听证会上作证。这个小组委员会，以阿肯色州的议员雷·索顿（Ray Thornton）为主席，那时正努力自学由 DNA 重组引起的更为广泛的国家政策上的问题。而众议院和议会的其他委员会正在学习控制具有生物危害性的实验的紧要问题。雷·索顿希望看得远一点。他想检查一下，关于DNA重组的辩论会对未来科学和政府之间的关系意味着什么。他对我的作证邀请给了我一个机会，使得约翰·弥尔顿的声音能够在华盛顿被人听到，就像很久以前它在伦敦被人听到一样。它向当权者说出了真相。

有时候，大家会说，DNA重组技术的风险在历史上是无可比拟的，因为在世界上放任一个新物种，其后果可能是无可挽回的。我认为从历史中，我们可以找到许多可以比拟的事情。在这些事情当中，政府也在努力避免那些同样无可挽回的危险。我将简要描述历史上的两次类似事件，然后让你决定它们是不是让我们现在的问题变得更加清晰了。

我的第一个例子，是在第二次世界大战后的多年里，美国原子能委员会建立起了人事安全系统，用于保护核机密。政府正确地决定，在世上放任核机密不管，其后果是无可挽回和非常危险的。对重要的机密，人事安全系统提供了最高级别的控制。不幸的是，控制措施是如此严格，而对它们的实施却是如此不灵活，以致整个系统被许多科学家嗤之以鼻。正如你们所知，1954年，罗伯特·奥本海默和忙于热情实施规定的官员们发生了冲撞。那是一场战争，而奥本海默输掉了。我不是在争辩说奥本海默是对的。他确实对安全官员表现得桀骜不驯和不负责任。我是在争辩说，因为对待奥本海默的方式，原子能委员会失去了一大部分科学团体的尊敬。我进一步确信，在原子能委员会和科学团体之间形成的这种长久的疏离，是造成过去十年里核行业所遇困难的主要原因。所以我建议，你们在制定管理DNA重组实验的原则时，一定要好好注意。要灵活地制定规则，人性化地执行它们，那么当一些像奥本海默那样聪明和高傲的生物学家试图将自己置于规则之上的时候，他们就不会被他们的同事和公众看成是一个英雄了。

我的第二个例子取自非常久远的过去。333年前，诗人约翰·弥尔顿以"论言论自由"为题写了一篇演讲稿，他打算讲给英国议会听。他要为未经当局允许而出版的印刷品的自由声辩。我从他的演讲稿里节选了几段，它们可以看成是针对我们当前的顾虑发的言。我的意思是说，17世纪对败坏灵魂的书籍的精神传染性的恐惧，和20世纪对病原细菌的生理传染性的恐惧之间，存在某种相似性。

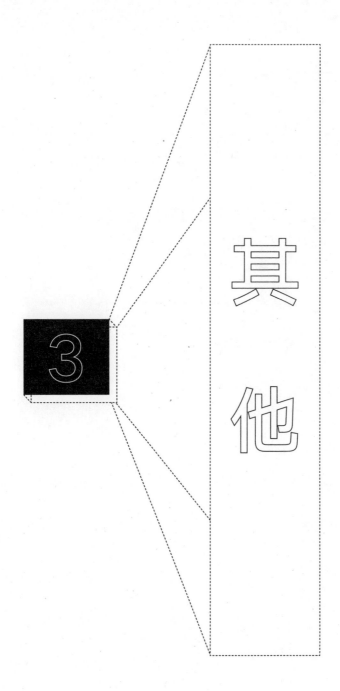

3

其他

确实会有犹疑的时刻，
"我敢吗？""我敢吗？"
转身缓缓下楼的时刻，
我的头发中间秃了一块……
我敢
在宇宙里掀起波澜？

——T.S. 艾略特，《J. 阿尔弗雷德·普鲁弗
洛克的情歌》，1917

3.1　遥远的镜子

　　1966 年春，斯坦利·库布里克（Stanley Kubrick）正在伦敦北部的米高梅工作室执导电影《2001：太空奥德赛》（*2001, A Space Odyssey*）。他邀请我在工作室里待一天。我早早地到了，我在许多棚子间小心翼翼地寻找前往库布里克工作室的路，那些棚子里放满了上百部电影用完后废弃的布景。在棚子之间点缀着块块绿地，上面春草如茵，放养着一些绵羊——它们在安心地吃草。当最后找到库布里克的时候，我问他那些绵羊做什么用。"哦，我不用它们，"他说，"但是谁要是想布个田园风光的景，它们迟早会被用到的。而且我们还有一个自助餐厅。"果然，我们在那个自助餐厅吃的午餐正是烤羊肉。

库布里克整个上午都在那里反复调整他的灯光和摄影机。他的工作室是个又大又空的仓库。布景是一个金属和胶合板组装起来的结构，它代表空间飞船"发现号"（Discovery）的圆形回廊的一节——里面包括了飞船的控制台。在支架上前前后后移动的时候，这个结构会嘎吱嘎吱地发出声音。拍摄时的想法是，当这个结构移动的时候，演员们会在里面走动，这样他们就能总是在最低点，而那里的地板是水平的。摄影机和结构绑在一起，也和它一起移动。通过这样的方式，库布里克就能成功制造出一种幻觉：人在旋转的飞船内部四处走动，而旋转产生的离心力就给人提供了一种人造引力。无论演员在回廊的什么位置，对他们的局部引力都是直接指向外部的，偏离飞船的中轴。这种小窍门每次只能对回廊的一段有用。要同时显示两个分处回廊不同部位的演员就不可能了。但是库布里克对于回廊取景的办法心满意足。他说很容易从一个演员迅速切换到另一个演员，而不必把他们一起显示出来。"我敢打赌，观众里面没人会注意到的。"他说。

那天，布景里只有一个演员。他的名字是凯尔·杜拉（Keir Dullea），因为在《大卫和利萨》（*David and Lisa*）中扮演大卫，他已经出名了。大卫是个患有精神病的青年，对于旁人的任何身体接触，他都会惊恐地弹回来。凯尔·杜拉出色地扮演了大卫一角。当他走过来和我握手的时候，我真的吃了一惊。在《2001》里面，他扮演主角：宇航员鲍曼（Bowman）。他痛苦地抱怨库布里克什么也不让他干。他原来接受这个角色是为了避免一辈子被定型为一个青年精神病人。但是在《2001》的布景里待了三个月之后，他厌烦了，感到沮丧。我观看了他的表演。当回廊结构在他身下旋转的时候，他就在回廊里慢吞吞地走。当运动停止下来的时候，他就转到控制台去，在那里来回按一些按钮。那就是所有表演了。这种表演持续大概一分钟。然后库布里克就花 20 分钟时间去重新调整他的灯光和摄影机。然后凯尔就爬回回廊里再做一遍那些动作。然后当库布里克又在调整灯光和摄影机的时候，他只能再袖起手来在旁边看上 20 分钟。接着又是取一分钟的景。如此周而复始。"天啊，他为什么不让我表演呢？"凯尔说。

　　关于电影的主题和角色，我有些问题，我试图把库布里克拽出来问问。他似乎毫无兴趣。他乐意谈的都是些小玩意。他满怀热忱地描述他使用的让小飞船模型看起来更大一些的各种小窍门。对于他的旋转回廊，他掩饰不住自己的得意。他向我讲解灯光和摄影机工作机理的精微之处。我开始像凯尔·杜拉一样感到沮丧了。

　　对我来说，制片所用的特效和技术窍门只有细微的意义。我感到困惑，库布里克居然在这些平庸的事情上面浪费那么多时间。我仰慕创作了《奇爱博士》的库布里克。《奇爱博士》是一个关于核毁灭的深刻而有趣的故事。《奇爱博士》的伟大之处在于，库布里克拿起了核毁灭这种难以想象的主题，通过在荧幕上展示那些手握我们世界的命运的人物，他将核毁灭变得真实起来。《奇爱博士》里的角色都是真实的人。我的一个参加过一次 B-52 核轰炸机飞行训练的朋友告诉我，机组人员看东西和说话的时候，就像库布里克的"麻风病疗养院号"（Leper Colony）的机组人员那样。在《奇爱博士》里，库布里克有一个简单的信息，通过对对话和特征化的精湛运用，他让这个信息变得很可信。电影里的对话是辛辣有味的，电影中的人物令人难忘。荒唐的故事折射出的是我们生活其间的这个真实世界的荒唐。所以我来到库布里克的工作室，指望他在为另一部《奇爱博士》而工作。但是我看到的只是小玩意。就我所能看到的，《2001》没有信息，没有对话，没有角色。我向库布里克抱怨，问他，对那些使得《奇爱博士》伟大起来的东西，为什么他全都不予考虑了呢？他说："当你看到电影的时候，你就会知道为什么了。"也就这些了。

吃完烤羊肉，我们去了另一幢建筑，那里有一台大计算机。这不是霍尔（HAL），那台有灵魂的计算机，《2001》里最生气勃勃的角色。这是一台 1960 年的计算机，忙着计算和打印付给米高梅雇员的工资支票。库布里克有个想法——他为数极少的毫无希望的坏点子之一，他会用一些对受人尊敬的科学家的采访开始整部电影，采访是要讨论遭遇外星文明的可能性。他认为，开头的这一番谈话会让电影的故事更可信。我是库布里克邀请来接受摄影采访的科学家之一。当然我是个科学家这一事实得明白地表达出来，而为了这个目的，这台计算机就是必要的了。如果观众看到我站在这台令人印象深刻的计算机前面，他们会知道，我是个真正的科学家。

只有一个麻烦。计算机发出了太多的噪声，根本听不到我们的采访。音效师三次调整了麦克风并重新开始采访。每一次，戴着耳麦的那个人都摇摇他的头。在第四次失败的尝试之后，我建议库布里克让我们去别的什么地方做采访，离开那台计算机。"不，"他坚定地说，"告诉他们，关掉那该死的东西。"所以一个技师打电话给总部。一段短暂的谈话之后，他说："不行。到明天他们要用那台机器把工资支票都弄出来。如果关掉它，他们就要额外付雇员加班的钱。"库布里克问："多少钱？"又是和总部之间的一段谈话。"1小时100镑。""很好。告诉他们，给我们半小时。"又是一通打往总部的电话，机器声音安静下来了——不过这安静花了库布里克每秒钟六便士的钱。

在划拨的时间内，我们完成了采访，然后回到摄影棚，因为需要为回廊旋转拍更多的镜头。下午剩下的时间里，库布里克继续摆弄他的灯光和摄影机。那天结束的时候，我道了谢说了再见。几个月之后，我收到一张道歉的便笺，告诉我采访的胶卷已经被丢在剪辑室的地板上了。

在1968年纽约的首映式上，我看了这部电影，里面没有对我的采访。我仍然被它弄糊涂了。库布里克故意避免了那种使《奇爱博士》让人振奋的清晰和快节奏。在决意不让凯尔·杜拉表演方面，他从未心慈手软。当《2001》最终上映的时候，它节奏缓慢，非人类，令人迷惑。起先，我一点也不喜欢它。只是在从头到尾看完整部电影之后，我才开始理解为什么库布里克想以那样的方式制作这部电影。

将电影《2001》和之后由亚瑟·克拉克（Arthur Clarke）以同名出版的书进行比较，是颇具兴味的。克拉克和库布里克共同创作了电影的脚本，但书是克拉克独立完成的。该书讲了和电影相同的故事，但是风格则大相径庭。这本书解释了所有事情。对于人物、计算机霍尔的故障以及人类发现的外星人工物品的性质，该书都给出了清楚的逻辑。它清晰地描述了在故事的结尾发生了什么。所有松散的线头都收拾齐整了。但是这恰恰不是库布里克想做的。在电影里，动机是由线索暗示的，外星人是完全神秘的，故事的结尾是个谜，而松散的线头仍然未被拴结起来。库布里克故意让电影含含糊糊有如梦境，这样，尽可能多的东西就可以留给观赏者的想象力了。

《奇爱博士》透露的信息是，计划和发动核战争的，是和我们一样的生物，有着我们人类的弱点和浅薄。为了传达这种信息，库布里克选择了喜剧和诙谐的对话作为合适的工具。而《2001》透露的信息则截然相反。《2001》的信息是，如果我们曾经面对过一种外星文明，我们会发现外星人是和我们全然不同的生物。我们会发现外星人是如此奇异，他们做的几乎任何事情都不能被我们以合乎逻辑的方式理解。为了传递这种信息，《奇爱博士》所使用的工具是完全不合适的。如果库布里克做了我原指望他做的事情，以《奇爱博士》的风格拍一部太空戏，结果或许就是一个诙谐版的《星球大战》（*Star Wars*）。或许它也会和《星球大战》一样流行，而且在票房上也同样势不可当。但是那样一部电影就不能表达出库布里克期望表达的东西了。他想说明外星文明是完全非人类的，超出了我们理解力的极限。为了这个目的，他需要一种制片风格，它是非人类的、非言语的、神秘的。正如其他的伟大艺术家一样，当他有一个新信息需要传达的时候，他就发明出了一种新的风格。对于再干一次同样的事情，他毫无兴趣。电影《2001》有很多瑕疵，但它依然不失为杰作。以奇异的缓慢，它具体化了库布里克的想象力，它展示了在遭遇到某种霍尔丹所谓"不仅比我们设想的要奇异，甚至比我们能够设想的都要更奇异"的东西的时候，人类是何等卑微和孱弱。

在以后的年头里，当一再重温《2001》的时候，我常常想知道，对于我的脸没有能在荧幕上出现在米高梅计算机的前面，没有帮助库布里克把他的信息兜售给公众，我是该感到抱歉还是高兴？总体来说，我是高兴的。库布里克当然不需要我的帮助。奇怪的事情是，他居然曾经想过他做了的事。一个像我这样的值得尊敬的科学家，在那天是怎么跑到米高梅那个挤满了幻想家和演员的工作室里去的呢？我问了自己一个问题，那是刘易斯·卡罗尔[1]（Lewis Carroll）在类似的情境下问了自己的问题：

> 我的思想里满是指数和无理数，
>
> 但是所有这些欢乐于我究竟为何？
>
> X 的平方加上 7X 加上 53
>
> 等于 11/3。

事实是，在某些方面我是个特殊的科学家，正如刘易斯·卡罗尔是一个特殊的数学家。库布里克之所以邀请我到他的工作室，是因为他知道我是个不寻常的科学家，对于他正试图探索的问题，我有着热烈的兴趣。他知道我对未来着迷。

我不记得我对未来的痴迷是如何开始的了。我相信，在我于温彻斯特的中世纪建筑间接受的教养中，能找到其根源。温彻斯特是一个爱上了过往的城市。过去就在那里，近到触手可及。我幼时住过的建筑有 300 年的历史，而我在其中上学读书的那个威克姆的威廉姆[2]（William of

Wykeham）建造的建筑则差不多有 600 年历史了。我周围的人总是在谈论地方历史的要点、中世纪教堂建筑的细节，或者是考古现场的最近发现。作为小孩子，我缺乏耐性，我强烈逆反所有这些东西。为什么这些人抓住过去不放？为什么他们会对一个生活在 600 年前的主教兴致勃勃？我不想回到那个他们如此钟爱的无趣的旧世界里去。相反，我倒乐于往前迈进 600 年。所以，当他们旁征博引地谈论乔叟和威克姆的威廉姆的时候，我却在畅想着宇宙飞船和外星文明。600 年，对于任何成长在温彻斯特的人来说，都不算很长的时间。我知道，如果我能进入未来的 600 年，我会看到许多比老教堂更振奋人心的东西。

所以我变得痴迷且至今依然痴迷未来。本书的第三部分就是关于这种痴迷的。在英国和美国之后，未来是我的第三个家园。随后数章的主题，就是我在那里的信步漫游。

我不是未来学这个伪科学的实践者。未来学，新近几乎要变成一门专业学科了，它试图通过外推最近的过去以及现在的趋势来对短期未来进行定量预测。长远来看，定性改变总会比定量改变更重要。对经济和社会趋势的定量预言，会被游戏规则在定性上的改变击溃。对技术进步的定量预言，会被不可预言的新发明击溃。我对长远的东西感兴趣，在遥远的未来，定量的预言是毫无意义的。在那遥远的未来，唯一可以确定的是，完全不同的新事物会一直出现。探索它的唯一办法就是使用我们的想象。我接受库布里克的邀请，是因为我知道，和我一样，他对于未来是严肃的。我知道他甚至比我自己更愿意追随他自己的想象，无论它会把他带往何方。

最近芭芭拉·塔奇曼（Barbara Tuchman）出版了一本了不起的关于 14 世纪的书。14 世纪是乔叟和威克姆的威廉姆的世纪。她给书取名《遥远的镜子》（*A Distant Mirror*），意思是她在使用遥远过去的历史作为一面镜子来反思 20 世纪的悲剧性经验并阐明我们现在的问题。14 世纪的确是个悲剧的世纪，和我们的相差无几，虽然它在诗歌和建筑方面产生了如此之多具有恒久价值的作品。威克姆的威廉姆在其一生中建造了六座大的建筑。所有这六座建筑至今依然矗立，而且仍在按其最初的设计意图被使用着。虽然英语的发音或者词汇有所改变，但在使我们动容方面，乔叟的诗歌并没有失去其力量。芭芭拉·塔奇曼的镜子反射出的，不仅是一个被大量的人类痛苦和困惑所充斥的世纪，它也是人类的英勇者们的集会，他们以鼓舞人心的言行穿越世纪向我们走来。

我在试着探索未来，正如芭芭拉·塔奇曼探索过去那样。未来是我的遥远的镜子。像她一样，我把属于现在的问题和困难放在一个更大的视角中。像她一样，在我的镜子中，我也看到了一幅痛苦和骚乱的宏大图景。但那并非全部。我也像她一样看到，单独的个人穿越世纪的隔阂来到我们面前，他们感激我们的关注，就像我们因为乔叟和威克姆的威廉姆给我们留下的遗产而感激一样。

关于宇宙，爱因斯坦给了我们一种新的洞见：它是一个和谐的整体，在其中，过去与未来是没有绝对的含义的。1955年3月，就在爱因斯坦去世前不久，他听说米谢勒·贝索（Michele Besso）死了。在爱因斯坦年轻时期的伟大日子里，贝索分享了他的思想，在50多年的时间里他一直都是爱因斯坦的挚友。爱因斯坦给贝索在瑞士的妹妹和儿子写信吊唁。该信如此结束：

现在他比我早那么一丁点离开了这个奇怪的世界。不过那不代表什么。像我们这些信仰物理学的人知道，过去、现在和未来的区别，不过是一种稳固而持久的幻觉。

四周之后，爱因斯坦也安详地去世了。他对相对论的发现教导我们，在物理中将时空分为过去、现在及未来，不过是一种幻觉。他也懂得，在人类事务之中，正如在物理学中一样，这种划分亦为虚幻。

爱因斯坦的洞见强化了我从芭芭拉·塔奇曼及我自己的遥远的镜子中学到的教益。过去和将来离我们并不遥远。600年前及600年后的人们是和我们一样的。在宇宙中，他们是我们的邻居。技术引起并将继续引起的生活和思维方式的深刻改变，把我们和我们的邻居区分开来。而至为宝贵的，正是这种把我们维系在一起的亲近关系。

3.2　思想实验

"当未来的科学劳动者开始意识到自己的恐怖使命并以此为傲的时候，他们会越来越贴合代达罗斯的孤独形象。"我所认识的所有科学家中，在性格上最像霍尔丹创作的代达罗斯的人，不是生物学家，而是一个数学家，他的名字叫作约翰尼·冯·诺依曼（John von Neumann）。对于那些只是从外表——他矮胖而且乐于交际——来看冯·诺依曼的人来说，将他和代达罗斯进行比较，似乎是非常滑稽和不恰当的。但是对于那些私底下认识他的人来说，他们会明白，从心理感受的角度说，将这个人——这个小心翼翼地让人类沿着通往计算机时代的道路行走的人——刻画成代达罗斯，是极有预言性的。

第二次世界大战中，在洛斯阿拉莫斯，冯·诺依曼以原子弹设计顾问的身份，热情地参与了核弹的设计工作。不过即使在那时，他就已经明白，核能源并不是人类未来的主题。1946 年，他碰到老朋友葛乐波·瓦塔金（Gleb Wataghin），后者曾在巴西度过了战争年代。"你好，约翰尼，"瓦塔金说，"我猜你现在已经对数学不感兴趣了。我听说现在除了炸弹，其他你都不考虑了。""那是非常错误的，"冯·诺依曼说道，"我现在正在考虑比炸弹重要得多的事情。我在考虑计算机。"

1948 年 9 月，冯·诺依曼作了一个题为"自动机的一般及逻辑理论"（The General and Logical Theory of Automata）的报告，在他的著作合集的第五卷里，可以找到报告的全文。这份报告现在看来依然新颖易读。因为他讲的都是通用的东西，所以报告中几乎没有内容是陈旧的。冯·诺依曼的自动机是对电子计算机的一个概念上的总结，他是第一个看到计算机的革命性意义的人。一台自动机，是其行为可以由严格的数学术语精确定义的任何一个系统。冯·诺依曼感兴趣的事情，是为这种机器的设计和运作的理论建立基础。这种理论，可以被用于建造比现在所建造的任何机器都复杂和精巧得多的机器。他相信，基于这个理论，我们可以学习的不仅仅是如何建造更有能力的机器，还包括如何更好地理解活着的有机体的构造和功能。

冯·诺依曼并没有活到可以将他的自动机理论付诸实践的时候。生物学家们卓越地证实了他对于有机体功能的洞见，但他也没能活着见到那一天。他的 1948 年报告的主题是对一台自动机结构的抽象分析，这样一台自动机，有足够的复杂性，有自我繁衍的能力。他指出，一台可以自我繁衍的自动机，必须包括具有下述功能的四个彼此分离的部件。A 部件是一个自动化工厂，它是一个收集原材料、将它们处理成一种输出物的自动机，这种输出物须由一种写指令具体指定，而这个写指令则由外部提供。B 部件是一个复制器，它是一个接受写指令并复制它的自动机。C 部件是一个控制器，它是一个与 A 和 B 都连接着的自动机。当 C 被给予一个指令时，它首先将它传给 B 进行复制，然后再把它传给 A 进行操作，最后则将复制过的指令提供给 A 的输出，而自己则保留了指令的原版。D 部件是一个包括了全部说明的写指令，它可以使得 A 生产整个系统——A 加 B 加 C。冯·诺依曼的分析指出，在逻辑上，这种结构对于一个自我繁衍的自动机是必要和充分的，他也猜想说它也一定存在于活着的细胞中。五年之后，克里克（Crick）和沃森（Watson）发现了 DNA 的结构。现在，每个念高中的小孩就在学习冯·诺依曼四部件的生物学对应了。在这里，D 是遗传物质，RNA 和 DNA；A 是核糖体；B 是酶，RNA 和 DNA 是聚合酶；C 是抑制和去抑制控制分子以及其他作用还没有被完全理解的成分。就我们目前所知，每一个比病毒大的微生物的基本构成，和冯·诺依曼所说的它理应具有的模样精确一致。从冯·诺依曼的观点来看，病毒并不是自我繁衍的，因为它们是从自己侵入的细胞那里借来核糖体的。

冯·诺依曼的第一个主要结论是，具有这些特点并可以进行自我繁衍的自动机，在理论上是可以建造出来的。他的第二个主要结论不那么著名，它能够从数学家图灵的工作中推导出来，不过它更深刻地揭示了自动机问题的核心。该结论说，理论上存在一个通用的自动机。那也就是说，一个具有确定大小和复杂性的机器，如果被赋予正确的写指令，它会做任何其他机器能做的事情。因此超过一定规模后，为了完成复杂的工作，你不需要再将你的机器变得更大或者更复杂。你所需要的，只是赋予它更长和更详细的指令。你也可以通过将我已经描述过的自我繁衍系统中的工厂部件（部件 A）加入其中，使得通用自动机可以自我繁衍。冯·诺依曼相信，通用自动机的可能性，最终能解释无限持续的生物进化的可能性。在从简单有机体到更复杂有机体的进化过程中，你不需要重新设计基本的生物化学机理。你只需要修改和扩展遗传指令。自 1948 年以来，我们所学的关于进化的所有知识，都倾向于印证冯·诺依曼是正确的。

在即将进入 21 世纪的时候，我们会发现，冯·诺依曼的分析越来越与人工自动化和活细胞相关联。而且，随着我们越来越了解生物学，我们会发现电子科技和生物科技之间的差别，正变得越来越模糊。因此我提出了一个问题：假设我们学会了如何规划和建造一个有用的、几乎通用的可自我繁衍的自动机，在智力层面上，这东西会给我们带来什么呢？特别地，它会给经济原理带来些什么呢？或者会给我们对生态和社会结构的想法带来什么呢？

我想尝试通过一系列思想实验来回答这些问题。思想实验是一种虚构实验，用于阐明一个理论上的想法。它是物理学家发明的工具，旨在构造一种假想的情形，在其中，内在于某理论中的逻辑上的矛盾或者荒谬之处，会被尽可能清晰地呈现出来。随着理论变得越来越复杂，作为清除坏理论、对好的理论进行更深刻理解的工具，思想实验变得越来越有用。当一个思想实验表明，通常被接受的想法在逻辑上是自相矛盾的时候，它就被称为一个"悖论"。20世纪物理学的很大一部分进展，都是从发现悖论并将它们用作理论的一个鉴定标准而产生的。一个思想实验常常比一个实际的实验更有启发意义，而不仅仅是便宜太多了。物理学中思想实验的设计已经变成了一种艺术，而爱因斯坦是当之无愧的顶级大师。一个思想实验完全不同于一种预测。我将要描述的情形，并不是对于实际上将要发生的事情的预测。它们是建立起来的理想模型，是在有望实际处理它们之前，我们必须先在智力上加以对待的。

我的第一个思想实验并不是自己的发明。它的基本想法在20年前就已经由数学家爱德华·莫尔（Edward More）在《科学美国人》发表的一篇文章中提出了。那篇文章叫作"人造活体植物"（Artificial Living Plants）。在思想实验的开头，一艘平底船从一个毫不起眼的船坞下水，它属于澳大利亚西北海岸的RUR公司。RUR代表的是"罗苏姆的通用机器人"（Rossum's Universal Robots），它是一个具有悠久而卓越的历史的公司。船缓缓出了海，消失在视线中。一个月后，在印度洋的某处，两艘船出现在了那一艘去过的地方。原来的船装载着一个小型工厂，其中有所有必要的设备，还有一个计算机程序，使得它可以建造自身的一个完全的复制品。复制品包含了原来船上的所有东西，包括工厂和计算机程序的拷贝。建造材料主要是碳、氧、氢和氮，这些材料从空气和水中获得，经日光转化成高强度的塑料。金属部分主要是由镁来建造的，镁在海水中的含量丰富。其他不很丰富的元素按照要求使用得少得多。这些船被称为"人造植物"，是因为它们利用机器和计算机模仿了漂浮在海洋表面的微生物的生命周期。很容易计算出来，经过一年就会得到一千条船，两年会有一百万条，三年就会有十亿条，以此类推。在数量上，它是以比我们的人口繁殖快几百倍的速度爆炸式增长的。

　　RUR 公司让这艘船携带昂贵的货物下水，并不是为了好玩。除了自动工厂，每艘船还带着一个大箱子，它可以逐渐装满通过太阳能从海洋中分离出来的淡水。如果可能的话，它也会在澳大利亚海岸上较为方便的地方收集雨水，RUR 公司已经建立了许多抽水站，每一个抽水站都装备了无线电台。任何装满了淡水的船，都会被程序设定开到最近的抽水站去，在那里，它的水很快会被抽干，然后再被送上路。三年之后，当船已经分布在全世界所有海洋上时，RUR 公司邀请所有需要水的海港城市使用它的服务。在北美洲、非洲和南美洲的海岸线的上上下下，抽水站被建立起来，滚滚财源都流进了 RUR 公司的保险柜。沙漠开始开花——不过我想我们已经听过这句话了，上次是跟核能源联系在一起的。不过这次的困难在哪里呢？

　　在这个思想实验中，有两个明显的困难。第一个是经济困难。RUR 的船能向我们提供免费的淡水供应，但是要使用它，仍然是需要花钱的。仅仅将淡水抽到沙漠上是产生不了花园的。在世界上大部分的沙漠地区，哪怕有充足的淡水，也不会迅速就产生财富。为了使用水资源，人们需要导水槽、水泵、水管、房子，还要有农场、熟练的农民和工程师，所有这些配套设施都将会以每十年（而不是每几个月）翻一番的速度增长。这个 RUR 计划的第二个问题——也是更基本的问题，是生态问题。这些人工植物没有天然的捕食者。在运作开始后的第三年，RUR 公司卷入一桩与其他几个船运公司的官司，因为 RUR 的船阻碍了他们的航线。第五年，在地球上几乎所有的海洋表面，RUR 的船密集地铺展开来。第六年，所有大洲的海岸线都高高地堆满了在海洋风暴或者碰撞中损坏的 RUR 的船的残骸。到这个时候，对大家来说，RUR 计划很明显就是个生态灾难，而将来对人工植物的实验会被国际协议禁止。不过，对我来说幸运的是，禁令并没有扩展到思想实验中来。

我的第二个思想实验的细节，部分取自科幻小说作家艾萨克·阿西莫夫（Isaac Asimov）所写的一个故事。我们有火星这颗行星，在上面我们有一大片房产，可是它们完全没有经济价值，因为它们缺乏两种本质的东西，液态水和适宜的温度。环绕着行星土星的是土卫二。土卫二的质量相当于地球上海洋质量的百分之五，其密度比冰小很多。对于思想实验的目的来说，我们可以假设它由有杂质的冰和雪组成，而杂质中包含一种合适的化合物，它可以用来作为自我繁衍的自动机的建造材料。

这个思想实验开始于一枚火箭，它装有有效荷载，虽然很小，却是高度精巧的。从地球上辐射后，它静悄悄地向土卫二靠近。有效荷载中，包括一台能够使用土卫二上的材料进行自我繁衍的自动机，它还能够利用远距离的微弱日光作为能源。程序设定自动机会生产微型太阳航船后代，它们每一个都带着一张宽大的薄帆——在太空中，这种帆可以使用日光压力进行导航。航船被一个类似弹弓的简单机器从土卫二的表面发射到太空中。土卫二的引力非常小，只需要轻轻一推就可以发射了。每艘航船都将土卫二的一小块冰带到太空中。航船的唯一目的，是将它们运载的冰安全地送到火星上去。它们要走的路很长。首先它们必须使用它们的船帆和太阳光的微弱压力像走上坡路一样脱离土星的引力。一旦它们脱离了土星，剩下的路程就是下坡路了。沿着太阳引力的斜坡，它们就可以赶赴与火星的约会了。

在火箭着陆土卫二后的一些年里，自动机的繁衍在地球上是看不见的。之后一个小航船团队开始慢慢盘旋着向外脱离土卫二的轨道。从地球上看起来，土星好像长出了一个比原来的环要大差不多两倍的新环。再经过一些年，新环的外围向外扩展到了一个土星和太阳的引力作用相当的地方。航船慢慢地停下来，然后开始排成一长串，向太阳自由落去。

几年之后，火星的夜空开始变得明亮起来，小流星们不停闪烁。这种流动日夜不停地继续着，只有在夜晚的时候才会更容易看到一点。无论白天黑夜，天空都是温暖的。柔和温暖的风吹过陆地，暖意慢慢渗入冰冻的地底。不久之后，火星上下了十亿年间的第一场雨。随后没过多久，海洋也开始成长。土卫二上有足够的冰，可以保证火星的气候在一万年内都是温暖的，它会让火星的沙漠开花。让我们把这个实验的结论留给科幻小说作家，我们且看看能不能从中学习一些在现实世界中有效的一般原理。这个实验的结果是一个真正的悖论。悖论之处在于如下这个事实，那就是有限的硬件——一旦我们明白了如何做，我们可能用适度的资金建造出来——产生了无限的回报，或者按照人类的标准来说，至少是大得有些荒唐的回报。这里，我们似乎无偿得到了一些东西，而许多铁一般的现实问题却教导我们，任何事物都有一个刚性的价格。这个悖论迫使我们去考虑一个问题，那就是，自我繁衍的自动机的发展是否能够让我们超越经济学家和社会学家的传统智慧？我不知道这个问题的答案。不过我认为可以保险地预测说，这将会是 21 世纪人类社会的中心议题之一。现在开始考虑它也并不嫌早。

　　请允许我利用第三个思想实验来说明这个问题。土卫二计划的副产品之一，是一台小的自我繁衍的自动机，它可以很好地适应陆地上的沙漠并发挥作用。它主要是用硅和铝来建造自己的，从它经过的不管什么地方的普通岩石中，都可以提取这两种金属。从干燥的沙漠空气中，它可以提取充足的湿气以供内部使用。它的能源是太阳光。它的输出是电能，它可以以中等效率进行生产，与传送线一起将电能送到你需要使用的无论什么地方。就是否允许这种机器在我们的西部各州扩散，国会进行了激烈的辩论。一个机器的后代，可以轻松生产出如今美国总能量产出的十倍，不过没人能够宣称说它增加了沙漠里的美景。辩论的最终胜方是反污染的团体。能量的两种其他来源，化石燃料和核能，在那时都遭遇了严重的污染问题。与它们带来的化学或核污染非常不同的是，两种形式的新能源植物都在增加废热负担，它对环境正变得越来越有破坏力。与所有这些相对的是，吃石头的自动机一点也不产生废热。它仅仅使用本来会加热沙漠空气的能量，并将其中一部分变成有用的形式。它也不会产生烟雾和辐射。立法最终获得通过，自动机的复制被批准了，不过要附加一项限制性条款：每台机器要保存它所处位置最初的地表信息。如果因为任何原因，那个地点被遗弃了，机器就被程序设定要恢复它的原貌。

我的第三个思想实验又一次退化成了小说，所以我就说到这里。它似乎避免了 RUR 的船所牵涉的生态问题。如果太阳能是这么丰富而且这么无污染，为什么我们没有已经大规模地使用它呢？答案很简单，资金成本太高。自我繁衍的自动机似乎能够避开资金问题。一旦你有了原型机器、土地和太阳光，其他的都是免费的。这个岩石吞噬者，如果最终能够被制造出来并可以工作的话，目前为止阻碍太阳能大规模使用的经济障碍就可以被扫除了。

作为 21 世纪的一个实际项目，这个想法有意义吗？决定该想法的实际意义的未知量之一，是这个自动机的数量翻番一次所需要的平均时间。如果繁衍时间是 20 年，也就是说跟人类繁衍下一代的时间差不多，那么这种自动机并不会极大地改变人类社会的状况。因为在这种情况下，它们就只能以一种我们在通常工业增长中已经习惯的速度繁衍和生产新的财富。如果繁衍一代的时间是一年，情况就不一样了。一台机器就会在 20 年里繁衍出 100 万的后代，在 30 年里繁衍出十亿的后代，社会的经济基础会在一代人的时间里改变。如果繁衍一代的时间是一个月，问题的本质又会被大大地改变。那时，我们就可以愉快地考虑拆除我们的工业或者城市，然后在几年之内再用更令人愉快的方式把它们重建起来。

对于我为我的三个实验所假设的这种自动机来说，很难找到一个逻辑基础来猜测繁衍一代的时间可能是多久。唯一直接的证据来自生物学。我们知道细菌和原生动物——最简单的真正自我繁衍的有机体——繁衍一代的时间是几小时或几天。在生物组织的第二个主要层次，更高级的有机体，比如说一只鸟，繁衍下一代的时间为一年。

在生物组织的第三个层次——权且由单一物种智人（Homo sapiens）代表吧，繁衍一代需要 20 年时间。粗略地讲，我们可以说，一个生化的自动机可以在一天内复制自己，一个更高级的中枢神经系统需要一年，一个文化传统则需要 20 年。我们的人造自动机，应该与组织的这三个层次中的哪一个类似呢？

在 1948 年的报告中，冯·诺依曼讲的主要是逻辑上最简单的这种自动机，它通过直接复制来繁衍。对于这些自动机，他假设了一种对于单细胞生物很合适的结构。他将它们描绘成了独立的单元，它们在原材料堆里游泳，对彼此毫不关心。这种最低级的组织，对于我的第一个实验是足够的，但是对第二个和第三个是不行的。对于自动机在土卫二上像烂苹果中的虫子那样进行繁衍来说，这种结构是不够的。要产生我在第二个和第三个实验中描述的那种效果，自动机必须使用一种可控制的方式进行繁衍和变异。完全发育的机器群体，必须能够像一只鸟的细胞一样很好地彼此协调。必须有具有特殊作用的自动机对应着肌肉、肝和神经细胞。必须有高水平的感觉器官，还要有一套中央计算机来扮演大脑的角色。

在现阶段，高等有机体中的细胞变异和生长管理机制还很不清楚。也许理解这些机制的一个很好的方法，是继续冯·诺依曼对于可自我繁衍的自动机的抽象分析，但是这种分析要超出单细胞的层次。我们必须尝试去分析，要作为一个高等有机体的生殖细胞发挥作用，一个自动机至少应具备多少概念性组成部分。它必须包括制造每个后代的说明性指令，它还需要一个复杂的转换系统，能够保证许多不同种类的后代用协调的方式进行繁衍和工作。我没有认真地尝试过进行这种分析。现在冯·诺依曼已经死了，也许我们还不够聪明到能利用逻辑推理来完成这个分析，而只能等待实验胚胎学家来发现自然是如何解决这个问题的。

我的第四个思想实验只不过是第三个实验的一个推广版本。岩石吞噬者自动机在美国成功之后，RUR 公司上市了一个工业发展套件，它被设计成了发展中国家所需要的那种。只需要一小部分首付，一个国家就可以买到一个产蛋器。在几年之内，它就会发育成基础工业的一个完备模型，它还带着附属的运输和交流网络。这个产品是量身定做的，可以满足买方的特殊需求。卖方需要的保障条件，只是在系统成长的那段时间里，买方将建筑区域内的人口迁移出去。在系统完成之后，买方可以根据自己的喜好自由地介入对它的操作或者修改。

RUR 公司的另一个成功的冒险是城市更新套件。当一个城市发现自己在形象上或者经济上很差的时候，它只需要集合一群建筑师和城市规划师弄出一个重建计划。随后城市更新套件就会被程序设定使用一定费用来重建这个城市。

如此迅速的城市重建和工业发展的可能性对于人类价

值和制度所造成的影响，我无意假装知道。从消极角度讲，这些操作的非人性的范围和速度，会进一步将大多数人口和控制机器的极少数人口撕裂开来。对于那些房子被搬迁的人来说，城市的更新将仍然是一件讨人厌的事情。从积极角度讲，这个新科技可以使我们当代的许多经济问题消失。大多数的人们不用再担心物质商品的生产和分配。大多数人们会很愉快地将经济上的顾虑留给计算机技术人员，而自己可以寻找更有趣的方式打发时间。另一个积极的事情是，工业发展套件会迅速消除发达国家和发展中国家的不同。我们都会彼此相似地生活在一个后工业化的社会里。

我们居住的后工业化社会看起来会是怎样的呢？霍尔丹在他的《代达罗斯》中尝试做了一番描绘：

合成食物会取代花园、生产粪肥的工厂和屠宰场，它使得城市终于自给自足。

会有许多强壮的农场主，他们的心会碎成两半。

如果他看到我们正驶向的市镇。

树上全年都有水果和鲜花，

河里流淌着红色和褐色的啤酒，

一个老人在金银斑驳的树林里吹着风笛，

女王们，她们的眼睛蓝得像冰，正在人群里跳舞。

这是一首诗歌的体现形式，不是社会分析。不过，对于想象后工业场景的人性方面，我怀疑没人可以比霍尔丹在 1924 年所做的做得更好了。

3.3 外星人

1918 年，在赤道上方的天空，一颗非常耀眼的新恒星亮了几个星期。天文学家们称它为天鹰座新星❶（Nova Aquilae）。这是 20 世纪最亮的新星（Nova）。生物学家霍尔丹那时候在印度的英国军队中服役，他记录了对这一事件的观察：

三个在印度的欧洲人注视银河中的这颗大新星。显然，他们是某大型舞会上唯一一对诸如此类事情感兴趣的客人。在那些足以对这一天文爆炸的起源形成观点的人中间，最流行的理论将它归因于两颗恒星或者一颗恒星和一朵星云之间的碰撞。即使对于这一假设，似乎也至少存在两种可能。或者它是某个被居住过的世界的末日审判，或者它是对那里的少数居民进行的一次太过成功的诱导放射性实验。也或者这两个假设是同一个，而我们那个晚上看到的，是另一个世界的爆炸，在那里，太多的人跑出来看星星——他们本该在跳舞的。

得说几句来解释下霍尔丹的古色古香的语言。他使用了"诱导放射性"这种说法，它指的就是我们现在说的核能。霍尔丹写下这些话的时候，是裂变被发现并使得核能有可能被人类获得之前的15年。在1924年，受过科学教育的人都知道，那种能量大量存在，它被禁锢在铀核里面，在天然的放射性过程中会缓慢释放。方程 $E=mc^2$ 早就广为人知。但是通过人工手段去加速或者放缓天然放射性的尝试都完全失败了。有朝一日，"诱导放射性"会往人的手中放上释放（出于善或恶的目的）巨量能量的能力——对于这种想法，那时候的核物理学家并没太认真对待。霍尔丹有作为旁观者的优势，他是一个生物学家，对核物理的细节并不熟悉。他不同意专家的意见，情愿将"诱导放射性"作为地球或外星灾难的一个可能的起因。

天鹰座新星的例子引出了不少问题，在认真寻找智能生命在宇宙的其他地方存在的证据之前，我们必须先回答这些问题。我们应该往哪里找？看到证据的时候，我们又该如何辨认出它来呢？有几个晚上，天鹰座新星是天空里次亮的恒星。没有看到它的人，不是太瞎了，就是太忙了。也许正如霍尔丹建议的，它是某个技术型文明的人造物。我们怎能确定不是这样呢？我们怎能断定，我们不是因为理解不了我们看到的东西，才错失了外星智能存在的同样明显的证据呢？在天空中有许多奇异而我们也知之甚少的天体。如果它们中的某一个刚好是人造的，它或许已经盯着我们的脸盯了几十年，却仍然没有被我们认出来。

对于辨认人工天体的问题，1959年，物理学家科克尼（Cocconi）和莫瑞森（Morrison）建议了一个简单的解决办法。他们建议我们收听来自外星文明的无线电信息。如果我们在太空的邻居真的在传递这种信息以引起我们的注意，那么这些信息的编码方式就会具有明显的人为性。通过假定传递这些信息的生物与我们合作以使它容易辨识，科克尼和莫瑞森解决了辨认人工天体的问题。这种信息以其特殊的存在形式证明了其来源必定是人工的。科克尼和莫瑞森提出他们的建议之后一年，爱德华·珀塞尔（Edward Purcell）将他们的想法朝前推进了一步，他描绘了一种在银河系之中通过无线电信号进行的星际对话：

　　我们和我们遥远的朋友能聊些什么呢？我们有许多共同之处。我们有相同的数学、物理和天文学……所以我们可以从我们共同的基础开始我们的谈话，然后再转到更激动人心的对非共同经验的探求上。当然，这种交流，这种对话，有一种内在延迟的特征。几十年之后你才能得到你的问题的答案。但是你肯定可以得到它。它给了你的孩子们一些趣味和希冀。在最深的意义上，这种对话是完全良性的。没有人能带着目的威胁对方。我们看到过把目的到处传播的时候会发生些什么，但是人们可以实际上不为了什么而将信息传递出去。这里，人们可以进行终极的哲学对话——你所能做的只是交流思想，但是你可以畅所欲言。

　　宗教创立者们不必为追随者们在他们的语言之上建

立起来的教条负责。科克尼和莫瑞森只是建议说我们应该用无线电天文望远镜去倾听某种类型的信息。珀塞尔只是以诗意的语言表达了发现与友谊所带来的喜悦——如果我们能和一个外星物种建立起这种双向交流的话。科克尼、莫瑞森和珀塞尔所说的所有事情都是对的。但是在随后的20年里，他们的建议变成了一种教条。许多对搜寻外星智能感兴趣的人居然开始相信一种我称为"哲学对话教义"（Philosophical Discourse Dogma）的教条，它被奉为圭臬，它认为宇宙中充满了参与到远程哲学中的生命群体。哲学对话教义认为下述真理是不言自明的：

1. 宇宙中有大量的生命。

2. 存在生命的行星之中，有可观的比例拥有智能物种。

3. 有可观比例的智能物种会为了启示我们而传递信息。

如果这些陈述被接受，那么集中精力搜寻无线电信号并忽视其他寻找智能存在的证据的方式，就有意义了。但是对我来说，哲学对话教义远非不言自明的。现在既无证据证明也无证据反驳它。因为它可能是对的，所以我全心全意支持搜寻无线电信息；因为它可能是错的，所以我也支持寻找智能存在的其他证据，特别是无须那些我们想观察其活动的物种的合作的证据。

近些年，对无线电信息有一些认真的搜寻。接听技术在稳步改进。还没有有效信息被接听到，但是接听者并没有气馁。目前为止，他们也只是搜寻了无线电频率以及消息可能来自的方向中一个很小的比例。他们有将来以大为提升的效率继续搜寻的计划。他们无须建造新的巨型无线电天文望远镜去扫视星空。他们所要的，只是合理地分配一下现有望远镜的工作时间，以及以适量的经费去建造新的数据处理接收器，那样大量的频率就可以被平行搜索。数个无线电天文学家小组正希望将这些计划付诸实施。我支持他们的努力，也希望他们会成功。如果他们成功了，而且真的探测到一个星际信息，它会是 20 世纪最伟大的科学发现，人类史的一个转折点，人类看待自身及其在宇宙中的位置的观点的一场革命。但是不幸的是，成功得靠大量的运气。他们需要政治运气去筹措经费来建造仪器，他们也需要科学运气——得有一个肯配合的外星人给他们传递信息。

如果无线电天文学家不走运，或者外星人不那么乐于助人，那么就什么也听不到了。但是信息的缺失并不意味着外星智能不存在。考虑其他搜寻智能存在证据的途径是很重要的，如果哲学对话教义刚好不对，它们或许还能有用。我们不应该将寻找只捆绑在对自然及外星人意图的单个假设上面。通过无线电信息在宇宙中向彼此嗡嗡耳语的外星人同盟是一种可能性。同样可能的是——也许更加可能，宇宙人口稀疏，而且人们并不合作。也许宇宙中生命稀少，智能生命则尤其稀少，而外太空也没有谁有兴趣帮助我们发现他们。纵然有这么多不利条件，对智能生命的搜寻也不是毫无希望的。如果我们从无线电信息走开去，科克尼和莫瑞森那么漂亮地解决了的问题，即学习如何辨识人工天体之为人工的，就又成了基本的问题了。

　　让我们回到天鹰座新星的例子上来。现在没人会认真对待霍尔丹所谓天鹰座新星是一次特别成功的核物理实验的想法了。为什么不呢？自 1924 年以来，发生了什么让这想法变得荒诞不经了呢？发生了的事情，并不像人们可能期望的那样——霍尔丹将偶然的碰撞作为新星爆发的起因并不是对的。事实上，现在没有人再相信霍尔丹提到过的那些理论了。道理简单说来是这样的。作为上一个 20 年完成的卓越的观测工作［大部分是由罗伯特·克拉夫特（Robert Kraft）在加利福尼亚的利克天文台（Lick Observatory）完成的］的一个结果，我们现在对新星已经知道得足够多，对于将其爆发解释成某种意外的理论，我们已经不能满意了。克拉夫特细致观测了十颗暗星。它们每一个都是新星爆发之后的暗淡的残留物。其中之一就是天鹰座新星。他发现，可以肯定的是，它们中的七个天体（或者可能是十个）都有一种特殊的结构。这种结构将它们和天空中的其他恒星区分开来。它们每一个都是一个双星系统，包含一个非常小而热的组成部分和一个稀薄而凉的组成部分。双星系统中的两颗星在一个很短的距离上围绕彼此旋转，它们彼此有效地接触。旋转的周期都是非常短的。天鹰座新星的这一周期是 3 小时 20 分钟。我们还不能在细节上理解何以这种特殊类型的双星会和新星爆发联系在一起。有一个理论说，凉的那个组成部分会稳定地像降雨一样向热的组成部分的表面落下物质，而这些落入的物质被加热到极高的温度，有时就像点燃了一颗氢弹。这个理论或许最终是对的，或许它会被一个更好的理论代替。无论如何，在克拉夫特的观测之后，对任何解释不了为什么只有这种特别的双星系统才有此现象的爆炸理论，我们就不能太当回事了。霍尔丹的所有建议都经不住这一考验。尤其不可信的是，一种能在核物理领域进行一场灾难性实验的智能生物，竟能在天空广泛分布的许多彼此分离的部分中存在，还总是出现在依附于一种罕见而特殊种类的双星系统的行星上。

对于任何从理论原理上计算智能生命形式在宇宙中出现机会的尝试，我拒绝认可，它们是毫无价值的。生命通过一些化学过程才出现在了地球上，但我们对于这些过程的无知，让这种计算变得毫无意义了。依赖于这种化学的细节，在宇宙中生命或者是丰富的，也或者是罕见的，甚至在我们的星球之外它根本就不存在。但是有很好的科学理由让我们继续对智能存在证据的寻找，并且怀有收获成功的希望。支持我们这些观测者的本质要点是，我们无须去观测一个一般智能物种的活动效应。如果能够在宇宙中观测到一个最挥霍无度、最奢华浮夸的扩张主义者的活动效应，或者一个技术上最疯狂的社会的活动效应，那也就足够了。当然，如果专擅这些特征的物种只有我们自己，那就另当别论了。

很容易想象一个高度智能却对技术没有特别兴趣的社会。也很容易在我们的周围看到并不包含智能的技术。当我们仰望宇宙寻找人工活动的迹象的时候，我们必须搜寻的是技术，而不是智能。直接搜索智能更值得做，但技术是我们唯一有机会见到的东西。要确定我们是否有望观察到外星人的技术效应，我们需要先回答以下问题：对于一个扩张主义的技术型社会，自然对其活动的尺度和范围有何限制？其活动最有可能被我们观察到的社会，是那些已经扩展到物理规律所许可的极致程度的社会——无论其扩展是因为善还是恶。

现在我的要点来了。只要时间充裕，关于一个技术型社会能做的事情，那是没有什么限制的。先说说殖民问题。对于人类殖民者来说，星际距离大得令人望而生畏，因为我们是用我们短暂的人类生命来衡量的。在某人的一生里，我们是不能走多远的。但是一个长远存在的社会是不必受限于人的个体生命期的。如果我们假定一个很有限的旅行速度，比如说光速的百分之一，那么在整个银河系中从一头到另一头需要 1 000 万年之久。光速的百分之一这种速度，可以通过核推进的空间飞船得到，甚至用我们现在相对比较原始的技术就能做到。所以殖民的问题是个生物学问题，而不是一个物理问题。殖民者们可能是能够长久生存的生物，在他们眼里，过去的千年不过历历如同昨日。或者他们掌握了在他们的航程期间将自己冷藏起来的技术。无论如何，对于有上百万年的时间可供利用的物种来说，星际之间的距离并非障碍。如果我们假定——在我看来，这是可能的——物理学技术的进展允许飞船的速度达到光速的一半，星际距离也不会是一个障碍。一个将殖民活动推至可能的极限的社会，会有能力抵达和开发一个星系的资源，也许甚至是许多个星系的资源。

一个星系中可以开发的资源是什么呢？原材料是物质和能量——物质的形式会是行星、彗星或者尘云（dust cloud），而能量的形式则是星光。要完全开发这些资源，一个技术型物种必须将能够得到的物质转化为生物生活空间和工业机械——这些工业机械装配在环绕恒星的表面上以便充分利用星光。在一颗尺度及化学成分类似木星的行星上的物质，便足以形成一个充分开发像太阳一样大小的恒星的星光的人工生物圈。在整个星系中，也许没有足够的行星可用于制造环绕恒星的人工生物圈，但是有其他充足可得的物质资源可用来实现这一目的。比如红巨星（red-giant star）膨胀后的表层就可以用于采矿作业，它可以提供比行星多得多的物质量。剩下的问题是，要建造足够多的用于制造人工生物圈的机械设备，技术上可不可行呢？如果时间充分，这种工作是能够完成的。为了就这种可行性说服我自己，对那些用来将地球大小的行星拆开再重新组装成一组环绕太阳的宜居球体的机械，我做了些粗略的工程设计。为避免误解，我得强调我并不是建议真的对地球干这种事情。我们有足够多已死的行星去进行这个实验，没必要毁了一个还活着的。但是在这一章里，我并不是在关心人类将来可能要干些什么。我只是在关心其他社会在过去做过的事情产生的可观测的效应。制造充分利用恒星光的人工生物圈，显然是在一个长期生存的技术型物种的能力以内的。

一些科幻小说作家错误地将发明人工生物圈思想的荣誉给了我。事实上，我是从他们自己的一个同事——奥拉夫·斯塔普雷顿（Olaf Stapledon）那儿拿来的：

每一个太阳系，现在被一层光陷阱的薄幕所笼罩，它将逃逸而出的日光聚集起来以供智能生命之用——整个星系都因之而黯淡了。许多不适合做太阳的恒星也被分解掉了，其巨量的亚原子能量储备也被劫夺一空。

这个段落，我是在斯塔普雷顿写的《造星人》（*Star Maker*）中找到的，那本书很破，是我于 1945 年在伦敦的帕丁顿车站偶然得到的。

苏联天文学家卡尔达肖夫（Kardashev）建议过，宇宙中的文明应该分为三种不同的类型。类型 1 的文明控制一颗行星的资源。类型 2 的文明控制一颗恒星的资源。类型 3 的文明控制一个星系的资源。我们还没有达到类型 1 的状态，但是也许在几百年内我们就能做到了。类型 1 和

其他

2——或者类型 2 和 3——在尺度和能力上的差异大概是100 亿倍，从人类的标准看，这种差异是不可想象地巨大的。但是经济的指数增长过程会允许这种深广的鸿沟被迅速跨越。增长 100 亿倍要花掉翻番 33 次的时间。一个以1% 的保守速度增长的社会，从类型 1 转变为类型 2，会在 2 500 年内完成。从类型 2 变为类型 3 时间要更久一点，因为这需要星际航行。但是这种转变的时间，对于一个长久存在的社会的历史来说，只相当于一个简单的插曲。所以卡尔达肖夫得出结论说，如果我们曾经发现过一个外星文明的话，那么它可能明显属于三种类型之一，而不是处于其间的某个简单的过渡阶段。

长远地看，一个社会在技术增长方面的限制只会来自其内部。一个社会总可以选择限制其发展，或者通过自觉的决定，或者是因为停滞，或者是因为对发展不感兴趣。一个不存在这些内部限制的社会，可能会永远地继续发展下去。一个恰好有很强的扩张主义驱动的社会，会在几千年里从单个行星（类型 1）扩展成一个利用整个恒星的生物圈（类型 2），然后在几百万年里它又会从单个恒星扩展到整个星系（类型 3）。一个物种，一旦跨越了类型 2的状态，在可以想象到的最坏的自然或人工灾难面前，它都可以应付自如而不致灭绝。当我们观测宇宙的时候，相比于一个还处于类型 1 状态的社会，我们更有可能发现一个已经进入类型 2 或者类型 3 的状态的社会——即便扩张主义的社会稀少到百万个里面才会出现一个。

已经定义好了我们寻找的技术活动的范围，我终于要讨论天文学家最感兴趣的一些问题：这种活动的可观测的结果是什么？如果它们存在，什么样的观测最有可能让我们认出它们来？为方便起见，我们就类型1、2、3三种文明来分别讨论这些问题。

除了用无线电之外，类型1的文明在星际距离内是不能被探测到的。能发现一个类型1文明的唯一机会就是按照科克尼和莫瑞森的建议去倾听无线电信息。这就是上一个20年里我们的天文学家进行搜索的方式。

类型2的文明或者会是强劲的无线电波源，或者不是。只要我们对于这种文明中的居民的生活方式还完全无知，我们就不能对他们辐射的无线电波的强度和性质做任何有用的估计。但是有一种辐射是一个类型2文明不可避免要发出的。按照热力学第二定律，一个开发了整个恒星的能量的文明，必定要以热损的形式辐射上述能量的一大部分。热损会以红外辐射的形式辐射到空间中去，而地球上的天文学家就可以观测到它。任何类型2文明都必定是一个红外辐射源，其亮度足以比肩于一颗正常恒星。这种红外辐射将主要由该文明的生物圈的温暖的外层表面发出。如果体内含有液态水的生物居住在这个生物圈内，我们可以推定，它的温度大概是地球上的陆地温度。这个生物圈表面的热辐射将主要出现在宽度约为10微米（大概是可见光波长的 20 倍）的一个波段上。很幸运，这个 10 微米的波段非常方便红外天文学家的研究，因为我们的大气层对它而言是非常透明的。

在科克尼和莫瑞森开始对外星智能的讨论之后，我建议说，在天空中寻找人工天体的天文学家们，应该从寻找 10 微米的强红外辐射源开始。自然，如果每发现一个新的红外辐射源就宣称智能存在的证据被找到了，那是荒唐的。议论是反过来的。如果某个天体不是红外辐射源，那么它就不可能是类型 2 文明的家园。所以我建议天文学家们首先应该考察天空并编订一份红外辐射源的目录，在这之后，他们应该使用光学和射电望远镜对目录中的天体进行仔细观察。通过这样的策略，搜寻无线电信息会大大提高获得成功的机会。无须在整个天空中搜寻无线电信息，射电天文学家可以集中力量监听数量相当少的被精确定位的方向。如果最终表明，某一个红外辐射源也是某种特别的光学或者无线电信号的来源，那么我们就可以将它视为人工天体的候选者了。

当我在 20 年前提出这个建议的时候，红外天文学几乎还没有开始。只有少数先驱在使用望远镜和简单的探测仪器寻找红外辐射源。现在情形已经大为不同了。红外天文学成了天文学的一个主要分支。星空已经被全面调查过了，辐射源的目录已经存在了。我并非要对此邀功。天文学家对天空进行全面考察并制作目录，并不是为了去寻找类型 2 的文明。他们只是把天文学家的传统使命朝前推进了一步——搜寻天空看看那里有什么。

到现在为止，红外天文学家还没有找到任何让他们疑心是人工的天体。相反，他们找到了各种各样的自然天体，有一些是在银河系里的，另外一些则是在银河系外面的。这些天体的一些是可以理解的，另一些则不是。它们中的很大一部分是稠密的尘云，而可见或不可见的炙热恒星使它们保持热度。当热恒星不可见的时候，这样的一个天体就叫作"茧状星云"（cocoon star），即一颗埋藏在茧状尘埃里的恒星。茧状星云常常在可以见到明亮的新生恒星的空间看到，比如猎户星座的巨大星云里。这一事实似乎说明茧状星云是恒星的诞生过程中一个标准且为时甚短的阶段。

表面看来，在茧状星云和类型 2 文明之间似乎颇有相似之处。在两种情形之下，我们都有一颗不可见的恒星，它们都被一种不透明的壳层包裹，这个壳层在红外波段有很强的辐射。那么，为什么没人相信在现在已经发现的茧状星云里居住着类型 2 的文明？第一，茧状星云太亮了。它们大多数都辐射出几百至几千倍于太阳的能量。从天文学标准来看，亮到这种程度的恒星必定存活时间很短。而类型 2 的文明更可能生活在一颗像太阳那样长期存在的恒星附近。这种文明所发出的红外辐射应当比我们探测到的大多数茧状星云昏暗数百倍。第二个不能相信茧状星云是

其他

人工天体的理由是，它们的温度太高了，对于生物圈来说不合适。它们大多数的温度都在 300 摄氏度以上，比我们所知道的生物能生存的温度都高太多了。第三个原因是，在茧状星云附近，有稠密尘云的直接可见的证据。我们没道理指望类型 2 的文明会给自己包上一层烟幕。第四个，也是将茧状星云视为自然天体的最具决定性的理由，是它们出现的一般背景。人们看到，新恒星正在诞生和大块散开的尘云正在凝结的地方，是空间的同一块区域。因此，茧状星云必定和这些相伴的自然过程有某种逻辑上的关联。

我得承认，自我提出我的建议以来的 20 年里，红外天文学，尽管成绩卓著，但是它没有能够拿出类型 2 的文明存在的证据。我们该不该放弃它可以成功的希望？我不认为我们应当放弃。只有当我们探索了比天文学家迄今探索到的壮丽天体黯淡一百倍的红外辐射源，我们才可以指望找到类型 2 文明的候选者。一个天文学家更倾向于在望远镜上花时间去仔细研究一个明显有趣的天体，而不会倾向于去做一个将来要去考察的昏暗光源的长目录。我不责备天文学家们在回头对昏暗光源进行枯燥的调查之前先把明亮光源上面的"奶油"刮走。在对太阳那种亮度的光源进行完全的调查之前，我们得等些年。只有当我们拥有一份昏暗光源的长列表的时候，我们才能指望类型 2 文明的候选者会从中出现。至少要等到我们对那些暗淡光源的结构和分布能了解得和我们今天对明亮光源的了解一样多的时候，我们才会知道要不要认真对待这些候选者。

　　遥远星系中的类型 3 文明应当比我们自己星系中的类型 2 的文明辐射明显更为明亮的无线电波、可见光和红外辐射。特别地，类型 3 文明作为银河系外的红外辐射源应当是可以被探测到的。但是，类型 3 的文明可能比类型 2 的更难辨认，原因有二：第一，相比于我们对类型 2 文明的行为的概念，我们对类型 3 文明的行为的概念甚至更加含糊而不可靠。第二，对星系的结构及进化，我们要比对恒星的诞生和死亡知道得少得多，因此我们对自然出现的银河系外红外光源的了解，比我们对星系中的自然光源的了解要少。我们对茧状星云的理解，至少已经多到我们自信它们并非类型 2 的文明。我们对星际红外辐射源的理解有限，所以我们不确定它是任何东西。直到我们已经探索过遥远星系核心处发生的许多奇怪而激烈的现象，我们才能指望自己能辨认出类型 3 的文明究竟是什么样子。

　　类型 3 的文明有没有可能存在于我们的银河系呢？这个问题理应获得比以往更多的严肃思考。如果我们想象类型 3 的文明以残忍无情的效率在银河系泛滥，并且剥削它能够获得的每一颗恒星的星光，那么答案就是否定的。但是其他种类的类型 3 文明也是可以构想的。一个诱人的可能性是，它可能会基于植物在空间自由生长，而不是大规模的工业硬件。类型 3 的文明可能用彗星而不是行星作为栖息地，它可能用树木而不是发电机作为能量来源。如果这样一种文明

其他

还不存在，也许有朝一日我们自己会把它创造出来。

但是我该把这种空想留到后面的某章，然后回到本章的主题上来。本章的主题是观察。对于恒星、行星、生命和思想，我不信我们已经知道得足够多，以致竟有坚实的基础能对宇宙中智能的出现有无可能下个判断。许多生物学家和化学家从不充分的证据里面推断说，在我们的星系中，智能生命的发展应该是经常发生的。检验过他们的证据，听取过他们的议论后，我认为同样可能的是，除了我们，没有其他智能物种曾经存在过。这个问题只能由观察来回答。

从对天鹰座新星的讨论，从对三种文明类型以及红外放射源的讨论，我得到一个一般的结论：在天空寻找人工天体的最好办法，就是以尽可能多的方法去寻找自然天体。我们似乎并不能正确地猜测一个人工天体应该是什么样子。我们最好的机会，就是寻找大量各种各样的自然天体并尽可能细致地了解它们。如果我们找到了一个天体，它违背自然的解释，我们就可以怀疑它是否可能是人工的。一个在宇宙中寻找智能生命证据的合理而长远的计划，和一个一般的天文学探索方面的合理而长远的计划，是不能区分的。我们应该通过所有可能的渠道对宇宙进行探索，我们要使用可见光、无线电波、红外线、紫外线、X-射线、宇宙射线和引力波。只有多种渠道齐头并进，我们才能对我们找到的天体了解得足够多，才能分辨它是自然的还是人工的。我们的探索计划会带来自然天体发现方面的大丰收，无论我们能否在其中幸运地找到人工天体。

3.4 进化枝与克隆

17 岁的时候，我和剑桥大学登山俱乐部的一群学生在仲冬来到威尔士。我们住在靠近克瑞格教堂村的赫勒格小屋里，在纷飞的薄雾和雨以及偶尔的雪花中，我们在特瑞凡峰的扶壁上攀爬。那个时候，没人会想到戴安全帽爬山。如果你位于绳索上的第三个，你应该小心被前面的登山者踩下的石头。我一没注意，一块又小又尖的石头割破了我头皮上的一根小动脉。伤口很小，但是血流很猛。我松开了自己的绳子，朝着上面的薄雾喊道，我受够攀岩了，我要回家去了。

我走到最近的路上，盼望着能搭车返回克瑞格教堂村。我做好了要走一长段路的准备，因为当时是战时，汽油只提供给公务在身的人。极少有车从山路这边过，而且 12 月间短暂的日光已经开始褪去。让我吃惊的是，在我已经沿路向下走了十分钟后，一辆公交车经过，它为我停了下来。我上了车，我问司机他多久从这里走一趟。司机看着我浸血的头发和衣服，明显不以为然。"哦，我们只在星期二走一趟。"他说道。所以我乘单程车到了贝茨瓦考德（Betws-y-Coed），然后从那里继续走下山谷到达兰达诺（Llandudno）。在兰达诺有一个医院，对于给受伤的攀岩者缝合伤口，他们特别有经验。

我在兰达诺医院待了两天，和另外九个病人被安排在

其他

一个病房里。我被擦洗过了，也吃过了东西；我的头发被剪过了，头皮也被缝好了。但是我想和护士以及病人进行友好交谈的尝试却彻底失败了。除了给我缝伤的医生，没人在我面前说过一个英文单词。其他所有人，病人、护士和来访者，一律说的都是威尔士语，而我说英语的时候他们就假装听不懂。威尔士的语言是美妙的，我喜欢听带着他们音色的音乐。不过，他们给我的信息也是明确无误的：我是一个外国人，我越快坐火车回英格兰越好。

对一个习惯于将"英语"和"不列颠语"作为同义词的英国男孩来讲，这是一段醍醐灌顶的经历。威尔士人已经被征服了六百年，他们又被强制使用征服者的语言进行了70年的教育，但威尔士的兰达诺用的却仍然是威尔士语。当压迫者的一员无助地落在他们手中的时候，他们照料了他的伤口，却给他上了此生难忘的一课。

后来，我还见识过相同的待人方式被许多人精明地使用过。瑞士的德国人对在苏黎世（Zurich）的高地德国人（High German）用过，罗曼什（Romansh）的瑞士人对在蓬特雷西纳（Pontresina）的德国瑞士人用过，阿米尼亚人（Armenians）对在埃里温（Yerevan）的俄国人用过，还有普韦布洛（Pueblo）的印第安人对在新墨西哥的赫梅斯普韦布洛（Jemez pueblo）的盎格鲁美国人使用过。人口越少越容易消逝的少数民族，其古语也就越珍贵，因为语言成了他们唯一的武器——它折服了征服者们的骄傲，并保持了他们作为一个民族的自我认同。全世界只有两万人讲赫梅斯普韦布洛语言。如果你是一个赫梅斯印第安人，你或许会开着雪佛兰（Chevrolet）去阿尔伯克基工作，必须全天使用英语或者西班牙语谈论工作。当你在傍晚回到普韦布洛的家里，听到你的孩子们说着赫梅斯语时，你的感觉会很好，哪怕他们只是在讨论摇滚音乐和棒球。你教导他们，不要为了旅游者的钱出卖自己的尊严。赫梅斯普韦布洛不是一个旅游景点。它不是博物馆。它是一个活生生的社区，在调整自己适应征服者的方式但又不抛弃自己的文化遗产和自尊方面，社区里的人们比大部分被征服民族做得都好。和在兰达诺的威尔士人一样，他们仍然拥有自己的语言。只要他们的语言还在，他们就具有一个征服者无法穿透的内在堡垒。

定居在以色列的犹太人，比任何人都更了解语言作为人类事务中的一个推动力的力量。当我作为访问者到达以色列的时候，我所见的最让人印象深刻的景象——比博物馆、大学、城市和农场都更让人印象深刻——是在海法（Haifa）的一个公共园地里，一群幼儿园的孩子在用希伯来语互相交谈，那是一门一百年前差不多就消失了的语言。

散居世界各地的犹太人要求回到古代故乡巴勒斯坦，重建犹太国的政治主张与运动。

希伯来语的复苏，是犹太复国运动 ❶ 的先驱者们一个最主要的成就，它是使得其他所有成就变得有可能的成就。

人类有一个令人吃惊的品质——犹太人和非犹太人一样，就是对于实现语言的迅速变化和分化来说，我们可能带着某种天生的能力——或许还有某种天生的需求——在进行进化。这不是谁能天真地想象出来的。人们能天真地想象出来的是，当智能物种进化了对语言的使用的时候，只有一种语言会剩下来。人们可能会想，会说话的第一个动物，将进化出词汇及其含义的一种固定结构，它就像 30 亿年前进化出的基因密码一样不可改变。编写《圣经》的那些聪明人，明白这里存在一个问题。他们创造出巴别塔（the tower of Babel）的传说 ❷ 来解释我们为什么有这么多的语言。他们很明显认为——今天的许多人也认为，如果我们都说同一种语言，生活会更简单，人际关系也会更容易。

在《圣经》中，人类野心勃勃想要建成一座通天塔，"塔顶通天，为要传扬我们的名"，上帝知道后，就变乱了人们的语言，因此巴别塔就从未建成。

对官僚阶层和管理者来说，一个具有统一语言的世界，确实是一个可以更简单地进行管理的世界。但是在我们自己的历史上、在史前时期，以及在当代，有强烈的证据支持下面的假设，那就是语言的可塑性和多样性在人类的进化中扮演着至关重要的角色。我们拥有多样化的语言，这并不仅仅是一个不甚方便的历史意外。它是自然让我们的迅速进化成为可能的方法。人类能力的快速进化要求社会和生物一起发展。生物的进步来自随机的基因变异，那只在小而且基因孤立的团体中是重要的。为了保持一个小团体在基因上孤立，为了让它能够进化出新的社会制度，至关重要的是，应当有语言壁垒，使得团体的成员们可以迅速与其邻居彼此分开。我们之所以能作为智能物种脱颖而出，可能特别依赖于我们具有这种在几代之内从原始印欧语（Proto-Indo-European）转换到赫梯语（Hittite），再转换到希伯来语，然后转到拉丁语和英语，最后又回到希伯来语的令人吃惊的能力。在未来，很可能发生的是，我们的生存和我们将来的发展，会同等关键地依赖于文化和生物多样性的维持。在未来，与过去一样，如果我们讲许多语言，并且当文化差异产生的时候能迅速发明新语言，我们就会更健康。我们现在已经有了保护濒危物种的法律。我们为什么没有同样强力的法律来保护濒危的语言呢？

物种和语言之间的相似性，只是自然在生物进化以及智能在文化进化上所使用的工具之间的深层次相似性的一个方面。我很清楚，作这种类比，我是在将自己推入危险之境。社会达尔文主义的政治滥觞，对于把整个生物学概念推广到人类社会领域，已经造成了很恶劣的影响。然而，对政治滥用的审慎顾虑，并不足以让我们否认生物和文化进化之间的这种相似性的存在。我所想到的相似性如下：在从大概三十亿年前到五亿年前的巨大时间跨度里，生命体作了从原始单细胞生物到具有多种复杂结构的多细胞物种的转变。我们不知道这个巨大转变发生的细节，但是我们知道三个关键的生物发明是紧密地结合在这个过程当中的。这三个基本的发明，在高等有机体的进化之前就由生命体创造了出来，它们是死亡、性行为和物种形成。死亡，使得未来可以跟过去不同；性行为，使得基因特征可以迅速融合和被分享；而物种形成，即通过基因壁垒形成相互隔离的物种，使得多样性的进化成为可能。在生物有足够空间从外形和行为上调适自己并填

生态位是指一个种群在生态系统中，在时间、空间上所占据的位置及其与相关种群之间的功能关系与作用。

上种类丰富的生态位❶（ecological niche）（这些生态位由生物自身的多样化发展逐渐提供）之前，这三个发明都是必需的。

每种生物学发明，在人类文化的进化

中都有其类似物。死亡的类似物是灾难。在每个人类文化中，智力和想象都已经接受了死亡这个事实，而且把它变成了仪式、戏剧和诗歌的中心主题。伟大的文化已经从死亡中提炼出了悲剧文学的伟大作品。性行为的类似物是浪漫。在每个文化中，智力已经将性行为变成了美丽而具有神秘感的东西。从性行为中，我们创造了伟大的舞蹈作品、浪漫的故事和抒情的诗歌。最后，我们有第三个也是最伟大的生物学发明——物种形成。智力也已经将物种形成转变成了一种新的创造性原则，那就是人类语言的可塑性和多样性。正如物种形成赋予了生物试验形式与功能多样性的自由，语言的变异也赋予了人类试验社会及文化传统多样性的自由。我们的社会制度的灵活性，从我们的多语言传统中发展起来。如果威尔士人停止说威尔士语，或者赫梅斯的印第安人停止说赫梅斯印第安语，所有的人性就会更加贫乏，正如人类杀死最后一只恐鸟或者最后一只斯特拉海牛的那天，所有的生物就会更加贫乏一样。

物种和语言之间的类比或许可以更进一步，将新物种和新语言诞生的过程包括进来。有一些证据表明，物种通常发源于一种叫作进化枝（Clade）的群体。Clade是一个希腊词，意思是树的一个分支——在此处树就是进化树，而嫩芽则代表着各个物种。某些气候或者地理上的进化发生时，它就会破坏自然既有的平衡，然后不仅仅是一个物种，整个进化枝都会在一个很短的地质时期内出现。

物种的一个进化枝似乎是如下情节的结果：在一个新的或者被扰动的栖息地，一小群物种快速繁衍和分化。主要的进化发生在新进化枝形成的时候，而不是已有物种改变的时候。所有这些，都和罗马帝国灭亡之后在欧洲发生的事情极其相似。一个由拉丁语统一起来的伟大文化陷落了。在那个地方出现了新的拉丁语系的语言——法语、西班牙语、意大利语、葡萄牙语和罗马尼亚语——的进化枝，每种语言最终都产生了一个新的具有自己的文学和传统的文明。这个进化枝也包括了一些其他的语言，如加泰罗尼亚语（Catalan）、普罗旺斯语（Provencal）和罗曼什语等——它们可能还必须要为存活下来而与它们的兄弟抗争。另外的古老的语言类别——包含威尔士语的凯尔特语和包含俄语的斯拉夫语——可能以类似的方式产生于同一起源。只有在罗曼语的例子里，进化枝形成的过程发生在历史上著名的时刻——那是有案可考的。罗曼语的成长和分化令人吃惊地迅速。最多 20 代人的时间里，它就把统一的罗曼欧洲从具有稳固的地方语言的欧洲中分离了出来。

在生物学中，克隆是进化枝的对立面。一个进化枝是一群具有相同起源的物种，但是它们表现出了如此广泛的基因多样性，它们甚至不再能进行异种交配。而一个克隆是一个单一物种，所有个体在基因上都是相同的。进化枝是构成进化中的巨大飞越的东西。而克隆是进化的终结，它的适应很缓慢，它的进化也同样缓慢。进化枝只能发生在通过性行为繁衍的生物身上。而自然中的克隆往往是无性的。

所有这些，在语言学的领域也有着自己的类似物。一个语言学上的克隆是一种只使用单一语言的文化，是一个具有排斥外语词汇和外国思想的单一语言的族群。它的语言继承，一代代地进行着无性传播，趋向于变得逐渐贫瘠。这种贫瘠的过程，从伟大的英语作家莎士比亚到狄更斯——更不用说福克纳（Faulkner）和海明威（Hemingway）了——所使用的词汇量的缓慢退化中，可以非常容易地看出来。随着世纪的更迭，词汇变得越来越少，而文学巨著变得越来越罕见。语言的返老还童需要有性繁殖的类似物，也就是语言的融合和词汇的杂交。英语文化的巨大繁荣，是随着诺曼英国的法国人和盎格鲁-撒克逊人的通婚而到来的 ❶。罗曼语的进化枝，并不是单纯地从拉丁语发展而来的，它是随着帝国解体，从拉丁语和当地未开化部落的语言的杂交中产生的。在人类文化中，和在生物学中一样，一个克隆是一个终结，而一个进化枝则是不朽的保证。

公元 11 世纪后期，法国的诺曼底公爵统帅军队征服了盎格鲁-撒克逊时代的英国，建立了英国的诺曼王朝。

我们会成为进化枝还是克隆呢？这或许正是人类未来的中心问题。换句话说，我们应该如何让我们的社会制度足够灵活，从而保存我们宝贵的生物和文化多样性呢？有一些积极的信号表明，我们的社会正在变得比它原来更加灵活。许多三四十年前被禁止的行为方式现在被允许了。在少数民族语言曾经被压制的国家，现在它们也被容忍甚至被鼓励了。在我访问兰达诺 35 年后，我待在加的夫（Cardiff）的一个朋友的家里，那里是英格兰征服者在威尔士的首府，我很高兴地看到，我那说孟加拉语的朋友的孩子们正在加的夫市的学校里学习威尔士语。因为他们已经熟练地掌握了英语、孟加拉语和阿拉伯语，他们很快就学会了威尔士语，没有任何难度。这些孩子们正在用激动人心的方式展示着自然赋予我们的文化和语言可塑性的能力。只要我们继续养育这样的孩子，我们是不会面临成为克隆的危险的。

　　奥拉夫·斯塔普雷顿在 1930 年写了《最后和最先的人》（*Last and First Men*），那是从最宽广的视角想象人类未来历史的一个尝试。在他看来，人类未来一个很重要的主题，是一种被他称为"对幻灭的狂热崇拜"的哲学态度。对幻灭的狂热崇拜，并非新鲜事物。它在荷马的《伊利亚特》（*Iliad*）和希伯来语《圣经》中的伪书《德训篇》（*Ecclesiasticus*）中表现得很强烈。它的本质，是对生命短暂的生物之高贵与美丽的一种深刻领悟，一种被他们逐渐幻灭的事实所强化的美感。这种狂热的崇拜，是由欢乐和悲痛无法摆脱地混合在一起组成的。在斯塔普雷顿想象的未来景象中，对幻灭的狂热崇拜使得人类保持平衡，并与自然界保持接触。它限制住了我们想利用技术将自然的多样性进行统一、同化和抹杀的趋势，它限制住了我们想统一和同化我们自身的趋势，它使得我们在宇宙的慷慨面前永远保持谦卑。

对幻灭的狂热崇拜，在许多种语言的诗歌中都被歌颂过，特别是在杰拉尔德·霍普金斯和狄兰·托马斯（Dylan Thomas）的诗歌中。霍普金斯是一个英格兰人，他在威尔士找到了自己诗歌的灵感：

> 物皆有其反面，有其最初，都会不足，都很奇妙；
>
> 无常之物，都生了斑点（其妙谁知？）；
>
> 跟快一起的，有慢；甜，酸；耀眼的，昏暗的；
>
> 他创造了这些永恒不变的美丽：
>
> 请赞颂他。

霍普金斯是我们的英语诗人里唯一一个不怕麻烦学了威尔士语的人。他从古典的威尔士诗歌中借鉴到了他最杰出的韵律和音步工具，他甚至用威尔士语写了一些诗歌。不幸的是，我的威尔士朋友告诉我，霍普金斯用威尔士语写诗没有狄兰·托马斯好。后者是一个威尔士人，用英语写诗。我们英格兰人已经从威尔士那里获得的，比我们能够回馈的多得多。狄兰·托马斯的诗随着青春和幻灭的旋律流动，不过在表层的旋律下面，一种更深刻的主题间或

也可以被听到，那是被困在一种外国文化和外国语言中的
灵魂的骄傲：

> 啊，在我受他恩惠，年轻而悠哉的时候，
>
> 时间让我苍白、垂死，
>
> 尽管我身披锁链却像海洋一样歌唱。

3.5 绿遍银河

当南非战争[1]在 1899 年爆发的时候，我母亲 19 岁，她也活着看到了美国在越南的失败。她常常告诉我，对南非战争期间英国社会状况的记忆，让她容易理解越南战争对美国的影响。对于英国，南非战争不仅仅是军事和政治上的灾难，它更是整个价值体系的坍塌。对母亲和她那一代的人来说，他们在自由帝国主义传统的濡染下长大，南非战争所带来的最深的心理创伤，并非因为看到大英帝国被两个微不足道的布尔人（Boers）的共和国以智力打败，而是因为看到大英帝国居然通过烧焦布尔人的土地和将他们的妇女和儿童圈进集中营来让布尔人挨饿并屈服。母亲的一些朋友是布尔人的秘密支持者——公开地支持布尔人，需要像 1965 年在美国公开支持胡志明那样拥有足够的勇气。战争分裂了家庭，使得忠诚成了一个问题。在维多利亚时代，进步与繁荣的长夏之末，战争突然闯来，犹如晴天霹雳。

英国同荷兰移民后裔布尔人分别建立的两个共和国为争夺南非领土和资源而进行的一场战争，又称布尔战争。

1901 年是最糟糕的一年。年迈的女王在 1 月份去世了。她的死象征着她在位 63 年期间那种人们已经熟稔并接受的舒适的确定感也就此逝去。整个 1901 年，战争还在拖延之中，就像在越南的战争那样丑陋和没有结局。英国走过了 1901 年，进入 1902 年，而布尔人仍然在战斗，他们的家人仍然在集中营中死于痢疾。维多利亚时代的那种乐观主义一去不返，厄运和无望之感在空气中弥漫。

在那个时刻，1902 年 1 月 24 日，一个星期五，在写下《莫洛博士岛》之后六年，H.G. 威尔斯在伦敦的皇家研究所以"未来的发现"为题作了一次讲演。既然他的同胞的肤浅的乐观主义现在被同样肤浅的绝望所取代，威尔斯觉得是时候给他们讲一个和《莫洛博士岛》不同的故事了——只要能够想象到。他的讲演的结尾部分如下：

当我讲到人类的命运之伟大的时候，千万不要误解我。如果我说得太坦白，我会为之忏悔——作为一种最终产品，我认为自己以及我的人类同胞（恕我冒昧），实在没什么了不起。我认为，我不可能带着庄严和真诚加入对人性顶礼膜拜的行列。想想看吧。想想那些积极的事实。如果我们能像斯威夫特那样惊愕，觉得人类这样一种生物居然也敢自命不凡，我们自会百感交集；如果我们能像德谟克利

特 **❶**（Democritus）那样大笑，我们也会心有所悟。若非人类的小小奇迹如此大受痛苦的袭扰，这些感受会更多地光顾我们。然而并非只有痛苦会袭扰这个世界——期许也常驾临。我们的虚荣和肉欲，使我们如此渺小，但过往已有过更加渺小之物。过去那漫长的上升之路，点破了我们的绝望。我们现在知道，我们生命的全部鲜血和激情，都曾被石炭纪的某种生物代表过——某种生物，也许是冷血的，具有黏湿的皮肤，它潜伏在空气和水之间，从彼时庞大的两栖类动物面前逃走。纵然有生命的全部愚蠢、盲目和痛苦，我们也已经稍有起色。我们已然走过的路程，给了我们一种对我们行将迈往的道路的虔诚。

我们或可相信，过去的一切，不过是开始的开始，那些如此并已然如此的事物，也不过是黎明之前的微光。我们可以相信，所有人类思想迄已完成的，也不过是苏醒前的梦境。我们不能看见——也无须看见，

古希腊哲学家，提出了原子论。

其他

当日子完全到来之时，世界会是什么模样。我们是黎明中的生物。从我们的种族和世系之中，会涌现出新的思想，它会回溯至我们的渺小，比我们更了解我们自己。它也会勇敢无畏地向前，理解这个击败了我们眼睛的未来。整个世界承载着对更为伟大事物的期许之重，有一天会到来，日复一日的序列中的一日会到来，那一日，现在还潜伏在我们的思想和躯体之中的新人类，会以地球为凳，他们站立其上，他们会大笑，会在星辰中伸出他们的手。

45 年之后，在一场更大甚至也更野蛮的战争的末尾，诗人罗宾逊·杰弗斯（Robinson Jeffers ）非常简洁地反对威尔斯对未来的看法：

> 声名在夸耀中变得污秽
> 我注意到，人类必定要玷污
> 一切他们能到达或命名之物，他们会在星辰上拉屎
> 如果他们能够到达……
> 哺育星辰的可怕力量，已经被拐骗进
> 声名狼藉的妓院和屠宰场……
> 终有一日，地球会抓挠一下自己，
> 微笑着将人性轻轻抹去。

威尔斯和杰弗斯都是对的。人性是短暂而可鄙的，大有希望也大有祸害。我们通往未来的道路并不简单和容易。威尔斯从来也没有说过它会。人是丑陋的这一事实也并不

意味着宇宙是丑陋的。杰弗斯从来也没说过它是。

对于我们所从事的任何事情，无论是在地球上还是在太空中，我们都有两种风格可选。我把它们分别称为灰色的和绿色的。灰与绿之间的差别并不尖锐。只是在色谱的极端位置，我们才可以不受限制地说，这是绿的，那是灰的。要解释绿与灰的区别，用例子要比用定义好。工厂是灰色的，花园是绿色的。物理学是灰色的，生物学是绿色的。钚是灰色的，马粪肥是绿色的。官僚机构是灰色的，先锋群落❶是绿色的。自我繁衍的机器是灰色的，树木和孩童是绿色的。人类的技术是灰色的，上帝的技术是绿色的。克隆是灰色的，进化枝是绿色的。战场手册是灰色的，诗歌是绿色的。

我们为什么不简单说，灰色是坏的，绿色是好的，然后通过拥抱绿色技术禁止一切灰色技术找到一条救赎之路？为了回应世界的物质需求，技术不仅得是美丽的，也得是廉价的。如果我们以为在将来，相比于过

先锋群落是演替开始最先建立起来的植物群落。比如在岩石或裸地上，一般是从生长地衣开始的，因此地衣就是旱生原生演替的先锋群落。

其他

往的其他意识形态，"绿色即美"这种意识形态能让我们更好地免于作艰难的抉择，那不过是我们自欺的想法。

在地球上，太阳能是人类的最大需求之一。每一个国家，无论富庶还是贫穷，都沐浴在大量的太阳能之中，但是我们还没有廉价而广泛可得的途径去将这种能量转化为我们日常生活所需的燃料和电力。将太阳光转化为燃料或者电力，在科学上是个平凡的问题。原则上，许多不同的技术都可以实现这一转变。但是所有的现存技术都是昂贵的。要将我们的能源消费的主要部分从正迅速减少的天然气和石油储备转移开去，就需要在足够大的范围内部署这类技术，但是我们还负担不起。

特德·泰勒，在完成了他在核窃取和核安保方面的工作后，决定将他余生里的工作时间都投入到太阳能的问题上。他弄出了一个太阳池系统的设计，如果一切顺畅，它或许会比现有的任何太阳能技术都更根本性地廉价。特德的想法是，挖一些大的池子，将它们用堤坝围起来，池子上覆盖透明的空气垫，这样池子里的水就会被日光加热，同时空气垫也可以阻止冷风和蒸发。无论夏天还是冬天，水都保持是热的。它的热能可以用于家用制热，或者通过商业上可以得到的简单热机转化成电力和化学燃料的能量。如果一切都按照计划运作，整个系统就会把照在池子上的太阳光转化成燃料或者电能，转化的效率是5%，其成本之低是可以与煤或石油一争高下的。

我并非在预言特德的方案最后真的会有用。抛开经济和法律上的问题不谈，在能够知道这个方案理论上的许诺能否兑现之前，有不可计数的工程问题需要解决。我只是做了一个假设性的陈述：如果所有东西都按预期的那样有效，这些池子就会将世界的能源经济整个地翻转过来。日照及水源充沛的国家，特别是湿热的热带地区的国家，就会适时地变得像今天的石油输出国那样富庶。他们的财富是可以自我维持的，而不是基于某种不可替代的能源。

幸运的是，世界的这种经济转变并不依赖于特德的计划的成功。特德的特殊想法有没有用并不那么重要。特德只是拥有太阳能系统设计方案的某一个人而已。在世界范围内，有数百个其他小组拥有其他的想法和设计方案。要改变这个世界，我们需要的只是一个便宜而成功的系统而已，它不必非得是特德的那个不可。我们只需要小心地给带着点子过来的小组一个机会，让他们展示他们能做些什么。他们哪一个都不应该因为意识形态的原因而招致挫败和拒斥。

特德的技术是灰色而非绿色的，它只是为实用设计的，而不是为了漂亮。如果特德的太阳能系统获得经济上的成功且在大范围内得到发展，想象一下它会如何改变我们星球的物理外观，倒也不失趣味。作为一种极端而不太可能的可能性，我们可以想象，整个世界会决定建造足够多的太阳能池子，它们产生的能量，可以完全取代我们现如今对于石油、天然气、煤和铀的消费。这可能要求我们将我们星球 1% 的陆地覆盖上池子和塑料。这个比例大约相当于美国国土上的高速公路覆盖的比例。整个太阳能系统的资金成本，可能与铺设同样面积的高速公路的成本相当。换言之，要为整个世界提供永久的可再生能源，只需在世界范围内复制美国为汽车而付出的环境和财政代价。美国人认为汽车的成本还是可以接受的。我不是冒险要猜他们是不是也会考虑为一种干净而不竭的能源支付同样的成本。许多较为贫穷的国家，他们的能源消耗也比较小，其他能源供应也得不到，他们可能会把特德的池子看成是一笔好买卖。有些人甚至会喜欢塑料池子甚于高速公路——起码你在池子之间走路要比穿越高速公路容易。

所以，灰色技术并非没有价值，也并非没有前景。对于加勒比海和印度洋附近的热带国家来说，它提供了摆脱贫穷的希望。可以想象，在 25 年之内，它会实现美国能源消费从化石燃料到太阳能的重大转变。这个转变所用的时间，大致相当于我们建成国家高速公路系统所用的时间。在世界的石油供应枯竭之前，有许多原因使得迅速实现这种转变变得极为重要。

但是，如果我们比 25 年或者 50 年看得更长远一些，绿色技术就会有更好的前景。特别是在太阳能领域，灰色技术能做的每一件事情，绿色技术最后都能做得更好。许久以前，上帝发明了树木，一种将空气、水和太阳光转化成燃料和其他有用化学物质的装置。一棵树，比灰色技术能够想象出来的任何装置都更功能强大和更经济。树木作为太阳能系统的主要缺陷是，不把它们毁掉，不破坏掉它们生长其间的风景，我们就不知道如何收获它们。收获的过程，在经济上是低效的，在美学上则令人不快。对于一个以石油为基础的经济体来说，树木自然生产的化学物品是不容易适应其使用和分配模式的。

想象一种基于绿色技术的太阳能系统。当我们学会了用 DNA 的语言进行阅读和书写以后，我们就可以改变一棵树的生长和新陈代谢的程序。大地之上，举目可见的，将是长满红木树的峡谷，它就像加利福尼亚州塔马尔帕斯山（Mount Tamalpais）下的缪尔森林（Muir Woods）一样寂静和绿树成荫。这些树并不会像天然红木那样快速生长。和天然红木合成纤维不同，它们的细胞可以制造纯的酒精、辛烷或者任何我们觉得方便的化学物质。当它们的树液沿着一组导管上升的时候，它们合成的燃料沿着另一组导管流入根部。在地下，树木的根系组成一个将燃料运入峡谷的活的管道网络。在分开很远的点上，这种活的管道和无生命的管道连接起来，后者将燃料带出峡谷，输往任何需要燃料的地方。当我们掌握了为树木重新编程的技术以后，我们就能在任何足以支撑天然森林的土地上种植这种林场。从加利福尼亚的红木、新泽西的枫树、佐治亚的梧桐到加拿大的松树，这些燃料我们都可以种出来。一旦这样的植被生长起来，它们可能就变成永久性的了，而且还具有自我修复的能力。它们或许只需要护林人的日常照料，好让它们保持健康。如果我们假定日光变为化学燃料的效率总体上有 0.5% 那么多——和天然森林的效率差不多，那么整个世界的现有能源消费，就可以通过在大约 10% 的陆地面积上种植燃料林场来供应。在潮湿的热带，同样的燃料输出，将只需要更少的土地。

特德·泰勒提出了一个建造太阳池系统的计划，它将为 100 套公寓提供家用制热、热水、电力和空气调节。这 100 套公寓，是提供给前来高等研究院工作的访问学者安置家人的。他期望建造这样一个系统的总成本是户均 5 000 美元。现存的制热系统可以保留，那样当太阳池的运行出现问题的时候，研究院成员就不会冻着。这 100 户的示范计划，并非仅仅是一个缩小了比例的试验工厂。它是太阳池系统的全尺度试验。特德的点子的一个美妙之处是，在 100 户这种范围内，它是划算的。建设更大的中心化单元没有什么好处。即使全世界的燃料都由太阳池供应，整个系统将仍然是去中心化的，单个单元的尺度会和我们期望在普林斯顿建设的差不多。

我们现在不是在构思一个计划，一个将我们研究院的树林变成人工树林并借以供应研究院所需燃料的计划。那要很久以后才会出现，如果它真的会出现的话。我们大多数人，如果有机会的话，会更喜欢在树木之间散步，而不是在塑料池子中间。但是发展人工树木的技术会需要很长时间。它也许是 50 年，也许是一两百年。这将是一种困难和充满争议的发展，会有许多错误、许多失败。许多实验一开始会运转良好，然后就掉进模糊而复杂的困难里。掌握单个物种的基因编码过程不过是第一步。要让人工树木在自然环境中存活和繁盛起来，编码者需要理解它们与数以千计的其他物种的生物学联系——这些物种可能靠这些树的叶和枝为生，或者在树木根系之间的土壤中过活。也许编码和种植人工树木将保持为一种艺术，而非一种科学。也许在 DNA 知识和计算机编程之外，还需要有特殊的园艺才能。那是绿色技术的另一个好处。但是人类对于太阳能的需求是紧迫的。我们等不了一百年了。如果塑料池子做这个事情更快，我们就必须挖塑料池子，而把树木留给我们的子孙后代。

当人类从地球进入太空的时候，问题也会与我们结伴而行。太阳能的使用仍然会是我们的核心问题之一。在太空正如在地球上一样，如果技术要不只是富人们的玩物，它就必须是廉价的。在太空正如在地球上一样，我们将面临技术选择，灰色还是绿色？而在地球上限制我们的选择的经济约束，在太空中也会类似地出现。

我们现有的在太空中利用太阳能的技术，基于用硅做成的光电池。对于给科学仪器提供动力来说它们是非常卓越的，但是对于人的日常所需来说它们太过昂贵了。也许

其他

在地球上，太阳池是廉价而有效的，但是对于太空中的应用，它就不是什么合适的技术了。太阳系恰好极为悬殊地分为两个区域：靠近太阳的内部区域，那里日光充足但是水源稀缺；远离太阳的外部区域，那里水源充足，但是日光稀缺。地球就在这两个区域的边缘上，就我们迄今所知，它也是唯一一个水源和日光都很充足的地方。那大概也是生命为什么会在地球上崛起的原因；那也是为什么相比于太阳系的其他地方，太阳池在地球上可能会更加有用的原因。

我们必须持续寻找能够根本地改变进入太空的经济性的新技术。在人类大范围向太阳系扩展以前，我们需要把进行太空操作的成本削减下来，其幅度不是 5 或 10 个数量级，而是上百或者上千个。对内部区域和外部区域来说，合适的技术似乎是不相同的。在内部区域有大量的光，但水很少，它就必定是一个灰色技术区。庞大的机器和政府企业最适合在太阳系那些不适合人类居住的地区繁荣发展。由铁、铝和硅制成的可以进行自我繁衍的机器人不需要水。它们可以在月球或者水星（或者其间的空间）增殖，进行庞大的工业项目，但却不会给地球的生态环境带来危险。它们将以日光和岩石为食，而不需要其他的原材料。它们将在太空为人类的定居建造自由浮动的城市。它们将从外部区域（那里有大量的水）——行星的卫星上把大量的水运入内部区域（那里需要水）。

灰色技术在太阳系内部区域的增殖，可以从许多方面缓解地球上人类的经济问题。在内部区域可以得到的物质和日光资源，相对于地球表面可以得到的，要超出许多个数量级。也许地球将直接由外太空提供稀有矿产和工业产品，甚至是食物和燃料。也许地球将被珍视并留存为一个适于居住的公用场地，或者就辟成一个荒野保护区，而大范围的矿业开采和工业制造，将被驱逐到月球或者小行星上去。从地球移民本身不会解决地球上的人口问题。地球上的人口问题必须在地球上解决，要么这样，要么那样——而不论有无移民。但是移民的可能性，会间接使地球上的问题变得可以处理。如果对于有不可抑制的情感责任想抚养大家庭的那些人来说，他们有其他地方可去，那么对于留在地球上接受对人口发展的严格限制的人来说，在心理上和政治上，这都要更容易些。

移民们将去往何方？对这个问题，灰色技术并没有提供令人满意的答案。灰色技术可以用奥尼尔的"岛屿一号"的方式建立太空殖民点，这是一些用金属和玻璃造成的罐子，在其中，与地球及太空的荒凉相隔绝，人们过着一种卫生并受到保护的生活。如果随着时间的推移，这些金属玻璃罐子里的人没有变得越来越像赫胥黎的美丽新世界中的人，我们就幸运了。人性需要更大和更自由的居所。我们并非仅仅靠面包过活。人类未来的最基本问题，不是经济性的，而是精神性的，那就是多样性的问题。在我们拥挤的地球上，或者在我们现有的空间技术提供来作为生存空间的金属玻璃罐子里，我们如何为多样性找到空间？

　　社会层面的多样性意味着，在面对现代通信和大众媒体同一化的影响时，要保存语言和文化的多样性，并给新的语言和文化预留发展空间。生物学层面上的多样性，意味着给予父母一种权利，即允许他们使用基因操作的技术去抚育更健康、更长寿，甚至比他们更有天赋的孩子。允许父母有基因多样化的自由，其后果可能是一种分化，人类进入了一种异种不能杂交的进化枝。很难想象，任何现存的社会制度会强大到足以抵挡这种分化所带来的紧张。这种紧张，会类似于人类肤色多样性所引起的紧张，只是要更糟糕一百倍。只要人类依然受限于这颗星球，人类手足之情的伦理必须位于我们对于多样性的渴求之上。文化多样性会无情地减少，而生物多样性则会太危险，不能被轻易宽宥。

　　长远来看，我觉得生物多样性问题的唯一解答就是，人类应该通过绿色技术向太空扩张。绿色技术在正确的方向上推动着我们，从太阳而外，向着小行星，向着大的行星，向着更远处——那里空间不受限制，而前沿则永远向我们开放。绿色技术意味着，我们不住在罐子里，而是让我们的植物、动物以及我们自己适应在宇宙荒野中生存。蒙古的游牧民们进化出了结实的皮肤和裂缝状的眼睛，这让他们能够抵挡亚洲的寒风。如果我们的某些后世子孙一出生就能拥有更结实的皮肤和更狭窄的眼睛，他们或许就能直接面对火星上的寒风。决定我们目的的问题，并非我们要不要向太空扩展。它是：我们应该只有一个物种还是100万个？ 100万个物种是不会耗尽那些等待智能生命到来的生态位的。

如果我们用的是绿色技术，我们向宇宙空间的扩展就不仅仅是人和机器的扩展。它是所有生命的扩展。这种扩展不过是使用了人的头脑来服务于她自己的目的而已。如果生命进入了一个新的定居地，她不会只带着一种物种。她会带着种类繁多的物种到来，而一旦她安顿下来，她的物种们就会进一步四处蔓延并更加多样化。我们在银河系中的扩展将追随她古老的模式。

在小行星的无大气环境中，要使用遥远的日光让植物生长，我们需要重新设计它的叶子的表皮。在每一个有机体中，皮肤都是至关重要的部分，必须精心设计以满足环境的需要。这倒也不是什么新思想。

我和当地人的对话：

"你们从哪儿来？"我问他们。"我们是从另一个行星移民过来的。""那你们怎么刚好到了这儿来呢，又怎么活在真空里的呢？你们的躯体可是为在大气中生活而设计的啊。""我不能解释我们是怎么到这儿的，那太复杂了，但是我可以告诉你，我们的躯体慢慢改变并适应了真空中的生活，就像你们的水生动物慢慢变成了陆生动物，陆生动物又慢慢飞起来了。在行星上，水生动物一般最先出现，呼吸空气的动物随后，而真空动物则最后出现。""你们吃什么？""我们像植物那样吃东西和生长，我们使用太阳光。""但是我还是不能理解。植物从土壤中吸吮汁液，从空气中吸收气体，而太阳光只是把这些东西转变成了活的组织。""你看看在我们身上的这些绿色附属物，像不像翠绿色的翅膀？它们充满了叶绿体，就像那些使你们的植物成为绿色的东西一样。你们的少数动物也有这些东西。我们的翅膀有透明的皮肤，它是密闭的，可以防止空气和水分进入，但是却允许日光进入。日光分解了溶解在血液里并传输到翅膀的二氧化碳，它还催化了上千种其他化学过程，而它们就供给了我们需要的全部物质……"

上述引文出自康斯坦丁·齐奥尔科夫斯基（Konstantin Tsiolkovsky）的《地球与天空之梦》（*Dreams of Earth and Sky*），该书于 1895 年在莫斯科出版，比威尔斯的关于未来的发现的讲演要早七年。

我们还不知道小行星是什么组成的。它们中的很多在颜色上是极端灰暗的，在光学特征上，它们像一种叫碳质球粒陨石的流星。碳质球粒陨石是由很像陆地土壤的东西组成的，其中包含相当比例的水和碳以及其他对生命而言必不可少的化学物质。有可能我们会很幸运地发现，那些黑色小行星是由碳质球粒陨石材料构成的。毫无疑问，太阳系的某处必定是这些碳质球粒陨石的来源。如果最终表明，这些小行星就是这种来源，那么我们就会有数以百万计的小小世界，从地球出发可以很方便就到达它们，而恰当编程过的树木能在那儿的土壤里扎根并茁壮成长。随着这些树到来的，是其他植物、动物和人类，以及无穷多样的生态系统。每一个小世界都自由地面向试验，向着多样化的道路发展——只要它发现合适。

人类的灰色技术也是自然的一部分。对于从地面跃入太空来说，它过去是并且还将是必不可少的。灰色技术是自然的小伎俩，她将它发明出来是为了让生命能够逃出地球。基因操作的绿色技术，是自然的另一种小伎俩，她将它发明出来，是为了生命迅速和有目的性地适应她的新家园，而不是缓慢和随机地，那样她就不仅能逃出地球，而且能够在宇宙中扩展、多样化和不羁地奔跑。我们所有的技巧，都是自然的计划的一部分，都被她出于自己的目的而使用。

在跨越小行星之后，我们下一步应该去哪呢？木星和土星的卫星上富含冰和有机营养。它们是寒冷的，而且离太阳很远，但是植物还是可以在它们上面生长，只要我们教会了植物在上面就像在温室中生长一样。并没有植物不能长出它们自己的温室的理由——龟和牡蛎都能长出自己的壳。走出木星和土星，我们又来到彗星的王国。太阳系附近很可能有数目巨大的彗星，这些是一些直径几英里的小世界，几乎完全由冰和其他对生命很本质的化学物质组成。要能看到它们中的一个，它的轨道必须受到某种使之靠近太阳的扰动。大致上，每年有一颗彗星会被靠近太阳的区域俘获，它最终会蒸发和分解掉。如果我们假定在太阳系存在的数十亿年的时间里，彗星的总数多到足够维持这一过程，那么附属于太阳系的彗星，在总数上粗略就该有数十亿之多。这些彗星的表面积加起来，至少就是地球表面积的几千倍。也许彗星——而非行星，才是太阳系中生命主要的潜在定居点。

其他恒星会有像太阳一样多的彗星，这或者是真的，或者不是。哪方面我们都没有证据。在这方面，如果太阳不是个例外，那么彗星会弥漫整个银河系，而银河系对于星际旅行者就会比大多数人想象的更加温和。在空间的海洋之中，适宜居住的孤岛之间的平均距离，将不会是用光年来衡量的，而是用光日❶的数量级或者更少。

无论彗星能否为生命在整个银河系的迁徙提供方便的中间站，对于生命的扩展来说，星际距离不可能成为一个永久的障碍。一旦生命学会了封装自己以抵御太空的寒冷和真空，她就能从星际航行中存活下来，然后她就可以在任何可以找到星光、

天文上的常用距离单位是光年，一光年即光旅行一年所经过的路程，故一光日是光旅行一天所经过的路程。

水及必不可少的营养的地方生根发芽。无论生命走向何处，我们的后代将追随她的脚步，帮助她，指导她，使她适应。要将自己调适得适应各种尺寸的行星以及星际间的尘云，生命还有许多问题要去解决。我们的后代或许会学着在恒星风（stellar winds）和超新星（supernova）残余物上种植物。有一件事情是我们的后代做不到的：生命一旦有了良好的开端，我们的后代就不能阻止她的扩张。控制这种扩张的力量，在短时间内会掌握在我们手中，但是最终，生命会找到她自己的扩张之路——无论有没有我们的帮助。银河系的绿化将是一个不可逆的过程。

当我们成了在银河系中扩张的 100 万个物种的时候，"人能扮演上帝又能同时保持理智吗？"这一问题就会失去它的部分恐惧之处。我们会扮演上帝，但那只是一种地方性的神明，而不是全宇宙的神。数目大了就保险。我们中的某一些会变得精神错乱，他们会统治一个像莫洛博士岛那样疯狂的帝国。我们中的某一些会在星辰上拉屎，会有冲突和悲剧。但是从长远看，理智会比精神错乱更好地调适和存活下来。自然对于不适者的修剪，会限制精神错乱在银河系物种间的蔓延，正如她在地球上对单个个体们所做的那样。理智，就其本质来说，也不过是与自然规律和谐相处的能力。

我讲述了这个银河系绿化的故事，就好像我们命中注定就该是自然对智能生物的首次尝试似的。如果在更大范围内银河系中已经存在其他智能生物，那么故事就大不相同了。银河系会在生活方式和文化上更加丰富多彩。我们必须不让我们自己的扩张浪潮淹没和打断我们邻居的生态平衡。在我们跨出银河系进行扩张以前，我们必须用望远镜仔细搜索整个星系，我们必须对我们的邻居了解得足够多，好使我们以朋友的身份与他们相见，而不是入侵者。宇宙足够广大到能够为我们彼此都提供充分的生存空间。但是如果——似乎是同等可能的——我们在银河系中是孤独的，没有什么智能的邻居，那么地球的生命，在填充宇宙的每一个角落和空隙上，就仍然有充足的可能性。

生命在宇宙的展开只是一个开始，而非终结。生命在数量上扩展她的定居点的同时，在性质上也会改变和进化，思想和精神会进入我们还难以想象的维度。熟悉新的领域是重要的，不是因为它是一种终结，而是因为它是让生命能够以数以百万计的不同形式对智能进行试验的途径。

1929 年，晶体学家戴斯蒙德·博尔纳尔（Desmond Bernal）写了一本小书，《世界、肉体及恶魔》（*The World*, *the Flesh and the Devil*）。在这本书中，他将生命向太空的扩展描述成等待人类去完成的主要任务。像我一样，当他试图想象什么会最终到来时，他也困惑了。他的书以一个问题结束——任何对未来的探询必定都如此结束：

我们希望未来是神秘和充满超自然力量的；这些如今被完全从物理世界清除出去的抱负，创造了这个物质文明，它们还将继续创造其未来——只要抱负和行动之间还有任何关系。但是我们能依赖这个吗？或者毋宁说，我们没有判断人类发展方向的标准吗？我们正站在一个节点上，我们能够看到我们行为的效应和它们在未来的可能后果。我们仍然羞答答地手握未来，但是我们第一次把它作为我们行为的一个函数来理解。有鉴于此，我们是不是要从某种冒犯了我们初衷之本性的东西上走开呢，或者，对于我们的新力量的认可，就足以让那些初衷改变得可为未来——它们必须带来的未来——效力？

3.6 回到地球

任何追求将地球上的生命扩展到宇宙的宏大设计的人，最好先仔细观察一下曾经成功地与地球还处于荒野状态的自然和谐相处的人的精神状态及生活方式。宇宙像是一个群岛，包括被大面积的海域分开的小片栖息地。把加拿大和阿拉斯加的太平洋海岸从温哥华扩展到冰川湾（Glacier Bay）的那个群岛，从某种意义上讲就是一个具体而微的宇宙。带着这些想法，对于 1975 年那次到加拿大太平洋岛屿的游览，我做了些记录。我儿子和他的朋友们就居住在那个地方。

星期一。我于 5 点 30 分离开温哥华，随后与肯·布罗尔（Ken Brower）及我的女儿（Emily）一起驱车沿温哥华岛（Vancouver Island）一路向北到达凯尔西湾（Kelsey Bay）。下午乘坐从凯尔西湾到海狸湾（Beaver Cove）的渡船，7 点 30 分到达。我的儿子乔治在海狸湾等着我们。我已经三年没见到他了。休·金斯米尔（Hugh Kingsmill）模仿 A.E. 霍思曼（A.E. Housman）的《西罗普郡少年》（*Shropshire Lad*）写下的诙谐诗文闪过我的脑海：

> 什么，在二十二岁的时候还活泼，
>
> 像你这样一个干净挺拔的男孩。

因为时间晚了，而海潮正对着我们，乔治并没有开着他的六座皮艇过来。相反,他和朋友威尔坐着摩托艇过来了,威尔住在斯旺森岛（Swanson Island）。乔治本来打算带我们去汉森岛，但是威尔船上的发动机出了问题，所以我们都在威尔的住处过了夜。这是幸运的，我们晚上一半时间都坐着听威尔讲故事。

威尔来自一个杜科波尔[1]（Dukhobor）村庄，他从说俄语的父母那里学到了拓荒者的技术。他和妻子四年前赤手空拳来到了斯旺森岛，现在他们拥有一个给自己住的结实而舒适的房子，还有一个为朋友们准备的客房、一个配有履带拖拉机的农场、两艘船和一个有各式各样机械工具的铁匠铺。

通过砍伐出售两平方英里土地上的小部分木材，威尔支付了土地的开发费用。除了他的农庄，整个岛仍然是未经开发的森林。农庄是用他妻子做的木制雕刻装饰的，房子则是由威尔自己用锻铁装饰的。

交谈转到了我最喜欢的话题，开拓太空殖民地。我对威尔评说道，他和他妻子正是我们所需要的去将小行星变成农庄的人。他说道："我不介意去哪里，不过我需要一个地方，在那里我可以在年末四处望望，知道我做了些什么。"

星期二。面对着威尔的农庄，在黑鲸叫声（Blackfish Sound）两英里之外的地方，是保罗在汉森岛上的房子。保罗也和他的妻子及七岁的儿子雅沙（Yasha）独自住在岛上。保罗和威尔，就像随便挑出来的任何两个人那样截然不同。保罗是个彻头彻尾的知识分子。他的房子是一个摇摇欲坠的东西，由一些木头和玻璃建成，它们乱七八糟地搭在一起。房子的一边只有塑料布覆盖着，一下雨就会令人懊恼地漏水。在干燥的那一边，有一些漂亮的小块地毯、书籍和一把250年的老小提琴。

我们在早上到达保罗家，发现乔治的皮艇抛锚了。乔治去年已经花了一个冬天的时间建造它，他从阿留申印第安人（Aleut Indians）那里借鉴了设计经验。他说，阿留申人比其他任何人都更了解如何在这些水域里航行。皮艇是蓝色的，覆盖着印第安人风格的动物图案。它有三根桅杆和三张船帆。乔治带我们走上岛屿去看树，他皮艇的木板就是用那些树制作的。每块木板是35英尺长，很直很光滑，而且被抛光过。另一半的树木还在那里，足够建造另一艘同样大小的船。

下午的时候，我们与雅沙坐皮艇出去找鲸鱼。因为没有风，而且乔治的船员也没有用桨的经验，他就开动了船外马达。我很高兴看到他不是纯粹主义者。乔治简单评论道，我们必须作个选择，或者鲸鱼，或者马达，但是不能两个都选。我们选择了马达，所以只能从远处看看鲸鱼了。

在日落的时候，我们躺在乔治给我们准备的帐篷里。帐篷架在一个坚固的地方，俯瞰大海。夜晚宁静而清朗，所以我们能听到鲸鱼有节奏的呼吸，啪拂啪拂，啪拂啪拂，催人入眠。

星期三。中午的时候开始下雨，持续了大概两个小时。我很高兴能够体验下拓荒者的生活，而不仅仅是待在太阳和蓝天下。乔治带我们出去钓鱼，他很快就抓到了一条 15 磅重的红鲷鱼，足够给我们所有人做一顿很不错的晚饭了。下午他就在准备和鱼配在一起的沙拉和酱料。鱼是他用保罗烧木头的炉子烤的。

下午的时候，吉姆（Jim）和他的女友艾丽森（Allison）还有他们七个月大的婴儿一起来了。吉姆就是教乔治如何造船的那个人。乔治 17 岁的时候，和吉姆一起为建造"迪索诺卡号"（D'Sonoqua）工作了一年。那是一艘 48 英尺长的双桅帆船，上面有够十个人住的空间。在船造好后，吉姆和乔治还有一群朋友在上面居住了一年，沿着海岸线上下巡航。后来乔治觉得他已经够大了，可以自己做主了，就退出了。

这是我第一次和吉姆见面。从乔治的信里，我已经听到了很多关于他的故事，我一直期待着和另一位像威尔那样强壮的拓荒者见面。现实却大相径庭。在大雨中，吉姆拄着拐杖来到海滩。他的背上有残疾，所以几乎不能走路。去年 11 月的一个暴风雨的晚上，在一个印第安村落附近，他驾驶着"迪索诺卡号"撞到了岩石上。"迪索诺卡"就是那个村子的神灵的名字。他说，那个晚上，神灵很生气。艾丽森和他在船上，她怀着七个月的身孕。和他们在一起的还有两个小女孩，都是艾丽森的女儿。吉姆将她们都安全带到了岸上，但是他们失去了船和船上的所有财产。现在九个月已经过去了，"迪索诺卡号"就停泊在离汉森岛不远的海滩上，船底有多处漏洞，内部装修也已经腐烂损坏。吉姆没有放弃它。只要一有空，他就跑去修理，梦想着它还能再浮起来，而他仍然是"迪索诺卡号"的船长。吉姆和艾丽森离开的时候，天已经非常黑了。我看着他们慢慢沿着沙滩走向他们的小船。在夜幕和滂沱大雨中，吉姆挂着他的拐杖，而艾丽森则抱着她的孩子。这情景很像《李尔王》的最后一幕，发了疯的国王和他忠实的女儿，考狄利娅（Cordelia），被引领着走向他们的厄运。李尔王说道：

> 对于这样的牺牲，我的考狄利娅，
>
> 众神自己也焚香祷告。

这些岛屿对灾难并不陌生。

星期四。上午的时候天仍然大雨如注。艾米莉和我舒舒服服地躺在帐篷里，而乔治则展示了一下他作为户外好手的技术。在雨地里敞开的火堆上，只用从森林里捡来的湿木材、一把刀和一根火柴，乔治就生好了火，给我们做薄饼早餐。

下午，太阳出来了，我们乘坐皮艇去作更远的旅行。

这次有一些风，我们可以尝试下船帆了。在顺风时，船航行得很好，但是它没有龙骨，所以逆风的时候一点也不朝前走。乔治做了一对水翼，它们会被作为弦外支架固定在船的两侧，当逆风而行的时候它们就可以提供足够的抓水力量。不过，要做好外部支架，再把所有东西装好，还要再花掉一个月时间。与此同时，我们已经在提高我们使用船桨的技术了。

因为星期四是我们在岛上的最后一个夜晚，我们去拜访了保罗和他的家人。天差不多黑了的时候，鲸鱼开始唱歌。保罗把水听器放到水里，将它们与家里的扬声器连在一起。开始的时候，歌声很轻，鲸鱼离岸越近，声音就变得越高。整个家庭忽然变得激动起来。保罗抓起他的长笛，冲出去爬到悬在水上的一棵树上去，他开始在星空下吹奏奇异的旋律。小雅沙跑到保罗旁边，将高声调的尖叫叠加在他的旋律中。从房子开着的门传来鲸鱼回应的和声，越来越高。乔治用一艘小船把艾米莉带出去，他们从很近的地方观看鲸鱼。坐在离海岸不远的船上，乔治也开始吹奏他的长笛。鲸鱼靠近他们，在大概 30 英尺远的地方停了下来，似乎在欣赏音乐却又不想惊扰小船。音乐会又持续了大概半小时。后来我们数了下游回远海的鲸鱼，总共大概 15 头。它们都是被人称为杀人鲸的那种鲸鱼，不过保罗只叫它们正式的名字——虎鲸。

星期五。我们的最后一天。那天碰巧是新月后不久，

其他

所以潮汐比平常更加汹涌。我们起得很早去看日出。我们坐在能俯瞰水面的石头上，观看晨风中的鸟儿。翠鸟从我们脚下掠过，老鹰在我们头顶翱翔。在汉森岛和斯旺森岛之间，离海岸差不多一英里远的地方，有一波很强的潮汐涌来。那天上午它非常凶猛，在蓝色海洋上掀起阵阵白色激流。马上我们就看到一个小黑点移进白色区域，也听到远处传来扑扑的马达声。乔治比我和艾米莉看到的更多。他平静地说："那些人真有种，敢驾着敞舱船跑到那样的水域去。"他说完之后几秒钟，黑色小点消失了，噪声也停止了。乔治马上开始行动。他带着肯，跑向保罗的摩托艇——那是用橡胶造的，不会沉。两分钟后，他就出发了。随后的半个小时里，我们在海岸上什么也看不到。我叫醒保罗，帮助他热好炉子。橡胶船终于出现了，我们可以看到上面有四个人影。他们到岸后，我帮助其中那个老人蹒跚地走上海滩。我握着他的手，它冷得像冰似的。那时我想起德福·夏普。通过救下这两个人，乔治弥补了我没能救下他的遗憾。我们用毯子把他们包裹起来，让他们坐在炉子旁边。

　　一个老人和一个年轻人，他们都是罢工中的伐木工人。他们决定乘铝船出海挖蚌。上午天气还很好，明朗宁静。他们从未想过会在那样的一个上午翻船。幸运的是，他们还有意识地抓住了翻掉的船而不是尝试游到岸上来。不过乔治说，在他发现他们的时候，他们快不行了。老人已经不能再挪动胳膊和腿了。在那种冰冷的水里，没人能活很长时间。他们恢复过来后，乔治在炉子上给他们煮了热茶，做了薄饼。然后，他给他们的家人发无线电信号，让他们开船来带他们回去。老人后来告诉我当时的感觉。他说，他知道自己已经快没命了，他已经做好了死的准备。当橡胶船出现的时候，他以为那是自己的幻觉。只有当肯和乔治把他拉上船时，他才相信这是真的。下午的时候，他和我喝着茶，又开始聊起了天。原来他很聪明，而且博览群书。他问了我许多关于我的生活和我在普林斯顿的工作的问题。我说道："不过现在看来，我在普林斯顿做过的最好的事情，就是养育了这样一个孩子。"

将近傍晚的时候，一艘大而结实的拖船来了，它将两个伐木工人带走了。与此同时，乔治和肯也救下了他们的船，将它停靠在斯旺森岛上。他们拆下马达，将里面的零件浸泡在淡水里。所以伐木工人回去的时候，船和马达都是完好的，换个日子他们就又可以起航了。

现在也是我们离开的时候了。乔治用橡胶船载着我们去乘坐晚上从海狸湾南下的渡船。他为让我们空手而归表示抱歉。他原来准备最后一天和我们一起去钓鲑鱼的，那样我们就可以带着两条大鲑鱼回去了，一条送给他在温哥华的朋友，一条送给我在普林斯顿的家人。我对他说："你不需要道歉。今天你钓到了比鲑鱼更大的东西。"然后我们就告别了。

3.7 设计论

今天的职业科学家生活在一种禁忌之下，即不得将科学和宗教混同起来。但并非由来如此。1750 年，当星系的发现者托马斯·赖特（Thomas Wright）在他的书《宇宙起源的新假说》（*An Original Theory, or New Hypothesis of the Universe*）中宣布他的发现的时候，对于用一个神学论证去支持一个天文学理论，他了无怵意：

既然创造（Creation）如此，创造之主（Creator）也借以扩张自身，我们就可以从一种无限活跃的力量推论出，因为可见的创造被假定为充满了恒星系统和行星世界，以类似的方式，这种无边无际的广大是众多创造发生的无限舞台，这些创造与已知宇宙并无二致……极有可能，事情真的如此，在某种程度上，许多云斑让这一点变得很显然。它们离我们的星空非常遥远，刚好能被我们察觉到。在那些可见的发光空间里，没有一颗恒星或者某种特别的组成部分可能被辨别出来。十分可能，那些就是一种外部创造，它们与已知的这一个接壤，只是距离太过遥远，我们的望远镜也只能望洋兴叹。

35 年之后，赖特的猜想被威廉·赫歇尔（William Herchel）的精确观测证实了。赖特还计算了银河系中适合居住的世界的数目：

合计起来，我们可以很可靠地估计其数目为 170 000 000，更谨慎地说,这还没有包括那些彗星——我判断迄今为止,它们是创世之初数量最大的部分。

他关于彗星的说法也是正确的,虽然他没有告诉我们他是如何估计它们的数目的。对他而言,如此之多适宜居住的世界的存在性,并不仅仅是个科学假说,也是道德反省的一个缘由:

在这种伟大的天文创造中,一个世界的——比如我们的——大灾祸,甚至一个世界系统的完全分解,对于自然的伟大作者来说,也不过如同我们一生中最为寻常的事故。极有可能,这种最后和一般的末日审判,就像我们地球上的生辰或死日一样常见。这种想法有令人欣喜之处。每当仰望星空,我就不禁要想,世上的人为什么没有都成为天文学家?为什么有感觉和理性的人们,会忽视这样一种他们自然会感兴趣也能扩大其理解的科学呢?与这样一种展现贴得如此之近,必可使他们相信他们的不朽,他们也会与人类世界里所有那些微渺的困难和解,抛却哪怕一丝焦虑。

这座星光熠熠的大厦中明显展现出来的如此广袤的一切,似乎都在预示:为了保持我们的天赋权利以及当得起这份馈赠,我们应该不能做什么。这份馈赠,我们认为它创造了所有能取悦一个爱慕虚荣的种族的东西,尽管他们被束缚在这个世界上,就像如此多的原子被束缚成一粒细沙一样。

这些说的是 18 世纪，现在来听听 20 世纪吧。生物学家雅克·莫诺（Jacques Monod）说："任何将知识和价值搅和在一起的做法都是非法的，被禁止的。"物理学家斯蒂文·温伯格（Steven Weinberg）说："宇宙看上去越可以理解，它看上去也就越没有意义。"

如果莫诺和温伯格真的说的是 20 世纪，那么我会更喜欢 18 世纪。但是事实上，莫诺和温伯格——在各自的专业领域内，他们都是第一流的科学家和研究工作的领导者——表达的观点没有考虑到 20 世纪物理学的微妙和含糊之处。他们的哲学态度的根子在 19 世纪，而不是 20 世纪。反对将知识和价值搅和起来的禁忌，是在 19 世纪从以赫胥黎为代表的进化论生物学家和以威尔伯福斯（Wilberforce）牧师为代表的神职人员之间的伟大论战中产生的。赫胥黎赢得了论战，但是 100 年后，莫诺和温伯格还在与威尔伯福斯牧师的灵魂作战。

19 世纪的论战围绕着论证上帝存在性的一个观点的合法性展开，这个观点就是设计论。设计论简单地说，一块手表暗示着一个制表匠的存在。托马斯·赖特在天文学领域也接受这个论证的合法性。直到 19 世纪，神职人员和科学家都同意，在生物学领域，这也是合法的。企鹅的鳍状肢、燕子筑巢方式的与众不同以及鹰的眼睛，无不像 18 世纪艾迪生（Addison）的赞美诗中的恒星和行星一样，昭示了"创造我们的手是神圣的"。然后达尔文和赫胥黎来了，他们宣称，企鹅、燕子和鹰可以用基于随机可遗传变异而进行的长期的自然选择过程来解释。如果达尔文和赫胥黎是对的，设计论就被推翻了。威尔伯福斯牧师蔑视生物学家，把他们视作不值得尊敬的信仰摧毁者，他甚至以嘲弄个人的方式与他们战斗。在公开辩论中，他问赫胥黎，他是不是从他祖父或者祖母哪一边的猴子那里传下来的？生物学家从不原谅他，也从不会忘记他。这场论战留下了伤疤，至今还未痊愈。

　　一个世纪之后去看这场论战，我们看到达尔文和赫胥黎是对的。DNA 结构及其功能的发现，将进行自然选择所基于的可遗传变异的性质弄得很清楚了。DNA 模式在上百万年里保持稳定，但偶尔又会发生变异，这些都可以解释为化学和物理规律的结果。自然选择作用在这些模式上，没有理由说明它何以不能在一种获得吃鱼特性的物种中产生出企鹅的鳍状肢。偶然的变异，经由永恒的生存斗争，可以完成一个设计者的工作。对生物学家而言，设计论已经寿终正寝了。他们赢得了他们的战斗。但是在战胜了他们的神学对手之后尚存的怨恨之中，他们又将宇宙的无意义变成了一种新的教条。莫诺以其一贯的清晰阐述了这一教条：

　　科学方法的基石是假定自然是客观的。换言之，即系统地否认真正的知识可以用终极原因——目的——解释现象的方式达到。

这是关于科学方法的一个定义，它会把托马斯·赖特完全轰到科学之外去。它也会把现代物理学和宇宙学的许多最生气勃勃的领域轰出去。

容易理解一些现代分子生物学家是如何接受一个狭窄的关于科学知识的定义的。他们之所以能够取得巨大成就，是因为他们将生物的复杂行为约化成了构成生物的分子的更为简单的行为。他们的整个科学，就基于将复杂约化为简单、将显然是有机体的自觉运动约化为其组成成分的力学运动。对分子生物学家来说，一个细胞是一台化学机器，而控制其行为的蛋白质和核酸分子则是发条装置的小零件，它们处在明确定义的状态，对环境作出反应时，它们从一个状态改变成另一个。每一个分子生物学的学生都是通过用塑料球和小木桩做成的模型来学习他的手艺的。要对核酸和酶的结构及功能进行细致的研究，这些模型是不可或缺的。从实用的目的来说，它们是构建我们的分子的一种有用的可视化。每一个物理学家都知道原子并非什么真正的小硬球。当分子生物学家使用这些力学模型作出他们的惊人发现的时候，物理学则在极端不同的方向上前进着。

对于生物学家来说，在尺度上每朝下走一步，也就是走向更简单和更机械性的一步。一个细菌比一只青蛙更机械，而一个 DNA 分子比一个细菌更机械。但是 20 世纪的物理学表明，在尺度上继续朝下走会产生相反的效果。如果我们将 DNA 分子分解成组成它的各原子，原子的行为就比分子更缺乏机械性了。如果我们把一个原子分解成原子核以及电子，电子就会比原子更缺乏机械性。有一个著名的实验，最初只是一个思想实验，它由爱因斯坦、波多尔斯基（Podolsky）和罗森（Rosen）建议 ❶，用以阐明量子理论的困难，现在它表明，不依赖于实验者而处于一个客观状态的电子的概念，是站不住脚的。以不同粒子和方法所做的多项实验，结果都清楚地显示，只有指明了观测一个状态的精确过程之后，一个粒子的状态才有意义。物理学家中间有许多不同的哲学观点，对于理解描述亚原子过程的时候观察者的角色，也有许多不同的方式。但是所有物理学家都认可这些实验事实，它们使得寻求一种独立于观察模式的描述方法变得毫无希望了。当我们是在处理小到像原子和电子那样大小的东西的时候，观察者或者实验者是不能被排除在对自然的描述之外的。在这个领域，莫诺的教条，"科学方法的基石是假定自然是客观的"就是不对的了。

如果我们拒绝莫诺的假设，这并不意味着我们也拒绝了分子生物学的成就或者

物理学中称为 EPR 悖论，是三人在 1935 年提出用来质疑量子力学的完备性的。

竟然在支持威尔伯福斯牧师的学说。我们也并不是在说，概率和对分子的力学调整不会把猿变成人。我们只是说，作为物理学家，如果我们试图观察单个分子的行为的最精细的细节的话，"概率"（chance）和"力学"（mechanical）这些词汇会依赖于我们进行观察的方式。不参考某个观察者，亚原子物理的规律甚至都不能被明确表达出来。除非视为对观察者对未来的无知程度的一种衡量，否则"概率"一词根本无法定义。在对每一个分子的描述中，规律为思想留下了余地。

值得注意的是，思想在两个分开的层面上进入了我们对于自然的意识。在最高的层面上，我们的思想以某种方式直接意识到了我们大脑中的电以及化学模式的复杂流动。在最低的层面上，即单个原子和电子的层面，一个观测者的思想再一次卷入了对事件的描述。处在两个层面之间的是分子生物学的层面，在那里，力学模型是够用的，而思想似乎也与之没有关联。但是我，作为一个物理学家，不禁要怀疑，在思想在我的宇宙中出现的这两种方式之间，是否存在某种逻辑联系？我不禁要想，我们对自己头脑的意识，是不是和我们在原子物理中称为"观察"的那个过程有什么关系？那就是说，我认为，知觉并不仅仅是我们大脑中那些化学事件的被动的附属现象，它是一种活跃的动因，它迫使分子复合体在量子态之间作出选择。换言之，思想已经内在于每一个电子，和电子在量子态之间的选择

（我们称为"概率"）相比，人类的知觉过程的差别也许只是在程度上，而不是在类型上。

对于像我这样思考的人，雅克·莫诺有一个词用来指代我们，对于该词所指，他怀有最深的蔑视。他把我们称为"万物有灵论者"（animist），信仰灵魂的人。"万物有灵论，"他说，"在自然和人之间订立了一纸盟约，这是一种深刻的联合，没有它，那骇人的孤独似乎就会扩展。因为客观性假设的需要，我们必须切断这种联结吗？"莫诺回答是的："古老的盟约支离破碎；人最终知道，在宇宙无情的广袤之中，他的出现仅仅是一种偶然。"我的回答是"不是"。我相信这种盟约。我们在宇宙中的出现确实是个偶然，但是偶然性这种想法本身，也不过是我们对无知的一种掩饰。在这个宇宙中，我并不自觉自己像个外乡人。我对宇宙检视越多，对它的建筑学研究得越细，我越能找到更多的证据说明，在某种意义上，宇宙必定已经知道我们到来了。

在核物理规律中，有一些惊人的数值偶然性的例子，这些数值偶然性协力让我们的宇宙变得适宜居住。在像氧和铁这样的普通原子中，核内引力的强度只足以克服核内正电荷之间的排斥力，但是核力却没有足够的强度将两个质子（氢原子核）捆绑成一个我们或可称之为双质子（如果它存在）的约束系统。如果核力比它们事实的样子稍微强那么一点，双质子就会存在，而宇宙中几乎所有的氢就

其他

会组成双质子或者更重的核。氢就会变成一种稀有元素，而像太阳这样通过缓慢燃烧其内核中的氢而持久存在的恒星，也就不能存在了。另一方面，如果核力再本质性地弱一些的话，氢就根本不能燃烧，也根本就不会有重元素。如果——可能正是如此——生命的进化需要一颗太阳那样的恒星以一种恒定的速率提供几十亿年的能量，那么要使得生命成为可能，核力强度的范围就只能特别狭窄了。

在和弱相互作用相关的地方，存在类似但是独立的数值偶然性。弱相互作用是实际控制太阳中氢的燃烧的作用力，它比核力弱上百万倍。但是它弱得刚刚好，能让太阳中的氢以一种缓慢而稳定的方式燃烧。如果弱相互作用更强或者更弱一些，任何依赖像太阳一样的恒星的生命形式又会陷入困境。

天文学事实中包含其他一些对我们有利的数值偶然性。例如，宇宙被建造成这样一种尺度：在一个像银河系一样的一般星系中，恒星之间的平均距离大约是 20 万亿英里。从人类的标准来看，这是一个大得没了边际的距离。如果一个科学家断言相距如此遥远的星辰对人类存在的可能性有决定性的影响，人们可能怀疑他是一个占星学的信仰者。但恰恰正确的是，如果恒星之间的平均距离只有两万亿英里，而不是 20 万亿英里的话，我们可能就不能存活下来了。如果这个距离缩小一个数量级，那么在地球存在的 40 亿年时间的某个时候，另一颗恒星经过太阳的事情就有高度的可能性会发生，它靠得如此之近，它的引力场会扰乱行星的轨道。要毁掉地球上的生命，并不需要把地球拖出太阳系，把它拉进一个相对扁一点的椭圆轨道就可以了。

有机化学的整个丰富性，依赖于电力和量子力学力之间的微妙平衡。这种平衡之所以能存在，只是因为物理学规律中包含了一个"不相容原理"，该原理禁止两个电子占据相同的态。如果这个原理改变了，电子不再相互不相容，那么任何本质性的化学也就不复存在了。在原子物理中有许多其他幸运的意外。没有这些意外，水不会以液体的形式存在，碳链不能形成复杂的有机分子，而氢原子也不能形成分子之间的可分裂的桥梁。

这些物理和天文学意外的存在性使我得出结论，宇宙是一个出人意料地适合生物安家落户的地方。作为一个接受了 20 世纪而非 18 世纪的思维和语言习惯训练的科学家，我不宣称宇宙建筑学的存在证明了神的存在性。我只说，宇宙建筑学和思想在其运作中扮演一个本质性角色这一假设是相容的。

早先我们发现，在两个层面上，思想在对自然的描述中展现了其自身。在亚原子物理的层面，观察者无可逃遁地被卷入了他对观察对象的定义之中。在直接的人类经验的层面，我们知觉到我们的思想，我们发现，相信其他人类和动物并不都拥有和我们一样的思想这一点，会是方便的。现在，我们有第三个层面要加入前两个里面去。宇宙的结构与生命及智能的需要之间的特殊和谐，是思想在万物框架之中的重要性的第三个表现。作为科学家，这是我们能得到的最远结论了。我们有证据表明思想在三个层面上都是重要的。对任何将这三个层面联系在一起的更深入的统一性假设，我们都没有证据。作为单独的个人，我们中的某些人可能愿意走得更远。我们某些人可能愿意考虑这样的假设，即在我们观察到的思想的展现之下，存在着某种普遍思想或者世界灵魂。如果我们严肃看待这个假设，那么按照莫诺的定义，我们就是万物有灵论者。世界灵魂的存在性是一个宗教问题，而不是一个科学问题。

过了 85 岁之后，我母亲就不能像往常那样走路了。她只能被限制在离家很近的地方走走了。在那些年月里，她最喜欢到附近的一个墓园散步，那里风景绝佳，可以远眺温彻斯特老城以及环绕的群山。我经常和她一起散步，听她高高兴兴地谈到她在走向死亡。有些时候，想到人类的愚蠢，她就变得异常激烈。"现在，当我看着这世界的时候，"有一次她说，"在我看来，它就是一个蚂蚁巢穴，四处爬满了急惶惶的蚂蚁。我想最好的事情，也许就是一股脑儿把它捣毁。"我表示抗议，她笑了。不，她说，无论她对蚂蚁感到多愤怒，她都不能够把蚂蚁巢穴捣毁。她觉得它太有意思了。

偶尔我们会谈论人的灵魂的性质，谈论我 15 岁时坚定信仰过的所有灵魂的宇宙统一体。母亲不喜欢宇宙统一体这种说法。它太拿腔作势了。她更乐意称之为一种世界灵魂。她想象自己也是这个世界灵魂的一部分，只要她还活着，她就被赋予了独立地成长和发展的自由。死后，她希望自己汇入世界灵魂，失去她的个人身份，但保留记忆和智力。她的一生无论获得了何种知识和智慧，它们都会添加进世界灵魂的知识和智慧之中。"但是你怎么知道世界灵魂想要你回去呢？"我说，"也许过了这么些年，世界灵魂发现你太结实了，不容易消化，它不想和你汇合了。""别担心，"母亲回答道，"也许需要一会儿工夫，但我会找到回去的路的。世界灵魂还是忍受得了稍微多点的头脑的。"

3.8 地球与天空之梦

太平洋上湿润的海风，
在雨林上空凝集，
包裹着起伏的冰川……

在一个沙滩上，充足的柴火；
在另一个上，更好的落日，
稳产的蚌床，或是碰到鲍鱼的机会……
穿越这六十英里的日子，风呼呼吹着；
三星期来我们没有留下任何脚印，
在暴风雨中步步为营，
我们的路途流动似水……

雾中，
不需要雷达，
只需要感觉的敏锐；
隐匿的岩石的回音，
浅滩上涌起陡峭的波涛……

　　这些是我儿子乔治几周之前寄给我的一首长诗的一部分，后来他就北上过暑假去了。整个冬天，他都在温哥华附近一片树林中的工作室里努力干活，建造六艘可以远航的小船。这六艘船现在正在北上的路上，它们在探索阿拉斯加海岸线上的岛屿和水湾。11 个探索者愿意将他们的生命托付给乔治的手工活。再过三四个月，我才能再听到他的音信。我并不担心他的安全。即使他自己出海时，我也不担心。这次他还担负着照顾 12 个人的责任，我知道他会把他们安全带回来的。

在大半个世界之外，我正睡在以色列海法的丹宾馆（Hotel Dan）的房间里。宾馆又大又奢华，里面住的都是来自美国的旅行者。坐在主餐厅里听他们的对话，你会感觉自己从未离开过加利福尼亚。我尽量避开旅行者，不过我喜欢令人愉快的事物。我正在以色列理工学院（Israel Institute of Technology）作物理和天文学讲座，该理工学院在海法被称为"Technion"。今天我作了一个数学讲座，只面向专家。我是一个理论天文学家，待在家里更多的时候是带着笔和纸，而不是拿着望远镜。对我来说，一个星系不仅是天空中的一大群星体。它还是一组有解的微分方程，只是其行为我们还不能理解罢了。今天我谈论的是被假设用于描述星系动力学的一个方程组。这里有一个谜团。当我们在计算机上解这个方程组的时候，它的解显示星体会陷入极其不稳定的运动模式。而当我们观察天空中实际的星系时，我们并没有发现这些模式。在科学中，这种差异往往是一个很重要的线索。它意味着一些最基本的事情被忽略了，一些新事物正等待着被发现或揭示。以星系这个例子来说，这种差异有两种可能的解释。或者我们的数学计算是错的，或者星系的稳定性被我们的望远镜看不到的高密度物质维持着。我支持的是第二种可能性。我相信数学是正确的，不可见物质肯定在哪里。我很难说服以色列的专家。他们年轻、聪明而且富有怀疑精神。他们在数学中发现了许多不严密的地方。最后，我们承认这个问题仍然是悬而未决的。要解决它，我们需要更好的数学理解和对星系的更准确的观测。这个辩论在理工学院持续了一天。那是又长又热的一天。傍晚我回到丹宾馆的空调房间里的时候，感觉真像是一种解脱。我仰面躺倒在床上，我睡得特别香。当理性睡着的时候，奇异的想法就开始漫游了……

乔治坐在他刚造好的小型两座宇宙飞船的后排。这是我们第一次试驾它。他让我坐在前排负责操控。有他坐得离我这么近，我并不害怕驾驶飞船。如果我做任何愚蠢的事情，他可以探过来抓住操纵杆。我按下起飞按钮，我们出发了。我们开始爬上一个摇摆的发射斜道，它看起来就像圣地亚哥贝蒙特（Blemont）公园的大摩天轮。离开斜道之后，我们沿着一座大楼的内部向上滑行。那是一个拥有很多排空座位的礼堂，屋顶上有个洞。不几秒钟，我们就在外面了，然后就向上冲进夜空。

我的眼睛渐渐适应了黑暗，开始看到满宇宙的星体和星系在我们周围散开。我急速前进，从一个星系冲入另一个星系，偶尔闪过挡住去路的恒星。似乎不久之前，乔治还是一个怕黑的孩子，我坐在他床边，安抚他的恐惧。现在他是一个发号施令的有经验的船长，而我是一个充满信任地将我的生命托付给他照顾和接受技术指导的新飞行员。我坐在驾驶室里，把决定往哪里走的责任交给他，我感到很安全。如果有任何差错，乔治会处理好的。

"让我们玩回家的鸽子吧。"乔治说道。"好啊，玩吧。"我回答道。回家的鸽子是一个测试人的天文学知识的游戏。游戏规则很简单。你跳到宇宙的某个随机和不熟悉的部分去，然后通过辨认你以前见过或在书上看到过的天体，你必须找到回家的路。这艘宇宙飞船有一个自带装置可以玩这个游戏。你每按一次跳跃键，它就会做一次随机跳跃。乔治说："现在跳吧。"我就按下按键。

随着我按下按键，我们周围的星体和星系的模式突然发生了变化。一半的天空忽然被一团黑色尘云遮蔽住。在远离尘云的另一边，我看到明亮的星系延展到无穷远处。天空中没有可辨识的物体。我朝最明亮的星系猛冲过去，在它的另一边可以模模糊糊地看到一簇新生星体，我们似乎很熟悉它们。随后另一团尘云从我们船头掠过，那一簇也消失在我们的视野里。我迅速移到下一个星系。在很远的地方，在无穷无尽的星体群后面，我瞥见了一些星座，我似乎熟悉它们。但当我们靠近时，它们却又散开成了我们不熟悉的样子。

我们在宇宙中巡航了很久，那里充满了种种未被发现的星系。我迷路了，却并不恐惧。乔治平和地坐在我后面，像往常一样安静。我不需要担心。我回想以前见识过的最醒目的天体，计算足够靠近它们并辨认出它们的可能性，我自得其乐。那是后发座星系团 **❶**，数百个星系紧紧聚拢在一起，而其中心则是一对巨大的星系。那是可见的最明亮的类星体，3C273。那是巨大的星系，M87，可以看到它灼热的气体喷流和球状星体簇光环。只要我们碰巧跳到我们自己那个宇宙的一角，我就有能力找到路，想到这些，我有些自鸣得意。我甚至能教乔治一点天文学知识。当然，如果我们有射电望远镜，这个游戏会简单得多。大部分的这些星体和巨大星系，作为射频源比作为可见物体的差别更大。仅用肉眼，游戏将会持续很长时间。不过我们并不着急。过了一段时间，对于寻找天空中的标志物，我的眼睛感到疲倦了。我就停下休息，由着飞船在星体间慢慢漂流。我们默默漂流，就像在那个 8 月的无风午后，我们坐着乔治的小船在太平洋上默默漂流一样。

后发座星系团位于后发座天区，是一个 X 射线源，包含 1 000 个以上的星系，成员星系的总数可能超过 1 万个。

一段无法测量的寂静，一段无法测量的时间鸿沟在我们身边溜走。我们的游戏被遗忘了。乔治和我不再是回家的鸽子。我们的家现在不仅是在很远的地方，而且是在很久之前了。没有回头路。我们是自由的灵魂，以宇宙任何地方为家，无论我们碰巧到了哪里。我们不再需要与彼此谈心。我们把我们的老家和曾经将我们彼此分开的语言障碍留在了地球上。

我朝驾驶室的窗外望去，一排排的星系像往常一样壮丽地闪耀。然后我意识到了一种几乎觉察不到的运动。星系在移动着，尽管最初和表针一样慢。逐渐地，它们开始移动得更快。经过一长段时间，我可以看出它们都在远离我们。它们离我们越来越远，直到逐渐消失在远处。它们流走了，就像暴风雨中的树叶一样。我们正在目击的是宇宙的膨胀。乔治和我是首次看到宇宙膨胀直至最后的人。很长一段时间里，我们看到星系向远方加速运动，变得越来越小，越来越暗淡，最后终于隐遁无形。我们孤独地留在那里，安静地待在我们的小船上，周围没有任何东西，除了无尽的黑暗……

我与一个以色列朋友正开车经过戈兰高地（Golan Heights）。自从我在丹宾馆里梦到星系以来，那是我第一次拥有安宁的时刻。除了我们，没有别的什么在高地上移动。这块地方被遗弃了。我们开车时不时经过叙利亚农场和村

1967 年六月战争，戈兰高地被以色列占领，叙利亚居民从高地逃离。

指中东十月战争。

庄的废墟，那些都是在 1967 年的时候 被遗弃的。在 1973 年那里发生过激烈的战争 。对我来说，这块空旷的土地似乎仍然充满灵魂，那是曾在这里居住的村民和农民的灵魂，还有在这里死掉的战士的灵魂。我的以色列同伴或许也在考虑类似的事情。我们静静地开着。我们对彼此足够了解，都不去打扰对方的沉思。

远处是黑门山（Mount Hermon）高耸的山顶。山上仍然覆盖着零星的白雪，它们抵挡着 6 月的太阳。黑门山站在这块有争议的领土的一角，以色列在一边，叙利亚在另一边，就像在奥登-伊舍伍德的戏剧中耸立在英国领土（British Sudoland）和奥沙领土（Ostnian Sudoland）之间的 F6 峰一样。我很好奇，在黑门山脚下是不是也有一个和戏剧里一样的修道院。不对，西奈山 （Mount Sinai）才是有修道院的那座山。好可惜！我没有时间去参观西奈山。我曾想去修道院里看看神父的水晶球。戏剧里的那个神父说："所有人都看到，那里反射出他们本性的一些碎片；他们瞥见

西奈山，又称摩西山，基督教圣山，位于西奈半岛中部，海拔 2 285 米。相传上帝在西奈山将刻有十条戒律的石板交给摩西，此山也即下文的何烈山。

了一种知识，一种关于那些力量的知识——凭借那些力量，未来可被预言。"或许，终究，这就是在海法时发生在我身上的事情。或许，关于星系的那个梦，就是我在水晶球里看到的。"那不是超能力，"神父说道，"除了我们自己隐藏的，什么都不会显现。"我们慢慢驶过戈兰高地上狭窄的道路，我正在试着回忆我的星系之旅的细节。神父说的是真的。在我们醒着的头脑中，分处不同部位的事物之间存在隐匿的关联，它会在梦境中展示出来。

我仍然不满足。和 M.F. 第一次看过水晶球之后一样，我想把神父叫回来，再看第二次。我在梦中看到的宇宙的版本，只是许多可能的宇宙中的一个。它是一个没有意志的、机械的宇宙。它是史蒂文·温伯格在写下面这句话时所看到的那种宇宙——"宇宙看上去越可以理解，它看上去也就越没有意义。"乔治和我像旅游者一样在那个宇宙里游玩，就像我在戈兰高地上游玩一样——我们不属于它，也不会影响到它。我不接受这个版本。我不相信我们是宇宙的过客。我不相信宇宙是无意志的。我相信那个版本只反映了自然的一个方面，而不是最深刻的那个方面。我们不仅仅是旁观者，我们还是宇宙大戏中的演员，我希望我可以再看一眼水晶球。

当我们开始驶过横跨戈兰高地、朝向加利利海（Galilee）的那段长长的下坡路的时候，我在想，我到以色列这块土地上来找寻我的梦想是多么合适啊。这里作为预言家和先知的土地已经有 3 000 年了。哪怕是空调房间里住满了游客的丹宾馆，都站在先知伊利亚（Elijah）从天上召下火来击败巴力（Baal）的先知的同一座山上。伊利亚这个名字，给我带来了童年的回忆。每个夏天，父亲都带着家人去三唱诗班节（Three Choir's Festival）欣赏一周的合唱团音乐。这个节日每年一次，在格洛斯特（Gloucester）、伍斯特（Worcester）和赫里福德（Hereford）的大教堂之间循环举行。因为父亲每年为节日写一首新曲子，我们就获赠了所有演出的免费门票，其中也包括彩排。我最喜欢彩排，因为你永远猜不到下面会发生什么。除了父亲和其他作曲家写的新曲子，节日的主要曲目是巴赫、亨德尔（Handel）、门德尔松（Mendelssohn）和埃尔加（Elgar）的。合唱团以最真实的热情演唱的作品，是英国合唱传统中的三个老备用曲目，亨德尔的《弥赛亚》（*Messiah*）、门德尔松的《伊利亚》（*Elijah*）和埃尔加的《杰隆修斯之梦》（*Dream of Gerontius*）。门德尔松为 1846 年的伯明翰节日写了《伊利亚》，而且在那里指挥了第一次演出。那是一场巨大的成功，从那之后《伊利亚》就成了英国合唱团的最爱之一。门德尔松一年后就去世了，年仅38 岁。

《伊利亚》最具戏剧性和最动人的一段出现在与巴力的先知对抗之后。在获得伟大的胜利后，伊利亚没有狂喜，反而极为沮丧。"但是他自己去野外待了一天，回来之后坐在一棵杜松树下：他为自己请求，他该死掉；还说，够了，现在，我的上帝啊，带走我的生命吧，因为我没有比我的父辈们更优秀。"一个天使过来鼓励他，然后他又去何烈山（Mount Horeb）的野外待了 40 天。他说道："向前吧，站在山上，站在上帝面前。看，上帝经此而过，一阵强烈的大风包围了山，在上帝面前将石头击成碎片，但是上帝并不在风中；风吹过后来了地震，但是上帝不在地震中；在地震之后起了大火，但是上帝不在火中；在火之后，有一个平静的低低的声音。"当我们下行来到加利利的时候，门德尔松的音乐和这些来自《圣经·旧约》的话，在我的脑袋里响起。在海法的那个梦里，我已经见识到了宇宙的伟大和空虚。我见过了强风、地震和火，但是我没有听到那个平静的低低的声音。我看到星系在我面前经过，但是上帝不在星系中。此刻我的思考被打断了。我们到达了位于加利利海东海岸的印杰夫（Ein Gev）集体农场，那里与拿撒勒（Nazareth）的耶稣走过的山隔海相望。我们坐在海边，在野外享用了一顿不错的鲜鱼午餐。我把《伊利亚》放在一边，把注意力转到了鱼上。

两星期后，经过了许多讲座和旅行，水晶球第二次来到了我这里。经过了疲惫的一天，我又一次在宾馆里睡着了。这次，我从不同的视角看到了宇宙。那个平静又低低的声音出乎意料地来到了我这里，就像它来到伊利亚跟前一样……

　　我坐在美国家里的厨房中，跟妻子和孩子们一起吃午饭。我像往常一样在抱怨官僚制度。多少年来，我们一直在向低层官员抱怨，但是从来没有得到任何反馈。"你为什么不直接联系高级官员呢？"妻子说道，"如果我是你，我会给校长办公室打电话。"我拿起电话，拨了号码。对于孩子们来说，这是一件令人惊讶的事。他们知道我有多么讨厌打电话，他们喜欢拿这个取笑我。通常，我会找各种借口避免打电话，特别是在对方是我私下不认识的人的时候。但是这次我毫不犹豫地冒险尝试了。孩子们安静地坐着，准备抢夺机会来开我的电话恐惧症的玩笑。让我惊讶的是，秘书马上用友好的声音接了电话，她询问我有什么需要帮忙的。我说我想做一次预约。她说："我已经把你安排在了今天下午五点钟。"我说："我可以带孩子去吗？"她说："那是当然的。"放下电话时，我才意识到我们只有一个小时的准备时间了。

　　我问孩子们想去吗。我告诉他们，我们要去和上帝谈话，他们最好乖一点。只有小一点的两个女孩子感兴趣。我很高兴不是所有人都去。所以，我们快速跟其他人说了再见，不给他们改变主意的机会。只有我们三个。我们悄悄溜出房子，步行去小镇的办公室。

　　办公室是一栋大楼。里面看起来和教堂一样，不过没有天花板。我们向上看时，发现大楼像一个电梯升降机一样消失在远处。我们手拉手，跳离地面，进了升降机。我看了一下手表，发现离五点只差几分钟的时间了。幸运的是，我们上升得很快，看来我们会及时赶上预约。正当时针指到五的时候，我们到达了升降机的顶端，我们迈步走进一个巨大的王座房间。房间有沉重的黑色橡木横梁，墙被刷成了白色。在房间尽头面向我们的，是通向王座的台阶。王座是一件巨大的木制品，后背和两边带有藤条。我缓步走向它，两个女孩跟在身后。她们稍微有些紧张，我也是。似乎没人在这里。我又看了一下表。可能上帝并没有指望我们这么准时。我们站在台阶底部，等待着下一步的进展。

　　什么也没有发生。经过几分钟后，我决定登上台阶，近距离看一下王座。女孩们有些害羞，她们还是待在台阶底部。我向上走去，直到我的眼睛可以平视那个座位。那时我才看清楚，原来王座里面并不是空的。有一个三个月大的婴儿躺在座位上，朝我微笑。我抱起他来给孩子们看。她们跑上台阶来，轮流抱他。在她们将他归还给我之后，我又跟他在一起待了几分钟。我抱着他，一句话也没说。寂静中，我逐渐意识到，我想要问他的那些问题已经被回答了。我温柔地把他放回王座中，说了再见。姑娘们拉着我的手，我们一起走下了台阶。

▼▼
▼

　　弗里曼·J.戴森从1953年开始就是普林斯顿高等研究院的一名教授。他出生于英国，在1947年作为英联邦奖学金获得者来到康奈尔大学，1951年开始在美国永久定居。

　　戴森教授不仅是一个理论物理学家，他的事业还扩展到了多种多样的实际应用之中。他的独特事业受到直接参与和人类生活最迫切相关的事务的鼓舞。这些事务包括，减少战争中的人员伤亡、裁军、思想实验以及将我们的前沿拓展到星系。戴森教授是多个政府部门的顾问——特别是武器实验室、NASA、武器控制与裁军署，还有美国国防部。他给《科学美国人》和《纽约客》写过很多文章，获得过许多杰出奖项，其中包括伦敦皇家学会的休斯奖（Hughes Medal of the Royal Society）、德国物理学会的马克斯·普朗克奖（Max Planck Medal of the German Physical Society）、罗伯特·奥本海默纪念奖（Robert Oppenheimer Memorial Prize），还有以色列理工学院颁发的哈维奖（Harvey Prize）。

　　除了他的科学贡献，戴森教授还辛苦抚养了五个女儿、一个儿子和一个继女。

图书在版编目（CIP）数据

宇宙波澜：科技与人类前途的自省 /（美）弗里
曼·J.戴森（Freeman J. Dyson）著；王一操，左立华译.
-- 重庆：重庆大学出版社，2018.4
（微百科丛书）
书名原文：Disturbing the Universe
ISBN 978-7-5689-1054-5

Ⅰ.①宇… Ⅱ.①弗…②王…③左… Ⅲ.①科学知
识—普及读物 Ⅳ.①Z228

中国版本图书馆CIP数据核字（2018）第069556号

宇宙波澜：科技与人类前途的自省
YUZHOU BOLAN：KEJI YU RENLEI QIANTU DE ZIXING
［美］弗里曼·J.戴森（Freeman J. Dyson）著
王一操　左立华　译

策划编辑：王　斌　张家钧
责任编辑：李桂英　赵　琴
责任校对：秦巴达
装帧设计：韩　捷
＊
重庆大学出版社出版发行
出版人：易树平
社址：（401331）重庆市沙坪坝区大学城西路21号
网址：http://www.cqup.com.cn
北京盛通印刷股份有限公司印刷
＊
开本：890mm×1240mm　1/32　印张：12.375　字数：228千
2018年6月第1版　2018年6月第1次印刷
ISBN 978-7-5689-1054-5　定价：62.00元